U0145084

憲法新分類
及其意義

戚淵 著

五南圖書出版公司 印行

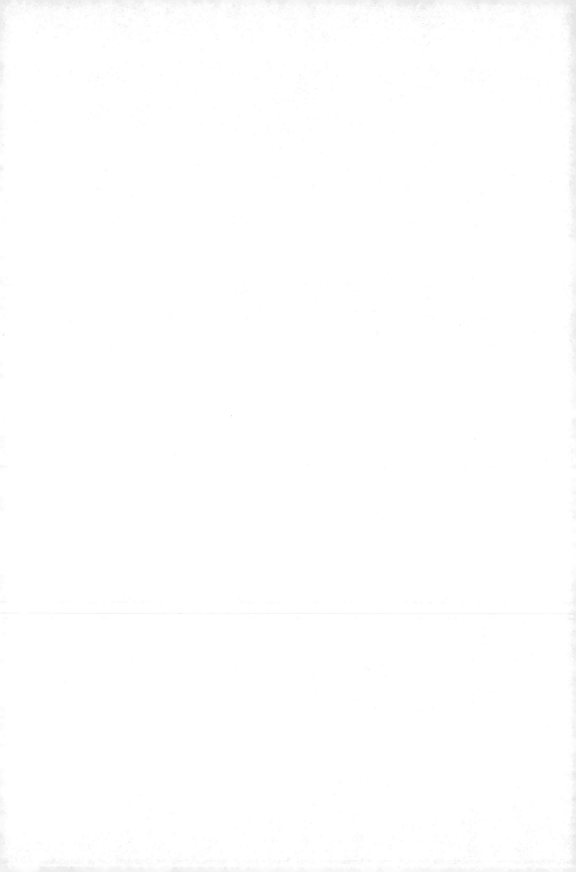

目錄

1

憲法新分類及其意義[*]

內容摘要

本文將古今的憲法分為三種類型：專制類型憲法、民主類型憲法、共和類型憲法，及與三種憲法類型相對應的三種國家類型：專制類型國家、民主類型國家、共和類型國家；文章分析了他們的變化情況，並揭示了憲法新分類法對認識當代各國政治運行的意義。

關鍵詞：憲法、專制、民主、共和

[*] 本文完成於2004年7月26日。

　　憲法分類既是憲法理論領域內的課題，也是憲政實踐層面上的問題。準確地對當代世界各國憲法進行分類，不僅可以豐富歷經百餘年的傳統憲法分類理論，而且還可以加深對當代世界各國政治的認識，以及把握和判斷他們的走向。

———

　　羅列憲法分類的理論，大致有以下幾種：[1]1.成文憲法與不成文憲法。2.剛性憲法與柔性憲法。3.君主制憲法與共和制憲法。4.總統制憲法與內閣制憲法（或議會制憲法）。5.聯邦制憲法與單一制憲法。6.新分類法。[2]儘管上述分類至今仍充斥在各類教科書中，但早在19世紀末，成文憲法與不成文憲法的分類方法就遭到學者的批評，於是才有剛性憲法與柔性憲法的分類。[3]而憲法學家Wheare博士也對上述1至5之分類法提出了有說服力的批評意見。Wheare認為：1.應當拋棄成文憲法與不成文憲法這種分類方法，更好的區分是有成文憲法的國家和沒有成文憲法的國家。[4]其立論為：憲法是以一個文件集的形式表現出來的，因此，世界上大多數

---

[1]　參見各類憲法學教科書。

[2]　即將憲法分類為：1.原始憲法與派生憲法。2.綱領性憲法與確認性憲法。3.規範憲法、名義憲法與標語憲法。4.最高憲法與從屬憲法。5.聯邦憲法與單一憲法。6.分權憲法與集權憲法。7.共和憲法與君主憲法。8.總統制憲法與議會制憲法。9.兩院制憲法與一院制憲法。10.可以審查的憲法與不可以受審查的憲法。參見Carl Lowenstein, *Political Power and the Governmental Process*, The University of Chicago Press, 1957; Leslie Wolf-Phillips, *Comparative Constitutions*, Macmillan, 1972; *Constitutions of the Modern States*, London: Pall Mall, 1968. Wheare. K. C., *Modern Constitutions*, Oxford University press; First published 1951 and reprinted in 1952 and 1956.

[3]　Thomas M. Cooley, *The General Princilpes of Constitutional Law in the United States of America*, Andrew C. McLaughlin ed., Little Brown & Co., 1898. Cited from Rett R. Ludwikowsi, *"Mixed" Constitutions-Product of An East-Central European Constitutional Melting Pot*, Boston University International Law Journal, Spring 1998, pp. 3-4.

[4]　Wheare. K. C., *Modern Constitutions*, Oxford University Press; First published 1951 and reprinted in 1952 and 1956, pp. 20-21.

國家有這種意義上的成文憲法。2.Wheare認為，「意圖將憲法分為剛性的和柔性的兩種類型的確是一種錯誤的解釋」；而「剛性憲法難以改變並很少被改變，柔性憲法容易改變並經常被改變是輕率的結論；這個結論並無事實證實」。[5]3.至於共和制憲法或者君主制憲法的分類，Wheare認為，「很難發現它們之間除了名義上相同的東西以外有更多的相同之處」，因為即使同屬共和制憲法或者君主制憲法，他們之間仍存在很大差別。4.在區分總統制憲法和內閣制憲法時，Wheare提醒人們「不要把這種區分極端化」，[6]意即這種區分不是絕對的和有明確界限的。

　　一般認為，在總統制憲法中，總統及其下屬不能在議會中任職，而在其他議會制國家，首相及其內閣成員將在議會中任職。Wheare認為，事實「完全相反」。在議會制國家，行政機構的大多數成員是被排斥在議會之外的，只是各部門的負責人必須或可能在議會中擔任職務。確切地說，在議會制下，從下至上也有嚴格的權力機構間的權力分立。[7]這種分析與論證更正了纏繞我們至今的一個錯誤觀點：議會制憲法沒有三權分立原則。5.對於聯邦制憲法與單一制憲法的區分，Wheare說，「採用單一制憲法的國家很多，以致於人們可能懷疑這種分類是否有價值。」[8]例如蘇聯憲法規定了聯邦制，從法律上分類，可以歸於聯邦制憲法，[9]但實際上也可以歸入單一制憲法之列。Wheare進一步認為，在單一制憲法中，分權的程度與方式也是各式各樣的，以致於我們在認為所知憲法是什麼之前，必須先弄清楚一部被稱為單一制憲法的大量具體情況。[10]

　　「新分類法」的出現顯然是對傳統分類法的置疑與動搖。籠統地

---

[5]　Ibid., p. 23.

[6]　Wheare. K. C.：《現代憲法》，甘藏春、覺曉譯，寧夏人民出版社，1989年版，第30-31頁。

[7]　同上註，第31頁。

[8]　同上註，第24頁。

[9]　蘇聯1936年憲法第13條，1977年憲法第70條。

[10]　Wheare. K. C., *Modern Constitutions*, Oxford University Press; First published 1951 and reprinted in 1952 and 1956, p. 30.

說，「新分類法」是由本文註釋2中的三位憲法學家提出的，但他們的觀點並不一致，比如Lowenstein將憲法分為規範憲法、名義憲法和標語憲法，並認為這是「實質分類法」；但Phillips卻批評Lowenstein的分類「界線太機械，名實界限難以劃清」。[11]如果我們對「新分類法」稍加審視，就會發現，他們並未克服傳統分類法所存在的不足，特別是「新分類法」除了部分地重複了傳統分類法的內容以外，只是將傳統分類法更加具體化，其致命缺陷是：一種分類只能概括出任何一部憲法中的一個特點，比如「可以審查的憲法」只是此類憲法的一個特徵，他還可能同時是分權憲法、聯邦憲法、議會制憲法等等。「新分類法」也未能令人滿意地對憲法作出分類。由此我們可知，沒有幾種憲法分類能夠體現出彼此之間意義的不同，因而，當進行以上憲法分類時，人們擔心這種做法是否值得，即使以上分類是有意義的，也是非常有限的。結果，Wheare教授僅把找出兩部憲法在某一方面的不同作為憲法分類的意義。[12]這種「區別」顯然不能構成分類，因為實際上沒有兩部憲法是完全相同的，我們不能說每一部憲法都自成一類。

新近又出現過一種新的憲法分類，即將憲法分為「『純』憲法模式」（Pure Constitutional Model）和「『混合』憲法模式」（Mixed Constitutional Model），[13]這種主要是通過選舉制度的不同而區分憲法類型的方法頗有新意，但不難看出，此分類仍停留在制度設置的形式層面上。

不才認為，先人對憲法的分類不是絕對沒有意義的。其意義是幫助我們了解到憲法在形式上的不同，比如剛性憲法的修改必須要取得絕對多數的同意，而柔性憲法則否；沒有成文憲法也無須設立憲法法院等等。不

---

[11] 龔祥瑞：《比較憲法與行政法》，法律出版社，1985年版，第43頁。

[12] Wheare. K. C.：《現代憲法》，甘藏春、覺曉譯，寧夏人民出版社，1989年版，第34頁。

[13] Rett R. Ludwikowsi, *'Mixed' Constitutions-Product of An East-Central European Constitutional Melting Pot,* Boston University International Law Journal, Spring 1998, pp. 15-18, 25.

才同時也認為，先人對憲法作如此分類的意義是有限的，這是因為他們僅從形式上考察，導致世界上大多數憲法都是剛性的、成文的以及最高的等等，且只是在知識論範疇內識別憲法。而這種以形式特徵為依據的分類，即使是同一類憲法也可能是完全不同的，例如，同為剛性憲法（在憲法中規定了剛性程序），但實際上，在集權制國家，憲法的剛性是毫無意義的，不受剛性程序制約而修改憲法的剛性憲法國家現實地存在著。區別憲法的剛性與柔性並不能揭示憲法的本質。依據憲法之形式特徵將憲法分類的缺陷在於：1.不能通過憲法的分類揭示和判斷國家的性質，而正是憲法的實質不同才導致了國家與國家的不同。如果我們認為形式特徵相同或相似的憲法對應於相同或相似的國家，將會產生巨大的錯誤。顯然，都是總統制憲法類型的國家或者都是內閣制憲法的國家，也是有很多區別的。2.各種分類相互交叉，任何一種分類都難以窮盡地概括某一類型憲法。比如，英國和澳洲的憲法都確認了議會內閣制，都屬於議會內閣制憲法。但按照Bryce分類法，英國憲法是柔性的，澳洲憲法則是剛性的。3.不能揭示國際政治的走向。形式特徵伴隨著剛性修改程序使憲法多半呈靜止狀態，唯有柔性憲法才能表徵憲法的動態性，憲法隨政治情勢的變化而改變。而像美國這樣的剛性憲法也輔有「憲法時刻」理論，[14]使憲法隨政治情勢的變化而發生變化成為可能。這說明一部憲法可以有外在（制度結構）的「柔性」，以保持其內在（權力運行）的剛性；或者，一部憲法可以有內在（權力運行）的柔性，以保持其外在（制度結構）的剛性。兩者的區別是：後者的制度結構已經成熟到可以適應共同體社會成員公正地生活需求；前者的制度結構還有待國家權力的良性運行而加以完善。在當今的全球化時代，我們看到，在處理國際事務中經常出現各種聯盟；而每一聯盟中的各國憲法在形式上又存在著相當大的差別，如果僅從形式特徵上考察，我們何以理解、判斷在憲法的形式特徵上有著重大差別的國家會有相同的價值取向。

　　本文認為，準確地將憲法分類是本體論問題而不是知識論問題。對憲

---

[14] Bruce Ackerman, *A Generation of Betrayal*, 65 Fordham L. Rev. 1519, 1520, 1997.

法的分類必須透過憲法的形式特徵，洞察其背後的思想淵源和價值取向，以及由憲法規範的國家權力在國內外的實際運行。要言之，通過對憲法的實質特徵，[15]即能反映和引導實際政治運行的思想特徵，對各國憲法進行分類。本著這樣的思考路徑，本文將世界各國的憲法分為三類：共和類型憲法、民主類型憲法、專制類型憲法。

（一）共和類型憲法

　共和憲法的形式特徵是：1.立法產生的憲法原則和規則不具有最高效力；自然正當是適用憲法和詮釋憲法的最高依據，即自然法是憲法的組成部分；自然權利高於憲法文本和立法，不能被民主的「多數決定原則」改變。自然正當作為抽象的憲法公式容易同化於本國的實證法律體系之中。2.民主是共和憲法中權力分配和權力運行的基本價值，但不是最高價值，在民主的制度設置之上，還有共和的制度設置。3.在共和憲法中，國家權力的分立與制衡不僅表現在橫向的國家關係上，也表現在縱向的中央與地方關係上。4.由於主權既在水平層面上（國家各權力機構）分割，同時也在垂直層面上（中央與地方）分割，人民是「雙重主權」的載體，進而，人民的權利可得到中央與地方的雙重保護。

　共和憲法的上述特徵根植於「共和」理念之中。我們知道，拉丁語 *respublica* 是由 *res* 和 *publica* 組成，意思是「大家的國家」或「人民的國家」。他是一個與 *res private*（國王的私有物）對立的概念。[16]從語義學上解釋，「共和」所表達的觀念，係指某一個事物屬於每一個人，或者是每一個人的事務。這一觀念在實質上相當不同於一個政權屬於人民的觀

---

[15] 稍加審視，我們就可以看出，前文提及的實質分類法實際上仍然是以形式特徵為依據對憲法進行分類。

[16] John T. White, J. E. Riddle, *Latin-English Dictionary*, Vol. II, Longmans, Green And Co., 1869, p. 1969; *Staatslexikon: Recht Wirtschaft Gesellschaft*, Herausgegeben von Der Görres-Gesellsechaft, Sechste, völlig neu bearbeitete und erweiterte Auflage, Sechster Band. Beziehungslehre bis Erbrecht, 1958, Verlag Herder Freiburg, S. 872.

念。[17]「共和」被視為一種比民主更有節制、也更為穩健的理想，最具有政治最適條件的混合型理想。[18]這種混合型理想包括以下具體內容：1.不把現存的權力分配與法律制度當作是先於政治自由而存在的，而是一種公眾可以予以自由檢討和批判的對象。[19]2.追求公共利益高於政治力量鬥爭的結果——政治不只是競爭和鬥爭，而帶有一點「規範」的色彩；[20]「共和」將政治現實置於「思辨」與「鬥爭」之間，是用批判性思辨來選擇公共價值的精神，政治乃是全體公民在集體思辨過程中追求公益的過程。在「共和」思想中，公益不是每一個人現存偏好的總和，而是在集體思辨過程中形成的超越性概念。政治權力的運作不只是滿足現存的偏好，而要在其過程中型塑一種價值。3.程序民主讓位於實質正義，因而重視價值判斷，要求經由思辨過程，能夠通過對價值的判斷獲得實質上的結論，並以此作為政治決策的正當基礎，不承認純粹的利益交換。[21]

在「共和」理念中，這種混合型理想服膺於一個更高的價值，這就是「自由」。

「共和」的基本價值是自由，並尊重自然權利的存在。自由是主體生而俱有的行為能力和行動範圍，但不排除政治權力的參與。自由是政治制度所創造的一種法律狀態，政治權力具有裁判自由權利之道德價值的職責。政治活動的任務是要解決價值問題，因為自由是一種社會價值。政治

---

[17] Giovanni Sartori, *The Theory of Democracy Revisited*, Part Two, Chatham House Publishers, Inc., 1987, p. 287.

[18] Ibid., p. 288.

[19] 例如從美國1937年前後的司法審查可以看出，市場制度及普通法本身只不過是一套人造的管制體系，而不是自然產生的、先於政治存在的，所以在違憲審查時，應從法律在實質上是否妨礙了人民的利益，以及是否真的追求公益著手。

[20] Frank Michelman, *Law's Republic*, in *Yale Law Journal*, July 1988, p. 1495.

[21] 有學者作過歸納，「共和」內涵大致包括下列要素：政治思辨、政治地位平等、追求普遍性公益、培養公民美德、社會多樣化、積極的自由、一切權利都是集體的決定等等。參見Cass R. Sunstein, *Interest Groups in American Public Law*, 38 Stan. L. Rev. 29, 1985; Frank I. Michelman, *The Supreme Court, 1985 Term-Foreword: Traces of Self-Government,* 100 Harv. L. Rev. 4, 1986; Suzanna Sherry, *Civic Virtue and the Feminie Voice in Constitutional Adjudication*, 72Va. L. Rev. 543, 1986.

社會產生於理性提議所有個人訂立的社會契約，自由乃是自由的個人之間的聯合，是「主體間所建立的能夠在不受干預的情況下共同生存的關係狀態」。[22]政治權力的行使在於促成自然正當——即保障政治社會中的每一個人均能平等地享有自然的自由權利。除非每個人都同樣自由，否則就不存在自由。

（二）民主類型憲法

民主類型憲法的特徵是：1.成文憲法，無論實質上還是形式上，在一國具有最高的法律效力，並且是其他一切法律的最後依據，是一國法律體系的最高規範。2.民主是建立憲法的最高價值，立法機關高於憲法，「憲法的任何變化需要人民的同意」。[23]3.民主類型憲法也有國家權力的分配與制約原則，但國家權力體系中存在一個最高權力，這個最高權力僅受制於民主的力量（普遍選舉或全民公投），而在國家權力的橫向制衡上，僅存在脆弱的制衡方式。4.憲法規範幾乎都是授權性規範，憲法法院只有實施憲法的權力，而難以援引憲法規範以外的價值。5.程序重於實質。民主本身就是一種形式（程序運作）的東西，「比例制」是民主類型憲法的典型特徵。[24]

民主類型憲法深深地根植於「民主」的理念之中。發源於雅典的「民主」（democracy）也是由兩個希臘字組成，一個是*demos*，意為「人民」或「國民」；一個是*kratos*，意為「統治」或「權力」，將這兩個字聯繫起來的意思就是「由人民或國民來統治」。[25]最初的民主方式是雅典

---

[22] André Van de Putte：「共和主義自由觀對自由主義自由觀」，劉宗坤譯，載趙敦華編：《歐美哲學與宗教講演錄》，北京大學出版社，2000年版，第88頁。

[23] Wheare. K. C.：《現代憲法》，甘藏春、覺曉譯，寧夏人民出版社，1989年版，第21頁。

[24] Bogdanor V., *What is Proportional Representation?* Ch 4, 1983. Pulzer P. 'Germany', in Butler D., Bogdanor V. eds., *Democracy and elections*, 1983.

[25] *Staatslexikon: Recht Wirtschaft Gesellschaft*, Herausgegeben von Der Görres-Gesellsechaft, Sechste, völlig neu bearbeitete und erweiterte Auflage, Zweiter Band. Beziehungslehre bis Erbrecht, 1958, Verlag Herder Freiburg, S. 560-561.

的直接民主制。經過長期的發展與演變，民主方式除了直接民主以外，更多的還是間接民主制，即代議制民主制（本文將在稍後論述）。民主的基本理念是：1.多元主義：強調政治運作純係利益團體較勁的過程，注重純粹的利益判斷，信奉純粹的利益交換。政治權力與財富分配的現狀被視為是固定的，法律體系是維護現狀的剛性制度。2.相對主義：個體的價值是多重的（因時因地而變），個體之多數的價值總是高於個體之少數的價值。民主要求多數意見的無條件統治。為了形成和參與多數意見，不同價值取向的個體獲得了達成妥協的可能性，「對於各種不同的信念均以相等的價值來處理」。[26]3.實證主義：由於信奉價值是相對的，所以，不可能判斷哪一種價值是唯一的真理；政治權威的產生除了遵從多數決定原則以外，在方法論上，是以演繹的、嚴格按照從前提到結論的方式建立起權威系統。民主的結果可以由國家按照理性進行功利或因果計算而獲得。理性主義民主注重三段論邏輯。4.形式主義：由於完全忽略價值判斷，不同價值的妥協與交換就只是一個形式問題或程序問題，形式正義代替實質正義。形式正義被當作不言自明、不證自明的一般抽象原則而加以服從。

在「民主」理念中，這些「主義」服膺於一個更具體的但不是更高的價值，即「利益」。

民主的基本價值是利益，選票即鈔票（選民在投票時更多的考慮是當選者是否能為自己帶來利益）。通過民主方式獲得的權利被普遍視為一筆獨立的個人財富，獨立的個體在行使民主權利時，關注著自己和自己的利益。多元競爭、討價還價是「民主」的特點。「利益」，無論是精神（道德）的，還是物質的，均以個體為單位。而對於國家來說，尊重和滿足個體的現存偏好是政治權力運行的首要目的。即便這些偏好違背了一個更高的價值（如自由），也是如此。在「民主」理念中，個體的權利與生俱有，個人權利與自由的行使只有在適當的範圍內才是正當的。政治權力沒有裁判個體權利與自由之道德價值的職責，不能確定哪些願望是有價值的，哪些願望是沒有價值的。在「民主」理念中，國家不追求「利益」之

---

[26] 林文雄：《法實證主義》，三民書局，1982年增訂三版，第111頁。

上的更高目標，也不會把某種特定價值強加於社會成員，而是認可利益多元化，國家只是作為仲裁者，以解決個體之間權利的衝突。更具體地說，政治權力不用來解決超驗的價值問題，而在於釐清和協調各種團體與團體、團體與個人、個人與個人之間的實際利益。

（三）專制類型憲法

專制類型憲法的基本特徵是：1.沒有明確和確定的權力界限；權力系統是封閉的和單一的，權力的取得在實質和形式上，都是自上而下層層授予的。因而，權力對人民負責的實質要求服從於權力對上級負責的形式要求。2.國家與社會一體化導致政治與經濟一體化。國家權力可以無孔不入地滲透到社會生活的每一個方面，政治權力在經濟領域內的運行代替了經濟活動按照經濟規律運行。3.確定一個國家意識型態作為社會選擇之價值標準。4.重視明確或隱含的義務規定作為社會成員享受其權利的先決條件。

專制類型憲法根植於專制的理念之中。專制理念表現為以下幾個特徵：1.單向性：權力運行自上而下呈單向型態，上級對下級的控制和下級對上級的效忠呈單向一體狀態；上級和下級權力關係是主奴關係；兩個合作者彼此之間的唯一可能的連繫只能是一個人指揮、一個人服從的關係；[27]下級對上級、人民對國家始終處於一種恐懼和完全被動服從的狀態之中。2.絕對性：專制者或專制集團必須擁有「絕對真理」，其意願便是國家法律；必須確定符合專制統治的意識型態，並成為思想觀念的邏輯表達形式，而意識型態中前提的確定性導致思想觀念的封閉和不可更新；意識型態是決策的指南，即便脫離社會實際也是如此，意識型態成為專制統治的絕對工具。3.一統性：要求強行建立一種統治秩序並不遺餘力地維護其穩定，以此作為社會成員生存的條件；通過對社會成員的收入和消費水平的控制，以求實現較為平均的財富分配；通過規定一個價值目標，以求

---

[27] Bertrand Russell：《權力論：一個新的社會分析》，靳建國譯，東方出版社，1988年版，第9頁。

凝聚社會成員的集體意識；不允許多元化的政治主張以及激進政治變革的存在，是非標準非黑即白，強求一律。

在專制理念中，這些特性服膺於一個更高的價值，這就是「奴役」。

專制的基本價值是奴役。在專制統治中，「奴役」既體現為一種權力關係的現實性，也體現為一種權力關係的可能性。奴役的「現實性」表現為所有各種權力關係都是支配和依附關係，「他治」是這種關係的典型特徵。奴役的「可能性」表現為主子可以隨時進行干涉，即使兩個人處於「不干涉狀態」，也是一個人是「自由的」，而另一個人是不自由的。前者的反覆無常和後者的終日恐懼是這種關係的典型特徵。「奴役」的結果是一部分人毫無止境地、不擇手段地追逐權力，當受奴役者「多年媳婦熬成婆」時，便完成了「身分」轉換，而成為專制者。因而，合乎邏輯的結果是，這些專制者再對他人進行奴役，儘管對他的上級而言，仍是受奴役者。奴役的後果是產生了一大批敢怒不敢言的民眾，成為專制的穩定基礎。所以，奴役既是專制的結果，也是專制得以繼續的條件。欲維持專制統治，必得進行奴役；一旦放棄奴役或無法繼續奴役，則就意味著專制即將解體。

需要指出的是，上述特性只是例常狀況。有例常就有例外：「共和」的運用，如果失去民主（外在）和理性（內在）的制約，就是專制獨裁；「民主」的運用，如超越利益考量而主持正義時，就是共和；「專制」的運用，在極少數情況下，也會出現個別正義，而體現為「共和」色彩。只有普遍地、穩定地具有上述特性時，才能分別稱之為「共和」、「民主」和「專制」。

二

通過考察傳統憲法分類理論，我們可以知道，從憲法的形式分類中不能判斷國家的性質和類型。而通過對憲法進行實質分類，我們可以知道，

憲法在實質上的不同導致了國家與國家之間的不同，憲法在實質上的相似導致了國家與國家的相似。不同實質類型的憲法對應著不同實質類型的國家，因為憲法的實質特徵是國家本質的反映，並且，在共和和民主的國家裡，憲法是統治制度的一個重要組成部分；而在專制類型的國家裡，憲法則是統治制度在法律上的反映。進而，依本文的分類，將現代憲法分為共和憲法、民主憲法和專制憲法三類，這意味著現代國家也應分為共和國家、民主國家和專制國家三種類型。

在本文對現代國家作如此分類之前，古今的學者對國家作過多次分類。現存的研究資料一致認為，最早對國家進行分類的是Aristotle。事實上，Aristotle的分類是以希臘城邦為對象，將古希臘150多個城邦的政體形式分為君主政體（以一人為統治，而又能照顧全邦人民利益）、貴族政體（以少數人為統治者）和共和政體（以群眾為統治者，而能照顧全邦人民利益）。[28]後人將Aristotle對政體的分類作為國家分類學說，顯然是將政體等同於國家。這是因為政體的型態（構成與運行）反映了人民與統治者之間的實質關係。繼Aristotle之後，Bodin以主權歸屬代替統治者的人數為標準，把國家分為君主制、貴族制和民主制三類。這種劃分與Aristotle基本上相同，Bodin的民主制（populaire）仍然是指以全體人民為統治者。[29]與Aristotle的共和政體實為一類。資產階級革命後，由於君主立憲制的興起，Montesquieu將貴族制與民主制合為一類，稱作共和制，並把政體分為共和政體（全體人民或部分人民握有最高權力）、君主政體（單獨一人依據法律統治）和專制政體（由單獨一人按照一己意志與反復無常的性情在既無法律又無規則的情況下治理國家）三類。[30]在Montesquieu之後，

---

[28] Aristotle, *The Politics of Aristotle*, Translated with an introduction notes and appendixes by Ernest Barker; Reprinted from the English Edition by Oxford University Press 1946, 1279a. Aristotle認為君主政體、貴族政體和共和政體是正宗政體，他們的變態政體分別是僭主政體、寡頭政體和平民政體（*The Politics of Aristotle*, 1278b, 1279b）。

[29] Jean Bodin, *On Sovereignty*, Julian Franklin ed., Cambridge University Press, 1992, 1576c., p. 89.

[30] Montesquieu, *The Spirit of Laws*; Anne M. Cohler, Basia Carolyn Miller and Harold Samuel Stone trans., Cambridge University Press, First published 1989, pp. 10, 21-27.

流傳甚廣的傳統國家分類理論是Marx的五種社會型態、四種國家類型理論。

　　20世紀初，Max Weber提出了一種區分國家類型的新標準，即政治權威的合法性來源。這種以政治權威為標準的視角不同於Aristotle以政治權力為標準的視角。因此，Weber理論的出現是當代國家類型學產生的標誌。[31]作為此一理論的具體內容，國家分類出現了更多的形式，例如：將國家政體分為現代寡頭政制、極權寡頭政制、傳統的和傳統主義的寡頭政制、監護和政治民主政制；[32]將國家體制分為初民政治體制、世襲制帝國、遊牧及征服性帝國、城邦、封建體制、中央集權的官僚帝國和不同類型的現代體制（民主的、獨裁的、極權的和「不發達的」）；[33]將國家政體分為原始體系、傳統體系、前動員現代體系、動員中的現代體系、滲透性現代體系；[34]西方宏觀政治學亦將國家分為民主主義國家、極權主義國家和權威主義國家，以及傳統國家、過渡國家和現代國家等等。

　　上述國家分類理論均是從某一不同的理論視角對國家政體作出的考察，均具有一定的合理性；但正是因為是從某一視角觀察，不免存在片面性。所以，除了Aristotle的分類理論對後世產生著持久深遠的影響，至今仍為研究國家學的學者所引用以外，其他的分類理論尚未形成定見而被廣泛引用。由於這些分類如同傳統憲法分類理論一樣，太過片面，我們很難從某一國家類型中把握該國的實質特徵。雖然Aristotle的分類理論創造了許多經典的概念〔如共和、民主、平民

---

[31] 吳錫安、俞可平主編：《當代西方國家理論評析》，陝西人民出版社，1992年版，第129-130頁。

[32] E. Shils, *Political Development in the New States, Comparative Studies in Society and History*, Vol. 2, No. 3, 1960, pp. 265-292.

[33] S. N. Eisenstadt, *The Poplitical System of Empire*, Transaction Publishers, New Brunswich and London, 1993, p. 10.

[34] Gabriel A. Almond, G. Bingham Powell, Jr., *Comparative Politics: System, Process, And Polity;* Little, Brown and Company, Boston, 2nd Edition, 1978. Cha. 3: *Political Structure*, Cha. 3.2.

等〕，[35]但這些概念的涵義與今日相同表達的概念涵義迥然各異。比如，「共和」與今日的「民主」同義；「平民」與今日的「窮人」同義；而共和政體實際上等同於今日的全民公投決策制；「民主政體」則與今日的「民主」涵義毫無關聯。[36]

因此，本文將現代國家分為共和類型國家、民主類型國家和專制類型國家三類。以下分別論述其特徵。

（一）共和類型國家

共和類型國家在政體上具有以下特點：1.政府權力「間接地」等同於人民權利（以區別古代的直接民主制）。前述拉丁字res publica意即「人民的國家」，並非指國家權力直接來自人民，否則「共和」就等同於「直接選舉」（即古代直接民主制）。[37]共和政體是以直接民主為基礎，在直接民主基礎之上，還有非「民主」的制度設置，例如美國眾議院的議員由直接民選產生，各州議員的名額按各州的人口比例分配，但參議院的議員每州兩名，平均分配，用以照顧人口較少的小州人民，是為共和理念的反映。而當議會通過法案或其他重大事項時，參議院的表決尤為關鍵，往往為絕對多數通過，凸顯「共和」的價值高於「民主」的價值。美國憲法承認各州人口方面的差異，同時也使小州選民的發言權得到保證。再如美國總統選舉中的選民實際選舉的都不是總統候選人，選民選舉的是組成總統選舉團的代表，進而產生總統。各州的選舉人數目與他們在國會參眾兩院的議員人數相等，當選總統必須獲得270張以上（超過議員半數）。選舉人團制度是在美國選民直接行使民主政治權利的一項重要的共和制度。2.「自然正當」是本國憲法的組成部分，並有違憲審查制度（正當合理的

---

[35] Aristotle, *The Politics Of Aristotle*, Translated with an introduction notes and appendixes by Ernest Barker; Reprinted from the English Edition by Oxford University Press 1946, 1279a, 1256b, 1292b, 1293a, 1293b, 1294b, 1273b.

[36] Ibid.

[37] 將republic譯為「民國」，最符合該詞的原義。參見Diecy：《英憲精義》，雷賓南譯，中國法制出版社，2001年版。一般的表述是「共和」、「共和政體」。

審查基準）加以保障，比如美國對本國公民的言論自由作擴大取向的保護，即是強調藉由思辯、對話之精神，使人民參與公共事務與政府決策。基於帶有共和性質的違憲審查制的存在，在聯邦最高法院的裁決中，一般均使「民主」理念讓位於「共和」理念，例如聯邦法院在對憲法平等保護條款的解釋中，將黑人種族納入法律的保護範圍內，使他們享有作為一個公民的資格；[38]再例如，聯邦最高法院對優惠性差別待遇的採行，給弱勢團體較為優厚的待遇。[39]3.採行聯邦制度。再以美國為例，聯邦制通過規範中央政府的權力，而使地方政府保留相當大的自主權。主權不僅在中央層面上水平分割，同時也在中央與地方之間垂直分割，兩層政府互為鉗制。其目的在於使人民成為雙重主權的載體，獲得雙重保護，而免於中央政府或州政府的侵害。這樣的體制可以保障權力制衡免於損害共和價值。

共和類型國家的特徵是共和憲法的實質特徵在政體上的反映。需要注意的是，1.共和類型國家在憲法上一定是民主類型國家。因為「共和」必須建立在民主的基礎之上。沒有民主作為制度基礎，就不可能有「共和」產生。2.過去數十年來（特別是二戰以後），「共和國」的名稱十分流行，許多國家都號稱「共和國」，甚至是「人民共和國」。然而，從語義上考察，republic本身即含「人民」之意，在其前面加上「人民」一詞，實屬多餘。[40]因此，1990年代，一些民主化國家反而將民主化以前國號中的「人民」一詞去之，直接稱為「共和國」；其次，從實質上考察，並非國號稱為「共和國」，該國就是具有共和制度設置的共和國家。比如，戰前的伊拉克，國號即為「伊拉克共和國」，但無人認為伊拉克是一個建立在民主基礎之上的共和類型國家。反之，國號中沒有republic一詞的卻往往是正宗的「共和國」，比如日本。由此可見，將共和國家從其他類型的民主國家中區分開來是必要的。

---

[38] Cass R. Sunstein, *Lochner's Legacy,* 87Colum. L. Rev. 913, 1987.

[39] City of Richmond v. J. A. Croson Co., 488 U.S. 469, 1989.

[40] 劉景輝譯著：《古代希臘史與古代羅馬共和史》譯序，臺灣學生書局印行，1989年初版。

（二）民主類型國家

　　民主類型國家是一個較為複雜的分析對象。這主要是因為人們對「民主」一詞的理解各不相同。本文認為，了解一個概念的最好思路順序應該是：尋找一個概念的字源→詞源→知識源→制度源→思想源。在學術及政治用語中，通常使用的「民主」一詞既指「民主」，也指「共和」，將「民主」與「共和」相提並論。事實上，兩者有著很大的區別。為了準確地定義民主國家的特徵，必須先釐清下列概念：

1. 直接民主

　　直接民主制是「民主」的原始涵義，這個發源於古代希臘的概念，其字源「民」與「主」之間是直接關係；其詞源為兩個希臘字 *demos*（人民）和 *kratos*（統治）的結合；其知識源是「由人民統治」；其制度源是透過公民大會（雅典公民都是公民大會的成員）的運作，雅典的公民統治了國家；其思想源是「民」即「主」。因此，「民主」即為「直接民主」。在當時，這種公民直接統治的國家，稱為「民主國家」，它的政治型態也稱為「民主政治」。近代學者將「民主政治」劃分為「直接民主政治」與「間接民主政治」。雅典的民主政治顯然是直接民主政治。如果說公民直接管理或決定國家大事就是「直接民主」的話，那麼，今日的全民公決制度近似於古希臘的直接民主，並且是直接民主的最高型態。Sartori 認為，古希臘的直接民主實質上是由「發言權」組成，其不能掩蔽重要信號聲中的瑣碎雜音，也不能為了長遠的需要而篩去目光短淺的一時興致。[41]但是，今日的全民公投制度，使手持選票的人民有足夠的時間對自己的選擇作理性的考量。

2. 直接選舉

　　直接民主不等於直接選舉。當我們將民主作為一種國家制度時，直接選舉即是透過公民直接選舉產生國家的最高權力機構（行政權和立法權），透過直接選舉產生的國家權力機構統治國家；而當我們將「民主」

---

[41] Giovnni Sartori, *The Theory of Democracy Revisited*, Part Two, Chatham House Publishers, Inc., 1987, p. 282.

當作一種自治制度時，所謂直接選舉就是一個自治共同體的成員直接選舉自己的管理者。這種自治性的直接選舉在各種政體中都有存在。當自治共同體是一個人數較多的共同體、需要用憲法或憲法性法律來規範選舉時，此時的直接選舉也產生公共權力，那麼其便是國家制度的一部分。特別是在今日全球化時代，民主可以是一種多元的民眾組合形式。*Demoi-cracy*中的*Demoi*表示「人民大眾的多元形式」，「*-cracy*」表示「組合形式」。[42]直接選舉是體現民眾與其管理者之直接關係的一種制度，直接民主需要直接選舉，但直接選舉未必引起直接民主。直接民主是共同體全體成員直接行使共同體的最高權力。直接選舉是體現民眾與國家最高權力或共同體最高權力之直接關係的一種制度。

3. 代議制民主

古代雅典的公民可以共聚一堂來商討城邦大事，因為雅典是一個版圖有限與公民有限的城市國家（city state）；今日全民公投之所以此起彼伏，是因為待決議題經過公民一次投票即可決定。這樣的直接民主不產生行政權力的常設機構，運用起來尤為經濟和方便。所以，也被稱作「即刻」民主、[43]「純粹」民主、[44]「簡單民主」。[45]但是，對於人口眾多、幅員廣闊的大國來說，雅典式的公民直接統治已不可能；採用「全民公投」處理國家日常事務也不方便，於是有了學者稱之為「間接民主」的代議制民主。這種制度的本義是公民直接選舉一定數目的公民組成議會，透過議會的運作而行使國家的部分權力。需要注意的是：(1)代議制民主之為間接式民主僅指選民權利與國家最高權力的間接性（一次間接）。如果選民的權利需要經過幾次間接（行使）才能達到國家最高權力，就不能稱

---

[42] Samantha Besson, *Institutionalizing Global Demoi-cracy,* in *International Law, Justice and Legitimacy*, Lukas Mayer ed., 2009.

[43] David Beetham, *Max Weber's Political Theory*, Cambridge: Polity Press, 1985, p. 211.

[44] Alexander Hamilton, James Madison and John Jay：《聯邦黨人文集》，商務印書館，1980年版，第38篇。

[45] Thomas Paine, *Rights of Man and Other Writings*, Rare Books International, First Indian Edition, 1986, p. 243.

之為間接民主，亦非程度不同的民主，其根本就不是民主。(2)代議制民主也可以存在共和政體中，成為共和政體的一部分，但不同於單純的民主政體，更不是古代的直接民主制。此外，如果兩院制國會都是由選民按人口比例直接選舉產生，這樣的國會則是純粹的代議民主制。如果兩院制國會中的一院由選民按人口比例直接選舉產生，此院的構成為代議民主制，另一院不是按人口比例，而是按其他方式（例如以各行政區等額分配議席）而直接選舉產生，這樣的兩院制的構成則為共和制。

由此可見，在近代資產階級革命以後的世界各國中，難以找到諸如雅典式的直接民主制國家，儘管直接民主制的政治運作被繼承了下來，比如瑞士和法國，均舉行過多次全民公投以決定國家大事。我們所稱的民主國家，從學理上講，當然僅指間接民主制，即代議民主制。但如果將其置於嚴格的定義之下，我們也不能說具有代議制民主設置的國家就是民主國家或民主政體。美國的制憲之父們認識到民主政體就是古希臘的直接民主制，所以，從不說「民主政體」，而始終說「代議制共和政體」。[46]然而，事實上，美國1787年憲法體制，是典型的共和政體，也不能用「代議制共和政體」的名稱概括之。

顯然，準確定義「民主類型國家」是極其困難的。然而，越是困難越顯得有必要將其與其他類型的國家區分開來。通過以上分析，一個純粹的民主類型國家至少要具備以下幾個特徵：1.國家的最高權力（比如立法權和行政權）全部或主要部分來自於直接選舉，並採用比例制。進一步看，如果立法權中的主要組成部分（比如上院）不是採行比例制或直接選舉產生，這樣的體制實際上兼具民主和共和的雙重特性。純粹民主國家一般都有全民公投（直接民主）的制度設置；[47]有的尚有總統超越各黨派或派別

---

[46] *The Federalist Papers*, Paper 39, Paper 10, See also Papers 1, 9, 37, 70.

[47] 這類國家一般多為轉型國家，其憲法是受影響的憲法或接受型憲法。為了改變專制政治，澈底民主化，一般都在憲法中規定全民公決制度。參見《烏茲別克憲法》第34條；《土庫曼憲法》第94條；《吉爾吉斯憲法》第96條；《俄羅斯聯邦憲法》第130條、第135條；《白俄羅斯憲法》第73-78條；《莫爾達瓦憲法》第75條；《塔吉克憲法》第98條；《亞美尼亞憲法》第111條；《喬治亞憲法》第28條；《哈薩克憲法》第32條第二款；《亞塞拜然憲法》第65條；《烏克蘭憲法》第69-74條。

而具完全全民性的憲法條款。[48]2.憲法是一國法律體系的最高標準，「自然公正」也是憲法的組成部分，並設有違憲審查機制、以憲法規範和原則為準據的合憲性審查。全民公投制度一般是用來對憲法的批准和修改進行全民公投。3.民主國家的結構形式一般都採用單一制，而在政體上一般均採中央集權制。單一制和中央集權制是直接民主制或間接民主制的有效統治形式。在這種制度下，高度民主的制度（比如全民公投）與高度集中的制度（比如行政權幾乎不受除了選民以外的其他力量的制約）並存。

「民主政體」這個概念的原始涵義含有相當的貶義。Aristotle認為，民主政體可能變為平民政體，這種政體以窮人的利益為依歸，而不能照顧全城邦全體公民的利益。[49]Kant曾嚴厲屬批評將民主政體與共和政體混同一體，乾脆用一個國家非為共和即為專制這樣非此即彼的兩種體制取代傳統的亞氏三型態。[50]即使是崇尚「公意」的Rousseau也將「民主」置於「共和」之下。[51]無論先人對這一概念的理解有如何的偏見，但至少可以說明一點，純粹的民主有發生變體的可能性，這已為古希臘雅典民主制之興亡所證明。

（三）專制類型國家

專制是一個與「民主」對立、與「共和」背道而馳的概念。英文tyranny、autocracy、dictatorship、despotism、thoritanism、totalitarianism等詞兼具「專制」、「暴政」、「獨裁」之意，其共同之意是指權力的非民主擁有和運用。學者們已對專制政體作過多種分類和描述，在此不再贅列。本文認為，專制政體一般表現為兩種型態：一為極權專制政體，一為威權專制政體。[52]在古希臘語中，獨裁政治就是*kratos*（權力）和*arke*（權

---

[48] 《白俄羅斯憲法》第86條；《烏克蘭憲法》第104條第4款。

[49] Aristotle：《政治學》，商務印書館，1995年版，第134頁。

[50] Immanue Kant, *Perpetual Peace,* 1795, sect. 2.

[51] J. J. Rousseau, *The Social Contract And Other Later Political Writings*, Book II, Cha. 6, *Of Law*, Victor Gourevitch trans, ed., Cambridge University Press, 1977.

[52] Linz認為，威權體制（authoritarian regime）指的是一種既非民主、又非極權的政治

威）的合成。由於獨裁是民主的對立概念，獨裁政治中的「權力」和「權威」便必須集中於獨裁者一身，所以，無論是極權專制還是威權專制，反民主是其本質特徵。這兩種體制的共同特徵還有：1.國家與社會渾然一體，且只有一個單獨的，但並非鐵板一塊的權力中心。2.權力高度集中，有分工而無分權，有政黨而無政黨政治。3.出於反民主的需要，專制政體是通過控制軍隊、官僚政治機構等強制手段而行使其權力。4.出於龐大財政支出的需要，專制政體必須控制經濟命脈以及國家的財力物力資源。5.出於同化教育、控制民意的需要，專制統治對教育實行壟斷，使人民喪失分辨事實和假像的能力而變得渾渾噩噩、服服貼貼。6.出於控制社會局面的需要，專制政體營造一種恐怖的生活狀態，使整個社會變成一個人與人相互猜忌、相互爭鬥的社會。7.出於專制統治的需要，無視貧富差距拉大，如此，一部分富人終日為錢奮鬥而無暇關心政治，另一部分窮人不斷為自身生存掙扎而無力關心政治。8.由於國家和社會合一，以及體制的一統化特徵，公權即特權。

專制國家中的「專制」是一種極其複雜的政治現象，即使是民主類型國家和共和類型國家中的偉大政治家往往也難以識破「廬山真面目」。在人類社會中，專制國家是歷史最為悠久的一種國家型態，因此有著深厚的專制文化積澱，不同文化背景的人對其進行觀察時可能會得出不同的結論，正所謂「橫看成嶺側成峰，遠近高低各不同」。在今日的政治背景下，我們對專制政體的省察還應注意以下幾點：

1. 專制政體與恐怖主義

專制政治與恐怖主義具有下列共通性：

(1)**不確定性**：專制獨裁者無一例外地蔑視法制，不受法律和人民的約束。加之，統治與被統治的關係實際上是一種主奴關係，所以，主人的統治方式往往隨心所欲，給部下造成終日恐懼、朝不保夕的感覺，以便於

體制，此種體制具備有限但非責任形式的政治多元主義。參見Jaun J. Linz, *Totalitarian and Authritarian Regimes*, in Fred I. Greenstein, Nelson W. Polsby, eds., *Handbook of Political Science*, Vol. 3: Macropolitical Theory (Reading, Massachusetts., Addison-Wesley Publishing Company, 1975, p. 264. 本文不持這種見解。

主人的統治。專制使恐怖成了人們心情的一種基調，這種恐怖既是無法忍受的，也是習焉不察的。而恐怖主義的一個主要特徵就是讓被襲者感到其不分青紅皂白，雖然在恐怖分子心中一般都擁有某個特定的攻擊目標。正是這種特性才可以獲得一個恐怖效果：因為如果沒有任何人感到自己是特定的被襲目標，那麼就沒有任何人會感到自己是安全的。[53]

(2)**不可預測性**：專制統治實質上是個人統治，統治者個人的喜怒哀樂即是統治的「非正式規則」。這種「規則」因人不同，因時而異，即時採用，無法預測。此正與恐怖活動一樣。恐怖分子總是依據他們自己的離奇規則和價值觀來行動的。他們在發動恐怖襲擊前，決不會明確地告知被襲者，否則就失去了恐怖效果。雖然現代科技可以使官方獲得恐怖活動的情報，但無辜平民卻難以提前獲得此起彼伏的襲擊情報，更難以對付國家恐怖主義。

(3)**專橫性**：在專制統治下，已經竊據強制力量的大小獨裁者們可以泰然地漠視其統治領域內的社會基本價值觀和法律規範，並且往往通過操縱一些專政機構，用以對付國內人民。專制政治雖然也不時地像恐怖行動那樣使用暴力，但在統治過程中所採用的精神威脅和強制與恐怖主義完全一樣，其專橫程度有過之而無不及。

(4)**互相需要性**：專制統治者的基本矛盾是官民對立。為了維持專制統治，有效地控制民眾，專制統治必須確定一個不可能實現的目標要求民眾為之奮鬥。這與國家恐怖主義企圖消滅一切對手如出一轍。所以，專制統治者對民眾的自由思想、民主行動的恐懼遠遠勝過對恐怖分子恐怖行動的恐懼，因為在專制國家內部，恐怖分子所為之恐怖行動的受害者往往是廣大民眾，而民眾的自由思想和民主行動所動搖的則是專制統治；而在專制國家外部，恐怖分子的恐怖行動又總是針對民主國家和共和國家，這樣又間接地鞏固了國內的專制統治。專制政權需要恐怖主義，支援或放任恐怖活動是專制統治的方式之一。而恐怖分子的組織基地、訓練營地、武器

---

[53] *The Blackwell Encyclopedia of Political Institutions*, Vernon Bogdanor ed., Basil Blackwell Ltd., 1987, p. 608.

製造、經費來源也必須依靠專制國家。這就是我們為什麼在民主國家和共和國家看不到有恐怖組織存在的原因。

2. 專制政體與腐敗

腐敗的病症就是權力不受制約。腐敗就是掌握公權力的人直接或間接地運用公權力進行貪污和權錢交易。專制政治即為權力之治而非權利之治。權力依次只能由更高一級的權力才能加以制約是專制政治的特點。不僅要控制民眾，同樣重要的是還要控制專制政治體制內的各級官員，也是專制政治的特點。而權力控制完全不同於權利制約或權力制約。權力控制的目的是為了維護專制獨裁統治；而權利制約或權力制約是為了保證權力能按照人民的意願、符合人民利益的方式行使。為了維持專制獨裁統治，必須控制專制體制內的各級官員，而易遭民眾反對的貪污腐敗的官員則又是最易控制的，因為「專制原則的特徵是以主人對奴隸的方式處理其公務的」。[54]因此，大腐敗分子選擇中腐敗分子，中腐敗分子選擇小腐敗分子是專制體制內官員選擇不可避免的現象。行賄買官是這一現象的普遍特性。由於權力普遍不受制約，在專制體制內，制度結構性貪污腐敗也是不可避免的。因此，貪官在官場上完全占據了壓倒的優勢，對少數幾個清官，或想當清官的人形成一種有形無形的壓力，使他們感到面對這種趨勢無能為力、無可奈何。另一方面，貪污腐敗畢竟是不合法的，這在專制國家也是如此。因此，「貪污腐敗分子始終存在一種犯罪感、恐懼感，懼怕一旦被追究會在頃刻之間失去一切」。[55]於是，為了保住現在的官位又必須不擇手段地獲得更高的官位，只有獲得更高的官位，才能保住現在的官位。貪污腐敗分子爭取更高官位的過程，由於是通過非民主化的手段進行的，這實際上就等於是鞏固專制統治的過程。所以，結構性貪污腐敗與專制政體相輔相成，相依為命。不時地揪出幾個貪污腐敗分子，而不從根本上通過民主化的政治體制改革，改變專制政治運行，使權利制約和權力制約有制度保障，其實際效果是延續了專制政治體制。久之，腐敗分子也會

---

[54] Bertrand Russell：《權力論》，靳建國譯，東方出版社，1988年版，第9頁。

[55] 劉澤華：《中國的王權主義》，上海人民出版社，2000年版，第93頁。

與民眾一起而成為專制體制的掘墓人。另外，需要說明的是，在專制政治環境下，社會財富不可避免地向不受制約的權力積聚，社會的兩極分化也勢在必然。如同貪污腐敗是專制政治統治的必然結果一樣，貧窮和饑餓在專制統治下也是不可避免的。

3. 專制政體與民族主義

民族主義是一個十分複雜的術語。近代以來，世界各國均利用過這個術語。在民族主義的大旗下，出現過民主主義、集體主義、民粹主義、分裂主義、極端主義、國際主義、恐怖主義、專制主義、殖民主義等等。儘管上述「主義」，有的早已經成為歷史，但不可否認的是，有的在國際政治中還扮演著重要作用。其中最值得注意的是民族主義演變為國際主義和民族主義旗幟下的專制主義，這是民族主義在當今世界政治中的兩種走向：

第一，民族主義演變為國際主義。眾所周知，蘇東模式的變革印證了民族主義的再興，民族主義是導致蘇聯解體和東歐逆轉的部分原因。值得注意的是，民族主義興起後，接踵而至的是這些發生變化的國家爭先恐後地要求加入區域聯盟，參與區域事務和國際事務。這說明此時的民族主義與19世紀和20世紀前半期的民族主義已相當不同，不再僅作為一項政治計量，而是國際主義的序曲。[56]更加值得注意的是，民族主義演進為國際主義的深層原因。本文認為，其制度層面上的原因是民主的要求，此時，民族主義已獲得民主主義的制度特徵。其文化層面上的原因是價值融合的要求，從事實上直接否定了「文明衝突」論。民主發展的邏輯結果之一是：公民（即民族國家的國民）必然要超越自己的公民身分，因而也必然要超越民族國家。民主與價值融合互相作用，互為因果。人們經常宣導價值多元，而忽視對民主的追求。如果沒有民主就不可能有價值多元；沒有價值多元就不可能有價值融合。而民主才是成為價值多元並達到價值融合的條件。所以，價值多元論不應是價值分割論（價值分割論是以民族共同體為

---

[56] Kit Bethell, *Europe and the States in the 20th Century, Cambridge Review of International Affairs*, 1992, Vol. 6 (1) Taylor & Francis, pp. 1-9.

單位的，且是封閉的單位。）價值融合是民族融合的結果，而民族融合又是民主化的結果：如果沒有民主，何來價值多元。由此可見，民主化使民族主義不至於淪為上述其他的「主義」，而只會導致國際主義。

第二，民族主義旗幟下的專制主義。從上述分析中我們不難知道，在民族主義的旗幟下進行專制獨裁統治必然導致反民主的政治運作。換言之，民族主義也可以通過反民主的政治運作來進行專制獨裁統治。其以民族一統的名義，維持超小範圍權力集團的政治統治。對民族的認同是由一個超然於社會共同體之上的無形或有形的力量建構起來的，猶如一架機器，控制著法律，管理著社會，使民眾產生一種偏狹的民族意識。雖然，我們並不能否定一個民族共同體內存在民主和自由的制度事實，但民族主義這個概念的原始含義是與民主對立的。一個民族共同體內部的民主與自由並不能夠通過民族主義本身獲得，而是要通過對民族主義的改造和民族主義的創造性轉化才能獲得。如堅守民族之根本與民族主義的創造性轉化是一致的而沒有民族之根，則民族主義就可能被改造為另一種「主義」。因此，我們不難鑑別，當一個拒絕民主政治的國家極力主張民族主義時，則明顯是為了維持專制統治；而當一個已經建立起民主政體、或已經開始民主政治進程的國家，不用任何宣稱，也可被視為已經進行民族主義的轉化，或正在進行民族主義的轉化，而邁向多元的國際主義。

專制獨裁統治的另一個惡果就是民族衰敗。專制統治通過壓制民主和自由而壓抑了人民的能動性和創造性；專制政治通過無休止的權力鬥爭削弱對手的工作能力和效率，以維護自己的地位。為了維護自己的地位，專制政治運作還必須極力消除對手的影響，以避免影響到自己的氣指頤使。因此，通過恐怖活動和黑社會運作以消除對手的影響是專制獨裁者日常工作的一個重要組成部分，甚至是全部。合乎邏輯的結論就是：專制統治者本身就是恐怖分子和黑社會頭目。手段與目的在專制政治中如此循環，民族衰敗勢在必然。

由此可知，專制獨裁統治是民族國家內部的萬惡之源。歷史已經證明，這是一條專制政治的「鐵律」。

三

　　綜上所析，憲法在實質上的不同導致了國家與國家之間的不同；憲法在實質上的相似性使相似國家的聯合成為可能。人們可以假設，甚至可以希望，這個世界中的各民族國家均能按照自己的歷史、地理、文化、宗教和傳統，分別在各自的共和政府、民主政府和專制政府的統治下互不相干、田園詩般地生存繁衍。但是，一個惱人的理論術語伴隨著世界格局的變化出現了，這就是Globalization（英語）、La mondialisation（法語）、Globalisierung（德語）。儘管人們對這個概念（中文通譯為「全球化」）的褒貶不一，[57]但不能忽視的事實是，自1970年代「全球化」這個概念被通用以來，[58]世界因全球化已發生巨大的變化：首先，全球經濟和市場得到整合，這種整合使世界資源獲得了優化組合，絕大多數國家在全球化過程中都將得到長遠的比較利益，通過資訊、貿易、價格、金融、資本、技術和關稅等要素，促進了全球市場和全球競爭一體化的局面。[59]其次，民族國家的主權正逐漸地被解構。資訊化、經濟全球化正在導致非國家化（denationalization）的趨勢，傳統民族國家的權威和地位遭到前所未有的

---

[57] 比如，新自由派認爲全球化是人類進步的象徵，參見Kenichi Ohmae, *The Borderless World: Power and Strategy in the Interlinked Economy,* London: Collins, 1990; W. Greider, *One World, Ready or Not: The Manic Logic of Global Capitalism*, New York: Simon Schuster, 1977. 轉型學派認爲全球化推動了社會轉型，參見MaKenichi Ohmae, *The End of the Nation State: the rise of regional economies*, New York: Free Press, 1995. The New Left School thought that globalization was equivalent to the new imperialism; see Anthony Giddens, *The Consequences of Modernity*, Cambridge: Polity Press, 1990. 新左派認爲全球化等於新帝國主義，參見Anthony Giddens, *The Consequences of Modernity*, Cambridge: Polity Press, 1990. 懷疑派認爲全球化是無中生有，參見Hirst and G. Thompson, *Globalization in Question: The International Economy and the Possibilities of Governance* Cambriege: Polity Press, 1996.

[58] G. Modelski, *Principles of World Politics,* New York: Free Press, 1972.

[59] K. Ohmae, *The Borderless World: Power and Strategy in the Interlinked Economy*, London: Collins, 1990; W. Greider, *One World, Ready or Not: The Manic Logic of Global Capitalism*, New York: Simon Schuster, 1977.

挑戰，因為在資訊化、經濟全球化的背景之下，傳統國家既不能有效地控制自己的內部事務，特別是經濟事務，也不能滿足本國國民的跨國界要求。經濟的非國家化，使全球化中的傳統民族國家，已經成為不自然、甚至不可能的經濟實體。資訊化、經濟全球化正通過建立生產、貿易和金融的跨國家體系，推動「經濟的非國家化」。[60]「國界」日益成為全球化的麻煩製造者，而面臨著跨國界和無國界國際組織的挑戰，[61]再次推動社會轉型。全球化正產生著一種強大的轉型力量，促進世界秩序中的社會、經濟和制度重組（shake-out）。[62]最後，全球化推動了政治民主和自由價值的普世化。[63]總之，全球化已經並正在繼續改變世界。

　　面對二戰以後，特別是冷戰以來的世界結構的變化，世界將走向何方？建構新世界的理論力量是什麼？或者更確切地說，主導21世紀的「統治」方案是什麼？有研究者寄希望於建立貿易、通貨、投資等各個領域中的「國際體制」；[64]有研究者提出建構一個取代「民族國家」的政體型態——議會國家（council-state）；[65]在區域整合理論中，有研究者提出建立藉由議題連結（issue linkage）或包裹協商（package deals）的特

---

[60] K. Ohmae, *The End of the Nation State: the rise of regional economies*, New York: Free Press, 1995, p. 5.

[61] J. G. Ruggie, *Winning the Peace: American and World Order in the New Era*, New York: Columbia University Press, 1996, pp. 135-156.

[62] Anthony Giddens, *The Consequences of Modernity*, Cambridge: Polity Press, 1990, pp. 11-22.

[63] John Baylis, Steve Smith, *The Globalization of World Politis*, Oxford University Press 1997, pp. 13-19.

[64] Stephen D. Krasner ed., *International System*, Ithaca: Cornell University Press, 1984, p. 2; Robert O. Keohane, Joseph S. Nye, *Power And Interdependence*, Longman, 1997, pp. 17-18; *Power and Interdependence: World Politics in Transtion,* Boston: Little, Brown and Company, 1977, pp. 64-65; Vinod K. Aggarwal, *Liberal Protectionism: The International Politics of Organized Textile Trade,* Berkeley: University of California Press, 1985, Cha. 2.

[65] Hannah Arendt, *Crises of the Republic: Lying in Politics, Civil Disobedience, On Voilence, Thoughts on Politics and Revolution*, New York: Harcourt Brace Jovanovich, 1972, pp. 232-233.

別決策方式使國家重新修訂其國家利益的超國家共同體；[66]還有研究者
提出建構「世界體系」（world system），將全球依「資本主義化與否」
為標準劃分為「核心國家」（core states）及「邊陲國家」（periphery
states）的分工而形成的兩大區域；[67]甚至還有研究者建議建立「世界國」
（world state）。[68]而在建立國際關係的理論方面，眾說紛紜，包括：
「新自由制度主義」（neoliberal institutionalism），[69]「新現實主義」
（neorealism），[70]「新自由主義」（neoliberalism），[71]「建構主義」
（constructivism），[72]「規範理論」（normative theory），[73]「權力平衡

[66] Rebert O. Keohane, Stanley Hoffmann, *Conclusions: Community Politics and Institutional Change*, William Wallace ed., *The Dynamics of European Integration,* Chondin: Printer, 1990, p. 287; Gooffrey Garrett, *International Cooperation and Institution Choice: the European Union*, International Organization, Vol. 49, 1995, pp. 171-181.

[67] Immanuel Wallerstein, *The Modern World-System,* New York: Acadmic Press, 1974, p. 127.

[68] Stephen Gardbaum, *The New Comonwealth Model of Constitutionalism*, American Journal of Comparative Law, Fall, 2001, p. 709.

[69] Rebert O. Keohane, *International Institutions: Two Approaches*, International Studies Quarlerly, Vol. 32, 1988.

[70] Rebert O. Keohane, ed., *Neorealism and Its Critics*, NY: Columbia University Press, 1986, pp. 7-16.

[71] Joseph S. Nye, Jr., *Neorealism and Neoliberalism, World Politics*, Vol. 40, No. 2 (January 1988), pp. 235-251.

[72] Jeffery T. Checkel, *The Constructivist Turn in International Relations Theory*, pp. 325-327; Ted Hopf, *The Promise of Constructivism in International Relations Theory*, International Security, Vol. 23, No. 1 (Summer 1998), pp. 171-200; Alexander Wendt, *Anarchy is What States Make of it: the school Construction of Power Politics*, pp. 391-425; *Collective Identity Formation and The International State*, American Political Science Review, Vol. 88, No. 2 (June 1994), pp. 384-396; Jonathan Mercer, *Anarchy and Identity, International Organization*, Vol. 49, No. 2 (Summer 1995), pp. 229-252; Nicholas Greenwood Onuf, *World of Our Making: Rules and Rule in Social Theory and International Relations*, South Carollna: University of South Carollna Press, 1989, Cha. 1-Cha. 2; Martha Finnemore, *Norms, Culture, and World Politics: Insights from Socialogy's Institutionalism, International Organization*, Vol. 50, No. 2 (spring 1996), pp. 326-328.

[73] Molly Cochran, *Normative Theory in International Relations: A Pragmatic Approach*, Cambridge University Press, 1999.

理論」（balance of powers theory）[74]等等。

作為一名國際關係理論研究的門外漢，我無意全盤否定學者們的研究成果，也不敢對這些理論妄加評論，我只能謙虛地說，我對這種「只見樹木不見森林」、盲人摸象後的論斷毫無興趣。[75]由於「經濟全球化」已經歷時多年，世界的變化在過去的數年持續是整體性的，正所謂「牽一髮而動全身」。如果純粹的經濟全球化本身包含著一個終極理想，即純粹的經濟全球化就可以帶來普世價值，那麼，經濟以外的其他手段都成為多餘。然而，嚴酷的現實已經告訴我們，經濟全球化雖可以引起對民族國家政治、經濟、社會和文化不同程度的解構，但這並不等同於普世價值的實現。這說明僅靠經濟力量不足以產生普世價值、實現人類社會的終極理想。當然也不能保證整體變化朝著理性的方向發展。於是，我們所應把握的不僅是這種整體性變化的方向，而且還要把握推動這種變化的力量，是什麼力量能夠推動人類向著正確的方向前進。

當我們分析globalization（全球化）的另一種涵義「世界化」（cosmopolitanization）時，可能會獲得一點啟示。這一涵義迫使我們去追問「世界是什麼」這一問題。按照法國哲學家Jacques Derrida的解釋，「世界」是基督教公眾傳統中的一個概念，是基督教對希臘語「宇宙」（cosmos）的釋義。「世界」是西方基督教的概念，其涵蓋了「下一個」、「博愛」等概念。世界是人的集合，人是上帝之造物大家庭中富有博愛精神的造物。[76]對「世界」這個基督教概念進行語義上的解析，是否可以幫助我們理解：為什麼在世界政治的近代演變中，取得上風的始終是

---

[74] Emerson M. S. Niou, Peter C. Ordeshook and Gregory R. Rose, *The Balance of Power: Stability And Instability In International Systems*, New York: Cambridge University Press, 1989.

[75] 已有學者指出，這些研究缺乏對一般理論的研究，而是進行較小規模的問題之研究，並將這種理論稱之為「理論群島」（islands of theory）。參見Michael Banks, The Inter-Paradigm Debate, in A. J. R. Groom and Margot Light, eds., *International Relations: A Handbook of Current Theory,* London: Pinter, 1985, p. 9.

[76] Jacques Derrida, *On Cosmopolitanism and Forgiveness*, Mark Dooly, Michael Hughes trans., Routledge, 2001, p. 18-19.

基督教彌賽亞主義。[77]基督教暗示著這樣的意思：人類社會本身不應受到既存國家、既存階級和種族區分的束縛，可以用超越性意識型態權力本身來實現人類社會的整合。[78]由於「世界」的概念涵蓋著「博愛」的概念。「博愛」意味著平等，並要求上帝的子民服從於共同的價值觀念和積極的情感。[79]Michael Mann認為，一旦社會能夠使得大規模的群體對其存在及意義提出同樣的問題，就會釋放出一種強大的平等主義力量。……一旦人的存在變成普遍之物，就產生了人類集體存在的觀念，其形式是一種信徒世界（the ecumene）。這個希臘名稱表明其乃以希臘哲學的普世主義（universalism）為前提。[80]

　　因此，「平等」的語義本身就意味著普世。世界中的每一個人平等地感受著上帝的博愛之情。在世俗世界裡，當這種抽象的觀念引起人們為之奮鬥時，便成為一種普世價值，而超越了所謂的不同文明，建立在構成世界集合體的每一個人的相似性之上。概言之，博愛意味著平等，平等等同於普世。當國際政治違反了「世界」這個概念的本義時，會遭遇前所未有的阻礙力量，以至不可逆轉地改變既存的世界格局！人類學的研究成果已經證明，人類的思想和行為之所以相似，主要是由於所有的人種的腦子結構相同。因此他們的心理狀態也基本相同。在人類發展史中的各個已知的階段裡，人種的生理機能在組織上和神經活動上基本相同，因此在各類人種的心理上就有共同特徵、動力和行動方法。……這種腦力活動的相同之處可以說明：為什麼在這個地球上的許多彼此遠離的地方和互不交往的人

---

[77] 彌賽亞主義，大致上就是等待某個特定人物的到來，他由上帝派來，將為大地帶來和平和公正。彌賽亞主義有多種形式，有伊斯蘭教彌賽亞主義，有基督教彌賽亞主義，還有猶太教彌賽亞主義。（*Religion in Geschichte und Gegenwart*, heraugegeben von Hans Dieter Betz, Don S. Browning, Bernd Janowski und Eberhard Jüngel, Band 5, Mohr Siebeck, 2002, S. 1143-62.）

[78] Michael Man：《社會權力的來源（下）——階級的興起和民族國家1760-1994》，李少軍、劉北成譯，桂冠圖書股份有限公司，1999年版，第446頁。

[79] 《創世紀》33:1-11; 50:19-20.

[80] Michael Man：《社會權力的來源（下）——階級的興起和民族國家1760-1994》，李少軍、劉北成譯，桂冠圖書股份有限公司，1999年版，第446-447頁。

群當中，都會出現像「圖騰崇拜」、「外婚制」和許多「齋戒」的信仰和制度。[81]這一研究成果揭示了一個至深的真理：在世界範圍內，建立一個符合基本人性和人類生存基本原理的共同價值的世界體系是完全可能的。由此，我們也可以得出結論，在這個世界裡，存在一個或一組人類共同的基本價值。無可爭議，他們是自由與和平，是民主與共和，是正義與安全。

　　德國哲學家Rudolf Carnap將「基本要素」和「基本關係」作為世界的邏輯構造系統的基礎。[82]本文受Carnap的啟示，並借用其「基本要素」和「基本關係」兩個概念，用以分析和建構21世紀的世界構造。如果我們把上述價值作為世界體系中的基本要素，那麼，這個體系的基本關係是什麼呢？

　　與Carnap的觀點不同，我的研究表明，我將要描述的基本關係與基本要素（價值），無所謂孰前孰後，而是彼此互為前提，共存於世，雙雙服從於一個更高的價值概念：自然正當。以「自然正當」為觀照，我們能夠證明何種基本關係可以實現世界共同的基本價值，同時，我們也可以證明何種基本價值可以在我們應建立的基本關係中實現。自然正當只能被詮釋，而不能被解構；且其是基本要素和基本關係的源泉。沒有基本價值，何以建立基本關係；沒有基本關係，基本價值便無處可在。基本價值和基本關係統一於這個世界之中。

　　現實世界正在迅速地向著多極化的方向邁進。維繫世界整體進步的正是上述包含基本價值的基本關係。國際社會雖然努力地推進經濟的全球

---

[81] Murphy, J., *Primitive Man: His Essential Quest*, London: Oxford University Press, H. Milford, 1927, pp. 8-9.

[82] Carnap認為基本要素是「最低構造階段的對象」，必須確定應以哪些對象作為基本要素。而要使進一步的對象構造成為可能，還必須先設置基本關係，並將基本關係作為構造系統的開端，這些基本關係而非基本要素構成系統的不加定義的基本對象（基本概念），這個系統的其他一切對象都是由之構造出來的。這些基本關係在構造的意義上先於基本要素。參見Rudolf Carnap, *Der Logiche Aufbau der Welt*, Felix Meiner Verlag, Hamburg, 1928, S. 83-128.

化，然至今仍難以制定一部全球經濟的「憲法」；[83]而在政治領域，面對世界多極化的大趨勢，各民族國家的政府不可避免地要「管理」全球事務。政治，不再是一國之內的「眾人之事」，也不再純為一國與另一國之間的事務，而是「地球村」裡的眾人之事。這種現實甚至引起了語言表達上的變化：已有學者用world politics（世界政治）代替international politics（國際政治）和international relations（國際關係），[84]因為後者僅表示國家之間的政治和國家之間的關係。實際上，經濟規則統一的經濟一體化是一件相對容易的事情，因為任何人都離不開最起碼的物質文明，且要受制於消費剛性規則的影響。只要公平公正、互利互惠，經濟關係較易建立。相對困難的是政治行動的一體化，因為共和、民主和專制各有各的政治邏輯。儘管在近代歷史上，基督教彌賽亞主義一直占著上風，但我們也清楚地看到，各種文明共存與交融的進程一直未有中斷。職是之故，在世界多極化的大趨勢下，還存在共和國家、民主國家和專制國家彼此之間的基本關係。

四

我們已經知道，憲法的實質性將民族國家區別為不同的類型。因此，考察不同類型的國家的基本關係，仍應從實質性入手。由於世界的運行主要體現在經濟、政治和價值三個層面，基此，不同國家的基本關係實際上也是經濟、政治和價值之間的關係。在分析多極化趨勢下的不同類型國家的基本立場之前，我們必須對世界的整體運行有如下基本認識：

---

[83] 前世貿組織總幹事Renato Ruggiero於1996年明確指出：我們決不再制定各民族國家間的貿易規則，我們制定的是一部全球經濟的憲法。參見http://www.unctad.org/en/special/tb43pro5.htm (12 February 1998); UNCTAD Press Release, *UNCTAD and WTO: A Common Goal in a Global Economy* (8 October 1996).

[84] John Baylis, Stere Smith, *The Globalization of World Politics*, Oxford University Press, 1997, pp. 2-3.

　　第一，資訊化、經濟全球化前提下的世界運行實際上是政治體的運行。資訊化、經濟全球化使主權國家發生了巨大變化，民主國家和共和國家呈現出這樣的常態：靜態的憲法秩序和動態的政治體運行並存，前者是指選民通過選舉產生政治權力機構；一旦國家的政治權力產生，選民的權利與國家的政治權力就形成了穩定的憲法秩序。之所以謂之為靜態，是因為選舉是定期的。而後者意指，一旦政治權力產生，國家的運行實際上即為政治體的運行。之所以謂之為動態，是因為這種政治運行是日常的。由此可見，雖然民主國家和共和國家的事務是多數（選民）和少數（政治體成員）的共同事業，但國家的日常運行仍是由組成政治體的少數操作的。至於專制國家，國家權力的運行也是由一個「政治體」所掌控。

　　這類國家與民主國家和共和國家的本質區別在於：國家權力與人民權利尚未構成一個靜態的憲法秩序，因為前者不是來源於後者，因而政治體（少數）的運行與人民（多數）權利的行使沒有邏輯上的聯繫。資訊化、經濟全球化條件下的這種政治現實衝擊了傳統主權理論：昔日國際政治中的主權國家間的關係，在今日，實際上變成了不同政治體之間的關係；昔日各個不同的主權國家均對應於各自不同的特定社會，而今日處於多元格局狀態下的不同的政治體要對應於一個基本相同的世界社會。之所以說是「基本相同的世界社會」，乃是因為資訊化、經濟全球化對民族國家的持續解構使得國界模糊，國民（民族國家的公民）變成了「地球村」裡的村民。這些村民，首先是基於人性的相同性和人權的同質化構成了對基本的物質文明的相同需要，進而，產生對政治和價值的相同或相近的要求而構成了國民性差異日益縮小的「世界社會」。對應於這個「世界社會」的不同政治體之不可避免的基本關係是：共和政治體，由於持有相同的價值取向，並時有超越純粹的利益交換，其政治運行會堅定地一致；民主政治體，由於較為注重利益考量，在民主政治體與民主政治體之間，民主政治體與共和政治體之間，為取得雙贏的前提下，當然會達成一致，而即使有衝突，這種衝突也可以通過協商對話加以解決，因為這兩類政治體擁有基本相同的社會基礎：一人一票的選民。此兩類國家的關係是「非零和規則的關係」。衝突，甚至是劇烈的衝突只會發生在共和政治體、民主政治體

與專制政治體之間，特別是共和政治體與專制政治體之間，並且更多的是在政治層面和價值層面上。上述基本關係，正是各民族國家憲法在國內外政治運行中的實質特性。換言之，不是憲法的形式決定政治權力的運行，而是政治權力的運行將憲法的實質特性反映出來。

　　第二，由前述可以導出：資訊化、經濟全球化前提下，各類政治體在國內的權力運行與在世界事務中的權力運行趨向「重合」。資訊化、經濟全球化產生的世界社會中的事務已超越了主權國家的國界，主權已不再是一項絕對權力，貧困、饑餓和屠殺是關聯到「每一個人的事」。[85]資訊化、經濟全球化必然導致各政治體權力的平等化，政治事務共同處理、協商解決。一國政治體的權力運行不可避免地要超出國界，而應該保留在民族國家內部運行的各類政治體的實際權力，事實上已發生了很大的改變，在世界事務的管理中，各民族國家事務的相同性或相似性越多，政治體權力的「重合」度就越大。這一深刻的現實引出了一個更為深刻的現實問題：政治體權力在國內政治中的多元「垂直性」特徵不折不扣地反映到世界事務的管理之中。由於多元「垂直性」是民主的特徵（民主是自下而上的垂直政治），[86]在民主國家的國內政治中，這種多元「垂直性」更具體地表現為「多數決定原則」。「多數決定原則」表明了自下而上的絕對性（對此，本文已在前文中論及），顯然，民主國家參與世界事務的管理有強烈的民主要求。而在共和國家，由於共和必須建立在民主的基礎之上，也就是說，共和是建立在自下而上的垂直政治之上的，合乎邏輯的結果即為：「共和」的運用係自上而下的垂直政治。這就是「多數原則」與少數統治問題在共和國家處理得較為適當的原因：有自下而上的民主作為基石，使「共和」的運用不致於走向獨裁；在民主的基礎上，運用「共和」，又能調和「多數決定」與「少數權利」的問題。專制國家的權力運行也是「垂直」的，但為自上而下的「垂直」，與本文所論的民主與共和毫無關聯。是故，世人對多極世界的存在與發展，不應產生任何疑問。

---

[85] *Everybody's Business*, Wall Street Journal, Aug. 24, 1992. A8.

[86] 另一種表達方式是「垂直民主」（vertical democracy）。參見Giovanni Sartori, *The Theory of Democracy Revisited,* Part One, Chatham House Publishers, Inc., 1987, Ch. 6.

　　當政治權力的「垂直性」運用到世界政治中時，不可避免地要引出合法性問題。由於制定法律（國際法律也是如此）總是以民主為基礎，這就是說，用法律建構的秩序，最佳狀態也只是「民主的」秩序。如果「地球村」裡的共和國家、民主國家、專制國家都滿足於這一秩序，那麼，一個「相安無事」的世界秩序則是和平的。然而，民主秩序只有在民主的地方才有可能存在。當「民主的」秩序被打破時，僅靠民主手段是難以恢復的。因此，共和政治體的作用在此時得以顯現。於是，形式合法性開始讓位於實質合理性。本文認為，政治權力在世界事務中的「垂直性」與在國內的「垂直性」一樣，最終均深深地根植於「實質合理性」之中。國際法律建構的世界秩序不得不被符合倫理意義的普世價值所重構。在世界近代史上，我們發現，政治體的政治行為實際上是以倫理意義為依據的一種社會實踐，亦即，世界社會的秩序不是既定的，而是在一種超越性意識型態力量的作用下所造成的。這種超越性意識型態力量「提供了一種獨特的手段：超越性的社會權威觀念，即：人類具有終極意義的往往是自然的共同特質，從而把人類聯合起來。這種特質要麼是人性本身的實質，要麼至少是現實中被世俗的經濟、軍事和政治權力組織所分離的人的實質」。[87]顯然，這一觀點告訴我們，具有倫理意義的世界政治秩序高於「特定時間、特定時期形成的」國際法律秩序。國際政治與國內政治一樣，如果忽視政治倫理和政治道德，是註定要失敗的。現實遠遠走在理論的前面。McCormick早已呼籲：「現在是重新闡述法律秩序與政治秩序之相互作用與區別的最好時間，這將有可能建立一種作為政治組織的國家的新理論。」[88]

　　第三，由第二可以導出：世界已經或正在重新整合為新的國際秩序。如果說冷戰對峙時期，世界各國分成兩大「板塊」，那麼，經過資訊化、全球化（世界化）的「地殼運動」，世界各國已分化瓦解而後組合成

---

[87] Michael Mann, *Sources of Social Power*: Part Two, *The Rise of Classes and Nation States, 1760-1914*, pp. 518-519.

[88] *The Law In Philosophical Perspectitives. My Philosophy of Law*, Luc J. Wintgens ed., Kluwer, 1999, p. 139.

三類「島嶼」，即本文所謂的三類國家。由於政治體權力在國內的垂直性要反映到世界事務中，無論人們是否願意承認，在世界事務管理中的政治權力也不可避免地要呈現出垂直狀態。也就是說，各政治體權力在世界事務中構成一個垂直體系，而「垂直性」又根植於具有倫理意義的「實質合理性」之中，這種具有倫理意義的實質合理性既是連結各類政治體的紐帶，又是各類政治體權力之所以呈垂直狀態的最終依據。這是因為各類政治體權力所依據的價值（自由、利益、奴役）要面對世界社會的競爭。換言之，政治體權力的競爭，實際上是「自由」、「利益」、「奴役」三類價值的競爭。顯然，最具倫理意義的價值將會贏得最多民眾的支援。所以，贏得最多民眾支持的政治體權力當然地位於這個垂直體系的頂部。這種現實狀況動搖甚至否定了一系列原本就難以成立的舊理論：冷戰時期的權力平衡理論在今日已不符合實際；傳統政治現實主義者眼裡的「地緣政治」理論（即將「位置」作為國際政治的一種性質）——導源於「地緣」之模糊性的模糊理論，難以說明除了地理利益以外的其他價值在今日世界事務中的重要意義；而文明特性學說（即文明衝突論）實際上誇大了不同文明之間的衝突和差異。什麼是文明？文明，首先可以實證化為吃穿住行；文明，應該包含作為個體的自然人的思想自由和行動自由。不同「文明」之間確有差異，但這種差異不是「文明」對立的前提（巴勒斯坦人照樣在以色列與猶太人共同勞動）；文明促使民眾追求起碼的生活條件，文明要求民眾享有基本的自由，這些正是瓦解和動搖專制統治基礎的要素。資訊化、經濟全球化及其引起國際重組，使得國際社會處於多元區域聯盟和多重區域聯盟狀態。符合人類生存和發展的基本價值支撐著各民族國家、各類政治體、及由其組成的區域聯盟在世界事務中競爭與合作，何人秉承和秉持最高價值，就可以居於區域聯盟和世界社會的最高地位，正是因為秉承和秉持人類社會的最高價值，處於最高地位的民族國家及其政治體才必然會維持和鞏固一個多極世界不斷發展。

　　綜上，我們已經證立在資訊化、經濟全球化的大趨勢下，還存在民族國家之間的基本關係；我們業已證立在這個基本關係中存在基本價值，並且這種基本價值可以連結不同種類型的民族國家。我們已經排除了經濟

全球化帶來普世價值的可能性，那麼，存在於這個基本關係中的基本價值如欲獲得普世意義，必須要通過經濟方式以外的其他手段才有可能實現。至此，我所謂的基本關係，從形式上看，存在於三類政治體之間，而從實質上看是由何種政治體來維護基本價值；我所謂的基本價值，是作為世界社會的成員的基本相同的要求，而由一定政治體加以維護的價值，其乃超國界的，也是超實證法律的，更是超意識型態的；從形式上看是作為自然人的社會成員的基本要求，而從實質上看則是反映了不同政治體在基本關係中的地位：何一種類政治體能夠真正帶來自由與和平、正義與安全，其就能居於各民族國家的領導部位。基本價值既是使某一或某類政治體強大的基本要素，也是強大的政治體得以推行基本價值的實質力量；沒有基本價值的社會是沒有倫理意義的，沒有倫理意義的社會是不可能有秩序的，其存在的事實會被改變；之所以會被改變，乃是因為社會須被賦予倫理意義才可以構成秩序，才能夠存在。如同民族國家內部一樣，在世界事務中，我們發現，世界秩序的混亂是缺乏意義的政治倫理秩序的混亂。因此，意義高於事實，意義改變事實。正如Nietzsche所說：「不存在事實本身。……事實要想存在，我們必須先引入意義。」[89]世界應該由包含和體現普世價值的意義構成。

　　當我們對世界整體運行作出以上基本分析後，本文還必須對聯合國在世界整體運行中的意義作一分析。眾所周知，聯合國是主權國家的聯合體，各主權國家在聯合國的地位呈現出以下形式和實質特徵：1.作為聯合國成員國的主權國家既包括共和國家、民主國家，也包括專制國家。2.聯合國，作為「民主」的共同體，是指以各成員國為整體單位的國家法人；也就是說，其「民主性」是指各成員國在該團體中的「民主性」。3.在聯合國，各主權國家的政治體不僅要處理本國政府與本國社會的關係，而且還要處理本國政府與世界社會的關係。上述三個特徵交織在一起，使得聯合國的運作時而順利，時而困難。聯合國的這種運行特點實質上導源於各

---

[89] Lunan Bart, *Historical Discourse*, Quoted from *Readings of Structuralism*, M. Lane ed., London, 1970.

主權國家對主權與人權關係的認識不同。本文進一步認為，與其說是對主權與人權關係的認識不同，不如說是對主權運行的觀察方法不同：今日國際領域內的多數學者對主權在今日國際領域內的意義多作「共時性」的觀察，不同學科的學者對主權概念均作出符合本學科的定義。比如，法學家認為主權附屬於國際法體系和憲法體系；社會學家認為主權存在於特定的社會聯合體；政治學家則認為主權在國際社會中是建構國家本身的一個元素[90]等等。而我的研究傾向於對其作「歷史主義」的觀察，即主權概念的意義及其運用經歷了古典政治學→神學→近代政治學→法學→社會學這樣的演進過程。

　　主權概念並非始創於Bodin，而是Aristotle。[91]Aristotle將古希臘每一城邦的「最高治權」稱作「主權」，具有主權的人物稱作「主人」（despotees）。[92]需要注意的是，Aristotle所指的「最高治權」的執行者既可以是一人，也可以是少數人，還可以是多數人。這說明在古希臘的政治理論中，主權者既可以是一個人，也可以是一個機構。由於Aristotle的正宗政體（君主政體、貴族政體和共和政體）要求統治者（即主權者——無論是一人，還是少數人或多數人）必須照顧全邦共同利益。因而，用現代術語表達，Aristotle的「主權」至少可以表述為「公民」主權（奴隸不在公民之列）。Bodin將主權與上帝和神法結合在一起，他對主權的定義是「共和國（commonwealth）之絕對和永久的權力」。[93]Bodin所謂的

---

[90] Thomas J. Biersteker, Cynthia Weber, *The Social Construction of State Sovereignty*, in Biersteker and Weber, eds., *State Sovereignty as Social Construct,* Cambridge: Cambridge University Press, 1996, pp. 1-2.

[91] Hinsley認為，主權概念出現在古羅馬帝國，只是到了基督教世界時才消失。參見F. H. Hinsley, *Sovereignty*, 2nd Edition, Cambridge: Cambridge University Press,1986, pp. 27-60.

[92] Aristotle, *The Politics Of Aristotle*, 1279a, 1279b, 1278b, 1285b; Translated with an introduction notes and appendixes by Ernest Barker; Reprinted from the English Edition by Oxford University Press 1946.

[93] Jean Bodin, *On Sovereignty*, Julian Fulanklin ed., Cambridge University Press, 1992, 1576c., p. 1.

「權力」雖然是指世俗的權力，或者更確切地說，是指君主絕對的世俗權力，但他認為每一位君主的權力都可受到神法的支配，……君主所以是主權者，正是因為神法才使人們必須遵守君主的敕令和規條。[94]簡言之，Bodin的主權是「神授給君主或支配君主行使的世俗權力」。顯見，他的主權概念具有神學意義。[95]而在中世紀後期，羅馬教皇實際上既是基督教的主權者，也是國家的主權者。教皇「是主權實體的人身體現，扮演著教會（Ecclesia）或者基督本人」。[96]雖然經過宗教改革和自然科學的發展，上帝從君主位置的背後消失了，但君主卻成了絕對主權者，進而也是絕對專制者。此時的主權概念仍然停留在政治學意義上。只是到了「西發里亞體制」建立之後，主權概念才進入法學領域。

「西發里亞和約」像一份君主與君主彼此之間訂立的契約，統治者相互承認和相互授權保證了他們的自治。[97]「西發里亞體制」下的主權的典型特徵是「領土主權」，意味著國界是不可逾越的——無論在形式方面，還是在實質方面。主權概念在有了法學意義的同時，也有了現代意義：今日的《聯合國憲章》也可以視作「君主」與「君主」之間訂立的契約。只是今日的「君主」分別成了不同類型的主權國家，而這些主權國家的最高世俗權力（政治體的權力），隨著時代的變遷，有的已注入了民主、共和的意義，有的仍然是「君主」的權力，或者更確切地說，是「主」的權力。今日的問題，從表面上看是對主權的理解問題，而實質是對主權的運用問題。不同政治體對主權的運用方式有著很大的差別：信奉「主權在民」原則的民主、共和政治體已從制度設置上解決了主權之所在問題，因

---

[94] Ibid., 1576c., pp. 13, 34, 35.

[95] 除此之外，在中世紀，「主權」一詞還有「優勝者」（superior）的含義，任何一位「優勝者」就是主權者（sovereign）。參見Bertrand de Jouvenel, *Sovereignty: An Inquiry into the Political Good*, J. F. Huntington trans., Cambridge: Cambridge University Press, 1957, p. 171.

[96] Michael Wilks, *The Problem of Sovereignty into Later Middle Ages: The Papal Monarchy with Augustinus Triumphus and Publicists,* Cambridge: Cambridge University Press, 1963, pp. 41-42.

[97] Hideaki Shinoda, *Re-Examining Sovereignty*, Macmillan Press Ltd., 2000, p. 14.

而對主權的運用等同於對人權的尊重和保障，主權與人權融為一體。在此際，主權國家之間雖在形式上仍為具有法學意義的「契約」關係，但在實質上，已經是一個包含和體現了社會學意義的概念：主權是以「原子」型態（即每一個共同體成員均平等擁有一份）存在於社會共同體之中。這是民主的基本要義——民主的載體，從「民主」一詞的詞源和制度源觀察，只能是作為自然人的社會成員個體，而不只是「君主」，更不是國家（法人）。當主權概念具有了社會學意義時，以個體人權為基礎的主權概念實際上已經顛覆了西發里亞體制下的主權概念，主權已不再是「君主」與「君主」之間的關係概念，也不再是國家與國家之間的關係概念，而是不同共同體社會成員之間的關係概念。與此同時，社會學意義上的主權概念是否也顛覆了今日的聯合國體制呢？循著上文的思路，可以作進一步的分析。

上文中所論的社會學意義上的主權概念只適用於民主、共和國家，而聯合國體制中還有專制國家。如前文所述，專制國家中的主權是「主」的權力。「主」對主權的運用顯然不是通過民主的方式，自下而上地進行，或通過共和的方式，在民主的基礎上，自上而下地進行。因而，專制國家的主權，也是專制國家之間的關係概念，或者也可以說是專制獨裁者之間的關係概念。在此際，專制國家的主權概念顯然僅具1648年「西發里亞和會」時期的意義。其惡果是阻礙了社會學意義的主權概念在今日聯合國體制中的「流通」。由於對主權的運用缺乏考量主權與人權關係及其統一的制度保障，以主權為擋箭牌而忽視人權和侵犯人權的現象在此類國家便不可避免。世界社會成員的人權的同質化在這裡遭遇到阻礙。前文所論的不同政治體之間的矛盾與衝突當然也要反映到聯合國體制中。兩次世界大戰的可怕經歷，雖然迫使世界各國制訂了《世界人權宣言》（1948年12月），並宣稱「對人類家庭所有成員的固有尊嚴及其平等的不可轉讓的權利的承認，乃是世界自由、正義與和平的基礎」。而「二戰」後制定的《聯合國憲章》（1945年6月）也重申了「對基本人權、人格尊嚴與價值的信念」。這些至高無上的信念和目標溫暖了無數人民的心。但也有人注意到了《聯合國憲章》第2條第7款的規定，禁止聯合國干涉本質上屬於任

何國家國內管轄之事項，這一規定也似乎在向成員國保證，只要沒有威脅
到國際和平與安全，那麼，不管發生了多麼嚴重的騷亂和迫害行為，聯合
國也不會向國內社會關係提出挑戰。[98]《聯合國憲章》要求對衝突的處理
僅限於和平方式。這一法律規定與聯合國內部的表決機制的缺陷一起「致
命性」地阻礙了聯合國成立的宗旨與《世界人權宣言》所樹立的理想的實
現。這也說明，今日聯合國體制並未完全突破或取代（也不可能完全突破
和取代）「西發里亞體制」，因為與中世紀後期相同或相似的專制國家及
其政治體在今日依舊存在。只要有這類國家存在，社會學意義上的主權概
念就不可能在世界事務的處理中暢行無阻。進而，我們也可以說，主權運
行與人權保障相統一的問題在今日聯合國體制內和《聯合國憲章》中未能
獲得完全解決。

在主權與人權的關係問題上，正是由於存在國際體制上和國際法律上
的問題，獨裁者以主權為名義侵犯人權的事實即使在《世界人權宣言》和
《聯合國憲章》簽署後也屢見不鮮。主權對人權屢屢侵犯的事實也迫使人
們從理論上思考主權與人權的關係，並在上世紀後期獲得了革命性發展。
「人權高於主權」的思想在理論上已獲得了基本共識，從而突破了部分
《聯合國憲章》第2條第7款的規定，並付諸實踐，其明確宣告：不允許屠
殺人民，不允許驅趕人民離開家園，不允許虐待人民，不允許剝奪人民的
財產。更表明：人權不可分割，對一些人的不公正，也就是對所有人的不
公正。[99]且告訴專制獨裁者們，主權與人權的關係邏輯，即使在專制國家
也應該是：國家是人的產物，而人是上帝的產物。

我們知道，（國際法領域內的）法律實證主義與絕對的國家法人
「民主」思想密切相關，因為實證的國際法律也是通過法人「民主」的
「多數決定」機制發生效力的。這是純粹的國家法人「民主」維護法律實
證主義的思想基礎。在冷戰結束以後的幾年裡，我們明顯地感到，人們已

---

[98] Richard Falk：《尋求主權與人權的調和》，2000年5月。資料來源：美國駐華大使
館網站。

[99] 捷克總統哈威爾1999年4月29日在加拿大國會的演說。引自《中國時報》，1999年7
月22日，第3版。

慢慢淡忘了「二戰」發生的慘痛教訓，國際社會中法律實證主義思想仍然嚴重地存在著。克服這缺陷的唯一方法是訴諸自然法理論，用後者彌補前者；但接踵而至的問題是，能否正確和準確地運用寓於自然法之中的「自然正當」，將主權歸還於從專制統治下解放出來的人民，使主權成為社會學意義上的主權，使專制政治變為民主政治，否則，就是新的專制統治取代舊的專制統治。社會學意義上的主權概念包含著豐富的倫理意涵。堅持以良法管理，以倫理服人，才能把我們想做的事情做好。

　　儘管在現行聯合國體制內，實際主導世界事務的仍然是共和國家和民主國家，但我們也應該看到，聯合國畢竟是國家法人組成的民主聯合體，不同類型的國家不可能時時、處處都認同共和國家和民主國家關於「人權高於主權」的理念。聯合國中關於人權與主權關係問題的衝突將繼續存在，這是因為在形式上不得不尊重國家法人的「民主」（一個主權國家擁有一個投票權），而世界共和與國內社會成員的人權保障的理念不可能在不同類型國家的投票權中獲得完全實現。本文認為，除非聯合國各成員國在國內、區域、聯合國體制內的權力分布和運用呈現為「三階民主共同體」，[100]否則，國際社會，更確切地說是自由世界，維護「人權高於主權」原則的行動就不可能達成共識。然而，我們也欣慰地看到，儘管聯合國的表決機制從形式上不得不尊重國家法人的「民主」，且國家法人「民主」從實質上未必能阻止少數國家在國內的為所欲為，諸如此負面的機制問題，但包括秘書長在內的聯合國常設機構也能清楚認識到，國家法人「民主」並不是、也不能等同於國內社會成員個體的民主，民族國家在聯合國體制內的「民主」也不必然引起該國國內社會的民主以及對國內社會成員的人權的尊重與保障，因而在處理世界人權事務時，須於尊重法人「民主」的基礎上，極其睿智地運用共和理念，以體現「人權高於主權」、世界共和高於法人民主的精神。

---

100 「三階民主共同體」即是指民族國家的民主（一階民主）、區域聯盟（二階民主）和聯合國（三階民主）。

五

通過對憲法實質性的揭示，我們認識了國家，進而認識了世界。可以發現，無論屬於何種類型的國家，一國憲法的內在價值，必然表現為該國現實政治運行的外在邏輯。各國憲法靜態（內在價值）和動態（政治運行）的特性既構成了今日世界整體運行的基本關係，也是今後世界各國對內對外發展的基本依據。對此，本文作一些粗淺的分析。

（一）專制國家

在現階段，以資訊化、經濟全球化為主要內容的世界化正在摧毀專制國家的社會基礎。其不同程度地表現為，社會成員在此一過程中，由於經濟利益的驅動、物質文明的誘惑，逐漸累積起自我意識，認識到自我利益與自我存在的關係，進而對權利和權力及其關係有了符合民主的規範意義和價值的認識。不止於此，由資訊化、經濟全球化導致世界社會的趨同化，使一國的社會成員對本國與他國的政治及價值進行比較與鑑別成為可能。結果，思想專制在今日及今後已不再可能，政治專制也不再容易。專制，無論是作為一種意識型態，還是作為一種政治制度，在專制統治範圍內，正在解體。

在這樣的情勢下，擺在專制國家（無論是極權專制政體，還是威權專制政體）面前的道路無非兩條：一為順應經濟市場化的政治民主化；一為忽視經濟市場化所要求的政治民主化而繼續政治專制。前者表現為政治專制與社會專制、思想專制同步解體，政治民主與社會發展同步演進，社會轉型過程實際上就是政治民主化過程。這是一條符合社會發展邏輯的道路，我們已從一些國家和平民主化變革的事實中看到了他們的成功實踐。同時也清楚地看到：並非所有專制政治體都願意和平推進本國的民主進程，專制統治的內在邏輯——政治控制，在一些專制政治體的制度設置及其意識型態中仍一廂情願地呈現加速趨勢，這是因為資訊化、經濟全球化的趨勢已不可逆轉，而在拒絕民主的地方，經濟發展的過程本身就是一

個繁衍不穩定因素的溫床。於是，為了統治的「穩定」，必須進行政治控制。高度政治化、高度集權化和高度意識型態化是政治控制的具體內容，也是專制國家今後的基本走向。以此為指導思想，政治手段是解決政治、經濟及社會等一切問題的主要方法。結果，經濟問題、社會問題，歸根結底都是政治問題。這說明，資訊化、經濟全球化條件下的社會趨同化在一些國家只是摧毀了社會專制和思想專制，政治專制仍頑固地存在。政治權力不受制約地滲入到社會經濟領域，不僅破壞商品經濟向更高階段發展，使自由市場經濟秩序難以形成。更重要的還在於，為政治權力攫取物質財富提供了條件，以資源過度消耗為條件的經濟增長，在政治權力無孔不入、無所不欲的狀況下，相當一部分財富順理成章地進入當權者的私囊，使經濟增長的可信度大打折扣。

在社會層面上，貧富分化就是這種政治型態的社會後果。我們還看到，富國與貧國之間的巨額貿易逆差、富國對貧國的經援並未阻止後者國內的貧富分化。這些現實已有力地證明一國政治權力的組織及運行方式對該國經濟發展和社會平等的影響。簡言之，問題出在國內。因政治腐敗而導致的社會不平等，使社會對政治體的離心力逐步加大。在這樣的社會背景下，人民對民主、自由和平等欲拒還迎。因為民眾知道，政治制度要比其他任何制度更直接地關係到他們的生存方式。

而在政治體層面上，由於資訊化、經濟全球化已具規模，政治體的權力運行，如果不能納入全球範圍內的民主、共和體制軌道，也會不可避免地導致這樣的後果：權力腐敗與國力衰敗同步進行、個人獨裁與政治控制同步發生、同步增長。這是因為思想專制和社會專制正在解體，專制國家的「專制」不得不退縮到政治層面：為一個政治體、甚或一個人所掌控，而反過來又會不遺餘力地作用於社會，構成前文所謂的政治控制。同樣是因為拒絕政治民主，專制政治是一個政治全封閉的獨立體系，而「封閉」，在今日世界，則是「衰敗」的另一表達法。值得人們注意的是，在人類歷史上，有持續進步的國家，也有大落大起的國家，而專制國家只有一個軌跡：持續衰敗。如果隱形的專制權威在實質上已經崩潰，而在形式上依憑專政機器加以維持，必然的後果則是社會全面混亂。另一方面，

由於三類政治體的權力運行在全球化條件下的新國際體制中不可避免地要重組而形成多極格局，專制政治體的權力能力也要向民主、共和政治體轉移，其速度隨著經濟全球化和高科技化在加劇。這就是我們所看到的，國際社會的劇烈衝突、對抗和失敗的一方總是專制國家的原因所在。對於專制國家來說，越是與「民主」、「共和」對抗，其在世界事務中權力能力的喪失越會加劇。專制國家的主權旁落只是時間問題。伊拉克舊政權的結局就是明證。我們難以想像，一個早在17至18世紀資產階級革命過程中既已被事實證立的真理——專制政體在民主共和政體面前不堪一擊，在今日還可以被顛覆。換言之，如果我們寄希望於「專制」在與「民主」和「共和」的對抗中會獲勝，那麼，無異於希望人類倒退到中世紀。

至此，我要說，在今日世界的政治格局中，對於專制政治體而言，在是否走民主政治之路的問題上，已沒有否定的選擇；在什麼時候走民主政治之路的問題上，已沒有太多的考慮時間。即便如此，本文也認為，今日世界的大小專制國家及其政治體，無論從國內的和國外的、還是從人民的和個人的、或是從社會的和國家的立場考慮，都應毫不遲疑地選擇民主政治發展之路。

（二）民主國家

今日所謂的民主國家，是指政治、經濟、社會全面轉型後已在國家層面上建立起民主政治體制的國家。這些國家在民主政治體制的建立過程中至少做了三件事：1.以民選的政治體統治取代了專制獨裁統治。2.以法律程序對統治者加以控制。3.民眾在法律上可以分享統治權。作為民主政治體制的標誌性要件：普選、政黨政治和權力分立與制衡在這些國家已經建構且趨於穩定。民主，從程序上觀察，在這些國家，既已成為一種建構權力的工具，也已成為一種限制權力的工具。我們已經看到，已建立起民主政治體制的國家業已開始了民主化的第二期，即「民主鞏固」時期。理論界關於「民主鞏固」之條件的表述很多，比如，Schedler認為包括：普遍的合法化、民主價值的擴散、反體系行為者的中立化、文人控制軍隊、威權勢力的消除、建立政黨、功能利益的體制化、選舉規則穩定化、政治

常規化、國家權力分權化、直接民主制的引入、司法改革、濟貧措施、經濟穩定化等等。[101]而Linz和Stepan則認為包括：1.一個自由和有生氣的市民社會的發展。2.一個具有相對自主和可評價的政治社會（政黨、選舉、立法機構等等）。3.為公民自由和獨立的群體生活提供法律保障的法治。4.一個新民主政府可使用的官僚組織。5.調節國家和市場的制度化經濟社會。[102]對此，本文並無新見，只是認為上述條件中的一些條件應該在民主化的第一階段已經完成，「民主鞏固」是對已經建立起來的民主制度進行鞏固。如果我們將民主作為一種國家制度，那麼，民主制度實際上就是民主的政治體制，「民主鞏固」就是對民主的政治體制進行鞏固。因此，必須考量剛性政治體制以外的柔性要件，本文將其定義為私有制的穩定和公民社會的打造。

私有制與公民社會為一體兩面。概括地說，私有制為公民創造了自由，而自由是公民行使政治權利的基礎；公民得以自由行使政治權利，民主政治始得以鞏固。私有制達到穩定必須實現兩個目標：1.一個中產階級的形成。2.社會全體成員在法律上必須能夠穩定地享有和處置自己的動產、不動產、智慧財產權和勞動力個人所有權。

轉型國家在經濟體制上，完成了從國家社會主義向市場資本主義的體制過渡，並不證明私有化已經完成，也不證明私有制已經穩定地建立。民主的鞏固，必須在政治、經濟和社會制度和政策的「設計」上，即在私有化的過程中，保證轉型國家能夠形成一個穩定的中產階級。之所以說要「設計」，是因為長期的計畫經濟體制和政治專制破壞了經濟領域和社會領域的自然演進過程，完全依靠自由放任的市場手段只能在這些國家導致兩極分化，使中產階級難以形成。「中產階級最願意維持和擴大政府的民

---

[101] Andreas Schedler, *What is Democratic Consolidation? Journal of Democracy*, Vol. 9. No. 2, 1998, pp. 91-92.

[102] Juan J. Linz, Alfred Stepan, *Problems of Democratic Transition and Conslidation: Southern Europe, South America, And Post-Communist Europe*; Baltimore: Johns Hopkins University Press, 1996, pp. 7-15.

主形式，並且是民主理想和制度的天然盟友。」[103]因此，中產階級不純為一個經濟含義的名詞，若不關心政治、不支持民主，就不能算是中產階級。一個穩定的中產階級也有利於社會的穩定，這樣的社會就如同一個「棗核」（中間大，兩頭小。平放棗核，即顯穩定，象徵著社會穩定），中間象徵中產階級，兩頭分別象徵富有階級和貧窮階級。中產階級是轉型國家中社會和國家之間的政治紐帶。

「民主鞏固」的另一問題是，專制政治往往給人們留下了一個普遍的啟示：人民應該是國家的主人。而原來生活在計畫經濟體制和專制政治統治下的廣大民眾有可能在經濟轉型過程中未得到預期的利益，導致他們對新經濟體制的失望，轉而懷念平均主義的舊分配體制。民眾的這種懷舊情緒是「民主鞏固」的天敵，政治領導人的民主化方向不應受這種平均主義的「民主」情緒影響。貧困，既有絕對貧困，也有相對貧困。私有化只能消除絕對貧困，而相對貧困，無論是在民族國家還是在世界範圍都將長期存在。正因為如此，才需要有一個穩定的濟貧制度，以體現民主的社會主義思想。如果社會成員中貧困的範圍增大，那麼，合乎邏輯的結果一定是富有階級的財富增大（未必人數增多），同時意味著中產階級難以形成。如此，社會不穩定勢在必然。

已經完成了民主政治體制建設的國家和人民是幸運的，因為在資訊化、經濟全球化已具規模的條件下，鞏固已經建立的民主政治體制是一件相對容易的事情；而尚未建立民主政治體制的國家，在今日和今後建立民主政治將會更加困難，這是因為世界政治的發展越來越不利於專制政治體，而世界社會的發展卻又加速了民主意識的同質化。我們可以說，經濟全球化的過程實際上也是私有化的過程，[104]原來意義上的「私有化」只是政府擴大了私人領域從而提高效率，是政府政治傾向的反映。而今日

---

[103] Aristotle, *The Politics of Aristotle*, 1295b, Translated with an introduction notes and appendixes by Ernest Barker; Reprinted from the English Edition by Oxford University Press 1946.

[104] Alfred C. Aman, Jr., *New Forms of Governance:Ceding Public Power to Private Actors-Globalization, Democracy, And The Need for A New Administrative Law*, *UCLA Law Review*, August, 2002 Symposium.

的「私有化」不止於此，對私有化依賴的日益增加必然引起公共參與的日益減少。這種現象，出現在新興民主國家，意味著市場商談的經濟學價值在增大，而政治價值的作用在變小。人們會更加依賴決策過程中的討價還價和利益妥協。一國經濟與全球經濟的融合而引起的公私價值呈整體性趨勢的融合要求重新界定公私領域的界限，日益增長的人們對「新統治」（the New Governace）方式的依賴就是這種市場與國家不斷變化之關係的反映。這種現象，出現在尚未建立民主政治體制的國家，可能會產生前文已經提及的後果：政治領域的縮小意味著政治權力和政治權威在事實上的減少和降低；經濟增長意味著部分財富實際上被「私有化」的政治權力所吞食。更為嚴重的是，民眾對政治參與的冷漠──更準確地說，是對腐敗政治的冷漠，使政治體的權力在事實上僅成為龐大社會體之上可被輕易掀翻的一個「蓋子」，儘管這個「蓋子」試圖籠罩整個社會。從民主的意義觀察，沒有民眾與政治體的互動就沒有政治。民主的形式和內容在專制這類國家將會變得更加複雜。經過全球化的洗禮，社會成員的民主意識加速成長，使得私人論壇（the private fora）加速成熟，而與沉睡在專制意識型態中的政治體的政治運行漸行漸遠。在今日世界，政治體的政治價值取向（政治方向）的異質化並不能阻止社會成員個人價值取向的同質化。如此，對於專制國家來說，不僅增加了政治體決策的難度，甚至連民主的最初形式──政治上的討價還價都難以進行。至此，我要重複地說，已經建立起民主政治體制的國家和人民是幸運的，珍惜已經取得的民主成果，努力地打造出一個人人將「民主」作為自己的思維方式和生活方式的公民社會，為走向共和奠定牢固的民主基石。

（三）共和國家

　　以私有制為基礎的民主發展必然導致「共和」。「共和」彌補了「民主」的侷限，是「平衡政治」的一種思想和方法。在國內政治中，「共和」消除了因民主的多數決定而引起的不平衡發展；在國際政治中，「共和」除去衝突，使世界和平發展。在今天的多元思想中，共和思想處在思想之巔；在今天的多元制度中，共和制度處在制度之巔。共和思想的

運行代表著今後世界發展的方向。欲了解共和思想的未來運行，我們必須對「共和」的基本價值──「自由」作如下基本的認識：

1. 自由是人類的共同財富

自由是不同主體之間所建立的能夠在沒有威脅的情況下共同生存的關係狀態。在個人層次上，自由遠不止於個人在沒有恐懼和奴役的狀態下生活，自由在於與其他同樣生活在沒有恐懼和奴役狀態下的人們共同生活。自由乃是個人與他人的聯合，以獲得防止個人權利受到他人侵害的法定身分的保護。[105]在社會層次上，自由是社會成員得以平等選擇的一個先驗的正當原則。在這個原則下，自由也是社會成員行使否定性自由的自由；自由是一個正當性的公共場所，各種各樣的特定群體能夠在其中尋求到他們各自特定的目標，獲得各自特定的利益。在國家層次上，自由可以創造共同的善。因為自由要求所有國家追求一切正當價值。自由不是國家用以實現人民自然正當之願望的工具；自由有著為國家行為界定意義和標準的功能，也有衡量國家特定目標是否符合公眾價值標準的作用，從而將國家行為導向共同的善。由此可見，自由是個人與個人、社群與社群、種族與種族、國家與國家之間的關係概念。在今天，如果我們認定存在著對自由的威脅，則意味著該威脅是對整個人類的威脅；如果我們（或個人、或群體、或種族、或國家）拒絕自由，則意味著我們對他人、他群體、他種族、他國家構成了威脅。任何個人、群體、種族和國家都沒有拒絕自由的自由，因為任何個人、群體、種族和國家都有義務捍衛人類的共同利益。

2. 自由需要持續維護

由於自由是一個關係概念、存在於關係狀態之中，這意味著必須給沒有自由的主體以自由，並予以平等地保護。當自由存在於兩個主體之間，顯然，誰獲得更大的保障，誰就享有更大的自由；誰能夠得到持續地保障，誰就能一直享有自由。但是，作為人類共同財富的自由以及關係狀態中的自由，僅對一方的自由加以保障是不夠的。必須平等保障關係狀

---

[105] André Van de Putte：「共和主義自由觀對自由主義自由觀」，劉宗坤譯，載趙敦華編：《歐美哲學與宗教講演錄》，北京大學出版社，2000年版，第88-9頁。

態中的自由（這就是自由國家將「契約自由」作為一個基本原則的原因所在），才能使自由持續存在。否則，受到過度保障的一方將會異化而侵犯他人的自由；未受到保障或保障不力的一方遲早要侵蝕另一方的自由。正因為我們看到了這樣的現實，必須給予沒有自由的個人、群體、種族和國家以自由。給予沒有自由的主體以自由，意味著對擁有自由的主體的自由以保障。在今日世界，持續地給予尚未自由的人民和國家以自由，就是持續地保障自由國家和人民的自由。

　　自由是人成為真正的人應該履行的義務。人類應該將自由作為人類的共同財富加以維護，這些都是應然命題。有目共睹的是，現實狀況與此相差甚遠。對自由之意義的認識不同，必然導致不同的行動。我們可以有把握地預見，已經完成了國內民主政體建設的共和國家，在未來的世界事務中，將會一如既往地運用「共和」，推進全球民主。[106]

　　眾所周知，民主是安全的基礎。在國內，擁有民主權利的個人，在自由選舉中，將支持與反對的情緒釋放殆盡。而在國際社會，「自由和平假設」（Liberal Peace Hypothesis）認同「民主國家之間無戰事」。[107]這是因為，對內，自由和平是民主國家領導人和人民的「主體間的共識」；對外，民主也是一個民主國家的安全政策。因為進行戰爭，除了民眾對戰爭的認同以外，戰爭還包括其他層次的因素，比如軍事實力、經濟力量、國內政治穩定、國際結盟關係等等；而民主政體重視人權、政府權力受到制約、政府注重理性決策，都說明民主價值本身既已包含著對於促進世界和

---

[106] 「擴展市場民主」一直是美國國家安全戰略的主要內容。1993年10月，克林頓政府向全球推出「擴展市場民主」的國家安全戰略，認為「擴展民主體制有助於減少戰爭和恐怖主義」，期望「將新興民主與市場國家整合進以美國為首的核心市場國家的陣營之中」，降低「不穩定國家」對全球市場民主國家的傷害。參見Anthony Lake, *From Containment To Enlargement*, AIT Backgrounder Series: BG93-16，December 10, 1993.

[107] Mark Peceny, *A Constructivist Interpretation of the Liberal peace: The Ambiguous Case of the Spanish-American War*, Journal of Peace Research, Vol. 34, No. 4, Nov. 1997, pp. 415-430.

平的期許。[108]有實證研究表明，自1816年至當代，死亡人數超過1000人的戰爭共有353場，其中155場發生在民主國家與非民主國家之間，198場則爆發在非民主國家之間。[109]也就是說，稍具規模的戰爭未發生在民主國家之間。

從憲法的實質性觀察，「民主國家之間無戰事」意味著民主國家不是自由和世界和平的威脅。已經成熟的民主國家應該運用共和方法在區域、國際社會推進民主、鞏固民主。正如「民主」是「共和」的基礎一樣，民主政體也是共和政體的基礎。將世界各國納入自由和平同盟，才能使自由和平事業進行得更加順利。

至於「專制」，前文已指出，「專制」是民族國家內部的萬惡之源。在全球化、世界化時代，「專制」之惡也會向專制統治以外的地方輸出。如果說恐怖分子是當今世界的麻煩製造者，那麼，「專制」則為這類麻煩的製造提供了不竭源泉。其極端事例就是形成國家恐怖主義。要言之，「專制」，從總體上說，是蔑視人性的；「專制」對人性無形或有形的踐踏，滋生出一代又一代喪失人性的或明顯或潛在的恐怖分子。恐怖分子是人，恐怖主義則是思想；專制獨裁者是人，專制主義則是思想。國家屬於人民，國家恐怖主義為專制獨裁者所擁有。專制主義與恐怖主義的關係是概念間的屬種關係。[110]只要存在專制主義，必存在恐怖主義。民

108　The proposition on the "democratic peace", see Melvin Small and J. David Singer, *The War-Proneness of Democratic Regimes, 1816-1965*, The Jerusalem Journal of International Relations, Vol. I, No. 4, 1976, pp. 50-69; Michael W. Doyle, *Liberalism and World Politics*, American Political Science Review, Vol. 80. No. 4, 1986, pp. 1151-1169; T. Clifton Morgen, *Democracy and War: Reflections on the Literature*, International Interactions, Vol. 18, No. 3, 1993, pp. 197-203; Steve Chan, *In Search of Democratic Peace: Problems and Promise*, Mershon International Studies Review, Vol. 41, May 1997, pp. 59-91; James Lee Ray, *Does Democracy Cause Peace*, Annual Review of Political Science, Vol. 1, 1998, pp. 27-46.

109　R. J. Rummel, *On The Fact That Democracies Do Not Make War On Each Other*. From the pre-publisher edited manuscript of the "Appendix to Chapter 1" in R. J. Rummel, *Power Kills: Democracy as a Method of Nonviolence*, 1997. For full reference to Power Kills, the list of its contents, figures, and tables, and the text of its preface.

110　屬種關係是一個概念（屬概念）的部分外延與另一個概念（種概念）的全部外延重合的關係。在這裡，專制主義是屬概念，恐怖主義是種概念。

主、共和的明顯對手是專制獨裁者和恐怖分子,而潛在對手則是作為思想意識型態存在的專制主義和國家恐怖主義。欲消滅恐怖分子和國家恐怖主義,必同時消滅專制主義。從這個意義上觀察,與其說大規模殺傷性武器可怕,還不如說掌握著大規模殺傷性武器的專制獨裁政治體可怕。專制主義對今日世界的危害尚未引起人們足夠清醒的認識,這是因為:生活在專制統治下的人民,由於長期浸染在專制意識型態之中,對「被奴役」或習焉不察,或怒而不言,或走向極端;而長期生活在民主共和意識型態之中的人民對專制統治缺乏感性認識,從而難以想像專制統治的殘酷性。在今後的世界事務中,主要矛盾就是共和主義和專制主義的矛盾。欲希望自由和平之事業能夠順利地推進,必須準確解讀專制政治思想。只有從內在思想上消滅專制主義,才能從外在型態上消滅恐怖分子和國家恐怖主義。

與對專制政治的解讀有關的問題是,必須區分專制政治體的積極追隨者、專制手段的創造發明者和被迫服從者、甚至是脅從者,儘量縮小打擊的範圍。專制統治對民眾實行的原則是:「不要你支持,只要你沉默」。將奴役狀態下的臣民轉變為自由關係狀態中的公民需要有一個「脫胎換骨」式的過程。此間,包含著民眾對自由、平等和民主的理解和適應性運用,難以一蹴而就。因為長期受奴役的民眾「先天性」地缺乏自由平等意識。但是,我們應該堅信,制度可以改變習性。欲改變這種愚昧落後的「奴役習性」,必得先改變專制政治制度為民主政治制度。自由、民主的意義是使受過奴役的民眾不再愚昧,而專制政治的指導思想有意或無意地將受奴役的民眾導向更加愚昧。「忽視失敗的國家必將導致恐怖主義。」[111]今天,人們也已經清楚地看到,柴契爾夫人幾年前對某個「超級大國」的忠告,今天可以視為是對世界絕大多數國家的忠告:忽視失敗的政治體必將導致國家恐怖主義!處在國際社會之有利地位的民族和國家有必要、也有責任阻止其他民族和國家的專制和國家恐怖主義。推動世界社會向著民主、共和的方向前進符合每一個民族國家的利益。在資訊化、經濟全球化時代,推動人類整體進步是民族國家利益的重要部分。

---

[111] Margaret Thatcher, *Advice to a superpower*, *The New York Times*, Feb. 11, 2002.

　　共和主義，在21世紀，仍然是主導世界和平的進步思想。那些政治運行長期穩定、經濟發展推陳出新、科技創新持續不斷的共和國家；那些昌明隆盛之邦、民主自由之族，那些「坐地日行八萬裡」、「心事浩茫連廣宇」、既有互聯網絡又有無繩電話的進步知識分子，如果不在聯合國的體制範圍內推進民主與自由，我們還做什麼？自由引導和平，民主產生安全。安全就是要消除加諸於人的明顯和潛在的威脅。[112]多一個民主國家或民主政治體，就多一份世界安全，多一份世界和平。減少專制獨裁國家或專制政治體對全球自由民主的傷害，還有助於新興民主國家或老牌「民主」國家繼續完成民主化的任務，從而避免民主的「反動潮」。[113]值得提及的是，「共和」的運用不同於「民主」。「民主」的方法在於程序，而「共和」的方法在於實質；「民主」側重於利益考量，利益最易將兩個主體聯合起來，也最易將兩個主體分開，而「共和」在利益之上還有價值，價值比利益更重要，因為價值可以帶來更穩固的利益，持相同價值的主體的結合更為牢固；「民主」往往侷限於地域、團體和黨派，而「共和」超然於地域、團體和黨派；「民主」的表達純屬個體方式，且不得訴諸武力，而「共和」的表達已完成了個體方式；「民主」的手段是單一的，一人一票，每票同值，而「共和」的手段是全方位的，包括政治、經濟、外交和文化等等；「民主」的運用往往是定期的，而「共和」的運用則是適時的。相對於「民主」的運用而言，「共和」的運用難度要大得多。「適時」運用「共和」要求有宏大的思維力、敏銳的洞察力、深刻的領悟力、準確的判斷力和果斷的決策力。正如「共和」是各種智慧的結晶一樣，「共和」的運用也需要綜合的智慧。我們相信，未來的世界一定屬於尊重「民主」、智用「共和」的國家！

　　世界或許又一次進入了關鍵時刻。Archimede說：「提升一個世界，

---

[112] Ken Booth, *Security and Emancipation*, *Review of International Studies*, Vol. 17, No. 4, Oct. 1991, p. 319.

[113] Samuel P. Huntingtun, *The Third Wave: Democratization in the Late Twentieth Century*, pp. 280-316.

你需要世界以外的一個支點。」[114]今天，我們已經找到了這個支點，那就是「自由」。給不自由的個人、群體、種族和國家以自由，使其成為對其他人、其他群體、其他種族和其他國家的自由負責任的個人、群體、種族和國家。如此，世界和平才有希望。如果說「自由是人類的共同財富」是一個無可爭辯的命題，那麼，以民主、共和的方式消除對自由的任何威脅也不應該引起任何爭議。這是一項神聖的事業，也是一項共同的事業。其超然於個人利益、群體利益、黨派利益、種族利益和國家利益；是利益，卻又是超利益的；是政治，卻又是超政治的。因此，他是「共和主義」的事業。需要指出的是，「共和主義」不只是共和國家的「專利品」，一切善於運用「共和」的國家都可以運用「共和」；「共和主義」也不是霸權主義，在世界範圍運用「共和」，也必須尊重民主。踐踏民主等同於專制和支持專制。而沒有正義準則的「共和」就沒有和平共處的人類社會！

簡短的結語

寫點文字，給自己大腦裡的思想世界理理頭緒，順便鞏固一下自己作為「憲法學愛好者」的地位，是近年來一直重壓於心的一個任務。在動筆之時，從何種角度切入，就已費盡心機。我先後放棄了「詮釋世界」、「我的世界觀」等等涉嫌狂傲的標題，選擇了一個最能貼近所學專業的角度──憲法分類，精心於論理的演繹構造、論證的邏輯推導；痛苦於筆行穿絲結網、思辨爬羅剔抉。思想乃是思想者的天堂。我懷著良知和理智、真誠和勇氣，在一個十分險惡的環境中，平靜地觀察這個不平靜的世界，將純屬個人的理解作了一個輪廓式的全方位詮釋。力爭達到「欲語惟真，非真不語，非全真不語」[115]的境界。「理論聯繫實際」也可以翻譯成

---

[114] Joseph de Maistre, *Study on Sovereignty*, in *The Works of Joseph de Maistre*, Jack Lively trans., London: George Allen & Unwin, 1965; Written 1794-5, p. 128.

[115] 此為法國「百科全書學派」（Encyclopédistes）的名言。

「學術介入政治」。貝爾納認為,世界大戰中科學和科學家的災難和挫折已經告訴人們:「將科學視為一種純粹超脫世俗的東西的傳統信念,看起來在最好的情況下也只不過是一種逃避現實的幻想,而在最壞的情況下,則是一種可恥的偽善。」[116]因此,知識分子不應該、也不可能站在政治現實之外。

我深知文中所論全是敏感的政治理論和政治現實問題,幾乎不可能有讀者(無論是何種類型的讀者)會對文中的每一個論題都感到滿意,雖然我特別希望文中的立論能被正確解讀,這樣會對讀者產生積極的助益。

全文竣事,重負仍在。作為對世界各國憲法略知一二的「憲法學愛好者」,我不像Karl Marx博士那樣「樂觀」,當然也沒有Samuel Huntington教授那樣的「悲觀」。我認為,「文明」主要是社會層面上的概念,文明衝突中的「文明」概念的外延將會逐漸縮小到「社群」之間,而文明概念的內涵將會逐漸擴大到「世界社會」。的確,在昔日,有東方落後、西方發達的不同文明(即所謂的東西方文明);而今日,地理上的東方國家,在文明層次上,卻屬於西方國家。的確,在昔日,因宗教衝突導致的宗教戰爭屢屢發生;而今日,信仰不同宗教的國家之間雖也有戰爭,卻不會有人認為這是宗教文明的不同而引起的衝突;換個角度說,我們何以理解伊斯蘭世界也有民主國家。的確,在昔日和今日,確實存在著不同民族之間的衝突(比如前南斯拉夫聯盟),但何以見得這就是文明的衝突。不同民族之間的衝突,與其說是「文明」的衝突,不如說是爭奪統治權或擺脫統治的衝突。這類衝突的存在,說明衝突地區的人民首先要解決的問題不是吃穿住行(物質文明),而是政治權力的歸屬問題(政治民主)。設想兩個開明政府分別對應於兩個蒙昧社會,這樣的兩個社會之間的衝突才是文明的衝突。但如果政府開明,何以社會能蒙昧?設想一個開明社會對應於一個蒙昧政府,而另一個開明社會對應於一個開明政府,此時的衝突已不是文明的衝突,而是兩個不同類型政府之間的衝突。最終,不同的「文

---

[116] John Desmond Bernal, *The Social Function Of Science*, London: George Routledge & Sons Ltd., 1944, p. XV.

明」僅存在於不同的「社群」之間。這個觀察視角將有助於我們理解為什麼「民族國家」還會長期存在。

於是，Marx的國家理論遭遇到了滅頂之災。上世紀末期，世界範圍內的一系列國家迅速轉型，表明Marx的國家理論在實踐層面上行將垂死；而在理論範圍內，不才稍嫌大膽地認為，他也會被本文的新國家理論所取代，即使是在舊國家理論盛行的地方也是如此。「民族國家」仍會以、也只能以本文所論的三種型態存在，並以專制、民主、共和三種政治型態更進。一種是自上而下的「更進」：專制國家變革為民主國家；民主國家持續地民主化，以期建立穩定的私有制和公民社會，而進入共和型態。一種是自下而上的「更進」：專制國家被迫接受人民的民主要求而成為民主國家。但無論是以何種形式，都不得不「更進」。從歷史中我們看到，三類政體都有失敗的先例。專制國家或主動或被迫成為民主國家雖已屢見不鮮，但專制國家成為民主國家而後又倒退到專制國家，也有其例（比如古代希臘民主政體）；共和政體也有走上獨裁道路的（比如古代羅馬共和）。今日的民主政體已完全不同於古希臘民主政體：古希臘民主政體，由於公民直接參與管理，導致公民深度捲入政治，造成了社會生活各種功能之間的深度失衡，富人和窮人之間連綿不斷的階級鬥爭（戰爭）毀滅了古希臘民主。[117]今日的民主政體保留了古希臘的直接民主制（全民公投制），但以間接民主制（代議制）進行統治，並且在間接民主制之上還創造了共和制，保證了政體的平衡性。今日的共和政體也不同於古代羅馬的共和政體：古羅馬的共和最終走向了獨裁，是因為古羅馬共和國缺乏堅實的民主基石，最終導致了「寡頭統治」。[118]而今日的共和政體均建立在堅實的民主政治制度之上，運行穩定。概言之，只要今日的民主政體克服古典民主制的明顯侷限，是不可能倒退的；只要今日的共和政體不破壞國內外的民主制度基礎，共和政體也不可能走向古羅馬共和後期的寡頭

---

[117] Giovanni Sartori, *The Theory of Democracy Revisited,* Part Two, Chatham House Publishers, Inc., 1987, pp. 281-282.

[118] 劉景輝譯著：《古代希臘史與古代羅馬共和史》譯序，臺灣學生書局印行，1989年初版，第11頁。

統治。

歷史性寓於歷史主義之中。

2

論憲法學的範圍*

內容摘要

本文以人在憲法中的地位為主線，從本體論和價值論的角度，揭示了憲法、憲法學和憲法理論各自的內涵和外延，以及他們之間的外在區別和內在聯繫。文章將「法律規則」、「超法律規則」和「基本權價值體系」作為憲法的內容；將「憲法」、「國家」、「人民」和「選舉」作為一門「學科」的憲法學的內容，用以區別作為一門學問的「憲法學」（憲法理論體系），後者的研究範圍是以「權利—權力」關係（也即「社會—國家」關係、「人民—政府」關係）為內容的一系列問題和命題。

關鍵詞：憲法、憲法學、憲法理論

---

* 本文完成於2009年3月。

一

　　長期以來，「憲法學」一直是各大學法學院系的必修課程。但是，憲法學者們對憲法學的內容並無基本相同的認識，而憲法學界也未對憲法學的範圍作過明確的界定。「憲法學」究竟是什麼？認真界定「憲法學」的內涵和範圍、[1]對於我們揭示憲法的本質，喚醒人們與生俱有的憲法意識，並從本體論、價值論上領悟憲法理念、把握憲法精神、了解憲法制度，對於我們解釋一個社會共同體為何需要憲法，進而完成「憲法學」課程的教學任務，以及研究憲法和豐富憲法理論，都是有助益的。

　　「憲法學」一詞中的「學」，既指「學問」，也指「學科」。「學問」是指正確反映客觀知識的系統的基本理論，而「學科」是指按學問性質劃分的門類，包括該學科系統的基本知識。解釋作為「學問」的「憲法學」，必須了解什麼是憲法，因為憲法的具體內容是構成「憲法學」的「系統知識」；憲法為什麼要規定這些內容而不規定那些內容，則是關於憲法的理論範圍的問題。解釋作為「學科」的「憲法學」也必須了解什麼是憲法，因為憲法的範圍是「憲法學」這門學科區別於其他學科的界線。對憲法內涵和範圍的理解不同，會產生不同的「憲法學」（當然既包括憲法學科的知識內容，也包括憲法理論的內容）。

　　什麼是憲法？「憲法」一詞是一個含有多義的名詞。中文「憲法」

---

[1] 本文僅討論憲法學和憲法的概念，確定他們的內涵和外延。將憲法和憲法學作為學科史內容探討的，已有大批研究成果：許崇德：《中華人民共和國憲法史》，福建人民出版社，2005年版；張慶福、李忠：「中國憲法100年：回顧與展望」，韓大元：「中國憲法學：20世紀的回顧與21世紀展望」，載張慶福主編：《憲政論叢》第1卷，法律出版社，1998年版；何勤華：「中國近代憲法學的誕生與成長」，載《當代法學》，2004年第5期；胡錦光、韓大元主編：《中國憲法發展研究報告》，法律出版社，2004年版；韓大元：「中國憲法學的學術使命與功能的演變（憲法學研究會2008年年會論文）」；陳雲生：「改革開放30年的中國憲法學（憲法學研究會2008年年會論文）」；童之偉：「中國30年來的憲法學教育與研究」，載《法律科學》，2007年第6期；任喜榮：「中國憲法學發展30年」，載《法制與社會發展》，2009年第1期。

一詞有兩種指稱，一是中國的舊名詞，系指「典章」，與今日所稱的「法律」、「法規」大致相當；[2]另一種為今日的指稱，係依據西文constitutio（拉丁文，指「組織」、「規定」、「確立」的意思）、constitution（英文，指「構造」、「政體」、「憲法」的意思）和Verfassung（德文，指「憲法」、「狀態」的意思）等詞轉譯而來，不再指稱一般法律、法規。雖然如此，在今日的用語中，「憲法」一詞仍有多種含義。一般認為，憲法有實質意義和形式意義之分；有的學者還認為憲法有「立憲意義上」的憲法。[3]形式意義上的憲法是指可以用「憲法」來稱呼的「成文」法律文本；實質意義上的憲法是指有某種特定內容的法，無關乎「成文」或「不成文」。而立憲意義的憲法則是基於自由主義而制定的國家基本法，主要指18世紀末期近代市民革命時代，以限制專制權力來保障人民權利的立憲主義思想為基礎的憲法。上述「分類式」的解釋，只涉及憲法的片面屬性，未確定憲法應包含的內容。本文認為今日指稱的憲法應該包括法律規則、超法律規則和基本權價值體系。

作為法律規則的憲法，[4]用來表示一個國家的整個政治制度（即所謂的根本政治制度）、表示建立和調整或管理政府（即政府運行的憲法規範）、表示保障人民權利和自由的規則的總和。包括：1.制定法，他們是各國的成文憲法文本、憲法性文件及各類組織機構法。成文憲法文本有較為固定的結構，包括序言和章節條款。序言用以表明國家創立的由來、制憲的根本指導思想，是憲法解釋的基礎。序言不同於憲法條文，不是具體的憲法規則，具有綱領性的特點，但也是憲法的一個組成部分，具有

2　許崇德主編：《中國憲法》，中國人民大學出版社，1996年2版，1999年第5刷，第20頁。

3　あしべ のぶよし：《憲法》，李鴻禧譯，月旦出版公司，1995年1月初版，第31頁。

4　有學者認為憲法由憲法原則和憲法規則構成，憲法規則又具有原則的特點，是原則性的規則。憲法規則的特點就是具有原則性，其具體特點是：1.「條件假設」部分是不完整的。2.「行為模式」是不具體的。3.「後果」部分是特殊的。憲法規則須符合憲法原則及從屬原則。參見馬嶺：「解讀憲法原則與憲法規則」，載張慶福主編：《憲政論叢》第5卷，第51-65頁。

普遍的法律效力。憲法正文一般都是憲法規則。憲法規則既具有法律規則的一般特徵，也具有不同於法律規則的具體特徵。憲法規則是一國法律體系（法律規則集）中的最高規則，在實證法上，具有淵源性。憲法規則的邏輯結構不一定完全具備「假定、違法行為和法律後果」三個部分。憲法規則結構的「後果」部分不同於一般法律規則結構的「法律後果」部分。有的憲法規則結構有「後果」部分，有些則無；有的憲法規則結構的「後果」部分是憲法上的後果，有的是法律上的後果；有的憲法規則結構的「後果」部分同時包含憲法和法律上的後果。[5]憲法性文件通常指沒有成文憲法的國家所採用的憲法「文本」形式。在這種情況下，一國憲法由一系列憲法性文件和憲法慣例組成，這些憲法性文件既有具有憲法性質的歷史文件，也有具有憲法內容的議會制定法。憲法性文件還可指在正式憲法制定之前，具有與憲法相等的效力的法律文件，通常由臨時性的代表機構制定，有著臨時憲法的作用。在內容上，沒有成文憲法文本那樣嚴格和規範。他們往往是制定正式憲法的基礎。各類組織機構法是指專門規定某類國家機構的地位、構成、任期、職權和活動原則的法律。即是說，他們是組織政府機構的法律，是依據憲法而制定的，因此，他們是具有憲法性質的法律。憲法和組織法的區別在於：憲法是用來建立國家機構以及確立用於管理他們的一般原則，而組織法是用來規制具體的機構設置及其運行。[6]2.判例，他們是憲法法院（大陸法系國家）和普通法院（普通法系國家）在違憲審查中形成的，涉及憲法內容而具有憲法價值及憲法效力位階的一般法律規則。

　　作為超法律規則的憲法，主要是指憲法慣例（習慣、常規、諒解）。憲法慣例是非正式法律，在憲法文本和修正案中均沒有明文規定，當然也不具有法律的一般特徵，不為任何強制機構所執行。即是說，如果有人違反，法院也不能宣布其違憲。但在法治國家，從事政治的人物都能遵守。如不遵守，勢必失去政治前途。憲法慣例，在政治人物的心目中，

5　馬嶺，同上註。

6　Wheare. K. C., *Modern Constitutions*, Oxford University Press, First Published 1951 and reprinted in 1952 and 1956, pp. 4-5.

與法律一樣有效，甚至高於立法者和執法者，高於執政黨和在野黨，是共守共信的通則。[7]憲法慣例是改變和補充憲法的一種有效方法，也是立憲和立法的基礎。憲法慣例的存在及意義可分為兩類：1.憲法文本及修正案中根本沒有規定；他起到了補充憲法的作用。2.憲法慣例在形式和實質上均與憲法規定不同，使憲法文本中原有的某一制度或規定名存實亡；他起到了補充和修改憲法的作用。

作為「基本權」價值體系的憲法，[8]這是由「基本權」的功能決定的。「基本權」同時具有主觀權利和客觀規範的功能。[9]雖然「基本權」及其價值在制定法中時有體現，但與制定法不同。制定法是民選的立法機構將所發現的人類法則表述為成文規則，其最高的制度源泉是「人民」；而「基本權」價值則宣稱：人類社會存在來源於自然法的自然權利和自然正義的價值原則，他們根植於人類自身，具有不可剝奪、不可轉讓、不可侵犯、不容置疑、不可或缺和母體性的內在優越性而必須被普遍遵行，他們是正義的法律所認可的先驗內容，並且受正義的法律所保護。這些人類共有的價值原則既是先驗地存在的，又是人類社會可以經驗地享有的。他們是人之為人的當然內容。相對於這些價值原則而言，制定法只不過是這些特定價值原則的具體化，不得與他們相違背，而且制定這些法律的行為，不是體現個人意志和權力的行為，而是發現和宣布這些價值原則的行為。由此我們可知，制憲者制定的「憲法文本」只是發現和記錄源於自然法的價值原則的一般規則。這種思想可以上溯到古代希臘、羅馬時期，穿越中古神學理論，經16世紀改革運動和近代世俗化之自然法的影響，「基本權」價值體系臻於完善。但在近代以前，「基本權」的內容在於維護封

---

[7] 龔祥瑞：《比較憲法與行政法》，法律出版社，1985年版，第99-100頁。

[8] Aristotle認為，在「政治正義」中，部分是自然的，部分是法律的，「自然的」是指在任何地方都具有相同的效力，它並不依賴於人們不同思維而存在，「法律的」則意味著起初是可以不同的（*Aristotle, The Complete Works of Aristotle*, The Revised Oxford Translation, Jonthan Barnes ed., Vol. 2, Princeton University Press, 1984, 1134b.）。

[9] Robert Alexy, *Grundrechte als subjektive Rechte und als objektive Normen*, in Robert Alexy, Recht, Vernunft, Diskurs, Suhrkamp, 1995, S. 233-262. 張翔：「基本權利的雙重性質」，載《法學研究》，2005年第3期。

建貴族特權，具有較強的封建特性。只是到了近代立憲主義盛行之後，才以自然權利和自然正義思想重新賦予其理論基礎，從而成為近現代憲法的重要組成部分。[10]

以上對憲法內涵和範圍的解釋，是一種廣義憲法的定義。而狹義憲法的定義僅指管理一國政府活動的、並且是體現在一個文件中的法律規則的總和。這幾乎是國內現行各類憲法教科書中關於憲法定義的通說。

二

能夠確定憲法基本的內涵和範圍，我們則可以確定作為一門「學科」的「憲法學」的內容。顯然，「憲法學」首先是作為用以講授關於憲法的基本知識和基本理論的一門學科。但是，我們不可能將眾多的成文憲法文本、憲法性文件、組織機構法、判例、憲法慣例以及來源於「基本權」價值體系的憲法知識和精神全盤兜售給學生，而只能擇其大要作為該學科的主要知識主要理論的內容。從憲法的本質推演，「憲法學」的主要內容應涵蓋如下四個部分，即四個概念：憲法、國家、人民、選舉，分述如下：[11]

緒論

一、幾個哲學概念：知識論、本體論、價值論、方法論、理念世界、人本主義。

二、幾個基本概念的界定：憲法、憲法學、憲法理論。

三、憲法理論的問題與命題：什麼是憲法理論、憲法理論的問題

---

[10] 陳慈陽：《基本權核心理論之實證化及其難題》，翰蘆圖書出版有限公司，2007年二版，第11-28頁。

[11] 這是本文作者給大學法學院本科一年級學生編寫的「憲法學課程大綱」。

域與命題群。

　　四、憲法學的核心問題與主要內容。

　　五、憲法學與其他學科的關係。

第一部分：憲法

一、憲法的演進

　　1. 形式：城邦組織規則→約法→國法→根本法或憲法。

　　2. 實質：思想之互補，質量之互變，價值之比較，制度之競爭。

　　3. 憲法的發展：國際法的憲法化；憲法的國際化。

二、憲法的內容

　　1. 法律規則：制定法、判例。

　　2. 超法律規則：憲法慣例（習慣、常規、諒解）。

　　3. 世界人權法：人權的概念、人權法的淵源、各類「人權宣言」
　　　與「人權法案」介紹、人權的內容、人權監督和實施機構。附
　　　釋：俄國人權全權代表。

　　4. 「基本權」價值原則：自然正義。

三、憲法的分類

　　1. 傳統分類法。

　　2. 布賴斯分類法。

　　3. 新分類法[12]。

　　4. 1.2.3.之存在問題及其解決。

　　5. 戚淵分類法[13]。

---

[12] Carl Lowenstein, *Political Power and the Governmental Process*, The University of Chicago Press, 1957, pp. 136-144; Leslie Wolf-Phillips, *Comparative Constitutions*, Macmillan, 1972; *Constitutions of the Modern States*, London: Pall Mall, 1968; Wheare. K. C., *Modern Constitutions*, Oxford University Press; First published 1951 and reprinted in 1952 and 1956.

[13] 何建華主編：《憲法》（21世紀法學核心課程教材），法律出版社，2006年版，第25-26頁。

四、憲法之基本原則

1. 私有財產權原則：歷史意義與時代意義。附釋：憲法中公民權利的演變、社會國原則、憲法的社會化。

2. 主權在民原則：民主的概念、主權在民的制度型態、民主概念之發展。

3. 權力分立原則：簡史、理念、型態、作用、發展。[14]

4. 憲法的制定：制憲權、制憲類型、制憲程序、制憲權不作為問題、制憲權理論的發展。

5. 《中華人民共和國憲法》之基本原則。

五、憲法的變遷

1. 憲法為什麼具有最高效力：「Marshall邏輯」。

2. 憲法的修改：修憲的必要性、修憲的程序、修憲的實質要求、修憲與憲法變遷。

3. 憲法解釋：特性、時刻、方法、作用、整體一致性原則、合憲解釋、憲法核心、界限。

4. 「憲法時刻」理論：附釋：人類歷史上的「憲法時刻」。

5. 憲政：國內憲政、國際憲政。

第二部分：國家

一、國家理論

1. 國家概念的演變：從概念到意義。附釋：主權與國家：多維視角。

2. 國家結構：中央與地方：聯邦國家——傳統自治行政——單一

---

[14] Bruce Ackerman 教授提出了一個新分權模式「有限議會制」。根據該模式，憲法並不創立獨立選舉產生的總統來制衡普選的國會，而是實行責任內閣制，政府向民選的議會下院負責。同時，有限議會制通過承認其他制衡機構如憲法法院的獨立而制衡內閣和下院的權力。Ackerman教授認為，該模式能夠激勵現代分權學說的三大原則：民主，專業化和基本權利的保護。See Bruce Ackerman, *The new Separation of Powers*, 113 HARV. L. REV. 633, 2000.

國家。附釋：地方自治理論。

3. 國家性質：附釋：民主的社會主義。

4. 國家與社會。

二、國家機構

（一）元首

元首的種類、依據與作用、法律地位與政治地位。

（二）議會

1. 民主的演進：等級會議→議事會議→國民議會→議會或國會。附釋：古代雅典的「民主」和古代羅馬的「共和」。

2. 議會的作用：(1)使政府合法化（附釋：彈劾、質詢與不信任投票制度）。(2)代表民意（附釋：西方國家的民意調查）。(3)立法與授權立法（附釋：立法不作為）。(4)控制財政：形成思想的論壇（附釋：言論免責特權）。(5)其他。

3. 議會的構成：議員──常設委員會──臨時委員會。附釋：壓力集團。

4. 立法程序與議事規則。

（三）政府

1. 政府類型：總統制政府、內閣制政府、委員制政府。附論：政府的產生。

2. 行政權的價值基礎。

3. 行政權的內容：管理與給付。附釋：「政府負責」的含義。

4. 行政權的發展：從「民主」到「共和」。

（四）司法權（法院）

(1)概念與特性。(2)法院的種類。(3)法官。(4)法院的任務。(5)違憲審查：起源與依據──主體與功能──合憲推定原則──「判斷餘地」理論──「政治問題」理論──違憲宣告。

第三部分：人民

一、幾個基本概念

人民、國民、公民、民族。

二、基本權概述

1. 「基本權」中「基本」的涵義。

2. 基本權的種類。

3. 基本權主體：自然人。

4. 基本權核心：概念解析──核心理論體系──憲法實務應用。

5. 基本權的功能：(1)基本權的傳統功能。(2)基本權的功能模式：基本權＝主觀權利＋客觀規範。(3)基本權客觀內容的功能。(4)基本權功能的發展。附釋：公權理論。

三、基本權內容

1. 基本權之「人性尊嚴」：德國基本法第1條第1款：「人性尊嚴不可侵犯。」：(1)背景因素。(2)人性尊嚴在法律上的意義。(3)「人性尊嚴」適用上的一般問題。

2. 平等權：平等權的來源、古典分配正義、形式與實質的平等、平等權的性質、憲法上平等權的種類、平等權的功能、正當程序和平等保護。

3. 政治權利與自由：私有財產權、表達自由、結社自由、作為政治機構的公民。附釋：政治團體。

4. 宗教自由：宗教自由的涵義、宗教活動的限制、宗教自由與其他有關問題；思想、良心自由。附釋：國家與宗教分離的原則。

5. 社會經濟權利：生存權、工作權、財產權、救濟權。

四、基本權的界限

1. 絕對條款。

2. 國家最低核心義務。

3. 憲法上的公益條款。

4. 三階理論。

5. 第三效力理論。

6. 法律保留原則。

7. 比例原則。

第四部分：選舉

選舉的含義、選舉的意義、選舉的原則、選舉的類型、選區的劃分、選舉的程序。

確定了作為一門學科的「憲法學」的基本內容，我們才可以確立「憲法學」與其他學科的區別；進而，我們才能找出「憲法學」與其他學科的聯繫。我們所說的「憲法學」與其他學科的聯繫，並不是僅指兩個學科之間互為背景的平等聯繫，而且還是指其他學科用以支持和論證「憲法學」之基本命題和解決「憲法學」基本問題的某些聯繫。為了能夠證明「憲法學」中的制度和原則，「憲法學」除了要在「憲法學」自身的理論中獲得證明以外，還應該從相關學科中找到理論和公理的支持。從這個意義上說，歷史學、政治學、幾何學的理論和公理最能支持和論證作為一門學科的「憲法學」中的制度和原則。而通常認為的「憲法學」與哲學的關係則發生在作為一種理論體系的「憲法學」之中。這裡列舉並論述憲法學與一些學科的聯繫，但並不是說憲法學與其他學科在理論上毫無聯繫。憲法學與人類學、社會學、經濟學、宗教學等學科在理論上也有不同程度的聯繫，[15]但是否能夠構成一門學科（憲法人類學、憲法社會學、憲法經濟

---

[15] 人類學與憲法學都是關於人的科學。人類學的一個分支是文化人類學（另一分支是體質人類學），文化人類學是從文化的角度研究人類所有的種種行為的學科，它研究人類文化的起源、發展變遷的過程、世界上各民族各地區文化的差異，試圖探索人類文化的性質及演變規律。廣義的文化人類學包括考古學、語言學和民族學，狹義的文化人類學即指民族學。憲法是民族國家的產物；在文化多元化的世界，憲法也具有超越民族國家的內涵，這不僅是指民族國家的憲法中的一些具體規定和實施要符合國際人權公約的規定，而且民族國家的憲法必須體現各民族多元文化中具有相同或相似的基本內核。日本學者將「憲法學」作為社會科學加以研究，但主要是

學等）還有待證明。

（一）「憲法學」與歷史學

我們知道，在久遠的古代雅典民主和古代羅馬共和時期，「憲法」是以城邦組織規則的形式存在的；而到了古代羅馬帝國時期，立法中常用「憲法」一詞表示皇帝的「詔令」、「敕令」、「諭旨」，以區別於其他法律文件。經過數千年的演變，我們今日所說的「憲法」，已是全民性的產物（很多國家的憲法的效力發生在全民公決通過以後），早已不是「治民」而是「民治」的最高規則集。顯然，歷史學為我們提供了豐富的知識背景。此其一。其次，歷史事件也為我們理解和比較今日世界各國的制度狀況提供了比較的鏡鑑。比如，1215年，英國的統治者在貴族、諸侯的迫使下簽署了《自由大憲章》，這是英國歷史上第一個憲法性文件。而在此時，在這個地球的一隅，中國的社會尚處在深度的皇權專制時代；再比如，到19世紀中期，歐洲主要國家的產業革命已經基本完成，而在此時，中國的社會正在進行著規模性的農民起義。諸如此類的歷史事件，可以幫助我們了解影響世界各國憲法發展的政治、經濟等因素。

指憲法學與社會學的關係（たかみ かつとし：「日本憲法學說的50年」，崔智友譯，載《外國法譯評》，1998年第2期）。日本憲法學家Naoki Kobayashi將憲法學與一般社會學結合起來，建立「憲法社會學」，把憲法過程作為社會過程，把憲法規範、憲法制度、憲法意識、憲法關係、憲法運動等憲法現象與政治、經濟、社會等其他憲法現象聯繫起來，將憲法學作為進行實證研究的經驗科學（董璠輿：「中國憲法學四十年」，載《政法論壇》，1989年第5期）。將經濟學的某些研究方法運用於對國家（政府）行為的研究，國外學界早有嘗試，其最新成果就是公共選擇理論。這種理論的實質是運用經濟學的工具處理傳統的政治學問題，它把選民看作消費者，把政治家看作企業家。這種以「經濟人」假設為基礎的分析方法，只能體現選舉過程的某一個面向，無法反映憲法中公民概念的全部涵義和意義。至於宗教與憲法的關係，主要是宗教自由與民主的關係。最新的研究成果認為，對宗教的寬容是現代憲法的一項重要任務。民主原則整合了不同的宗教價值，民主原則與宗教信仰自由並不矛盾。民主原則是世俗社會的政治基礎，也是支持宗教信仰自由的制度保障（莫紀宏：「憲法與宗教的關係—國際憲法學協會圓桌會議綜述」，載張慶福主編：《憲政論叢》第3卷，法律出版社，2003年版，第845-852頁）。

（二）「憲法學」與政治學

政治學的研究範圍大致為：國家論、政府論、階級論、政黨論、民族論、革命論和國際論。[16]「國家論」研究國家的起源和本質，國家的產生意味著國家制度的產生，而國家制度就是通過憲法確立的。「政府論」研究政府體制和政府機構，這恰是憲法和組織機構法的主要內容。「階級論」研究階級關係在社會關係中的地位，而國家權力的分配與運行反映在憲法中，實質上就是各階級在憲法中的地位。「政黨論」研究的論題則是政黨制度，而政黨的法律基礎就是憲法中的結社自由。「民族論」研究的論題是民族的形成、民族的平等、自治和自決等；而憲法中的民主制度則是這些論題的基礎。也就是說，憲法民主是民族內部及民族間的平等、自治和自決的條件。「革命論」研究革命的作用，革命是與改良相對的一種政治方式。憲法既是改良的產物，也是革命的產物。歷史上每一次大的革命和改良的成果都是用憲法記錄下來的。而構成憲法內容之一的「基本權」價值原則還是判斷革命正確與否的依據。「國際論」研究民族國家間的政治，而憲法則是民族國家的最高法，也是民族國家的標誌性法律。至於民族國家的政治，新近有一種認識意味深長，作者將「專制」排除在政治之外。在作者看來，「政治」專指以古希臘傳統為代表的治理方式，也即政治必須以民主為基礎，所以，政治體制中不包括專制政體。[17]這種見解雖然將「政治」定義在狹義的意義範圍內，但卻有助於我們觀察專制統治行為的憲法意義究竟為何。

（三）「憲法學」與幾何學

「憲法學」屬於社會科學，而幾何學屬於自然科學，他們之間有什麼關係呢？我們知道，社會科學中的一個命題、一種制度，首先必須能在本學科中獲得理論上的證明；其次，還應該獲得相近的社會科學領域中的某

---

[16] 法學教材編輯部編寫組：《政治學概論》，北京大學出版社，1982年版。

[17] Kenneth Minogne：《政治學》第一章：政治中為什麼沒有專制者的地位；冀人譯，遼寧教育出版社，1998年版，第1-9頁。

些學科的理論論證支持。比如，國家與社會的關係結構呈二元並行的關係最有利於國家與社會各自的發展。這個命題已經在政治學、社會學和法學（尤其是憲法學）中獲得了證明。國家與社會各有各自不同的運行規律。我們相信，這種證明如果還能得到幾何學中公理和定理的論證支持，則能充分說明被證命題的真理性。顯然，幾何學中「只有兩條平行線才不相交（不中斷）」的公理能證明國家與社會平行才能並進。這樣的例子不勝枚舉，比如，我們為什麼要採用普選制，一般的回答當然是：他體現了平等權、主權在民等重要的憲法價值；而這一制度也印證了幾何學中的一個基本定理：兩點間直線距離最近。「最近」意味著效率、公正、廉潔和節約。再比如，憲法中的「三權分立」原則，其設立之目的是為了使各種權力相互間得到制約，以避免出現權力腐敗，保持政治的適度平衡。這項制度舉世風靡，歷久不衰。那麼，國家的權力為什麼要分三個載體，我們可以在幾何學中找到公理支持：不在同一直線上的任意三點確定一個平面。「平面」意味著「三點（三權）」的位置是等高的，當連結三點（三權）使之成為「關係」時就可以構成一個三角形，三角形的穩定性表明：三點構成「關係」時才是穩定的。再比如，我們經常看到一些法治國家的政府時而減稅，時而增稅，這實際上是尋找國家與社會之間的最大合力，應該說明，國家與社會應該呈平行並進狀態，並不是說國家與社會不能發生關係，而是儘量少發生關係。國家與社會的關係主要表現在兩個方面：一個方面是普選，另一個方面是稅賦。這正好構成一個四邊形：國家、社會、普選和稅賦分別是這個四邊形的四條「邊」。由於普選是定期的，那麼，要使這個四邊形的對角線最長（即合力最大），只有調整一條邊，即稅賦。這種觀察方法有助於我們認識「稅賦」的憲法意義；而「稅賦」幾乎可以說就是憲法的基石，「稅賦」將財產權、立法行為和法律導向自由，「稅賦」將政府行為導向憲政。[18]

　　因此，我們可以認為，社會科學中的一項制度或一個命題，如果能

---

[18] 我將行政法學的範圍確定為：民主、稅賦和比例性三個範疇。行政權來源於民主，以稅賦為基礎，受比例性約束。

夠在自然科學的公理和定理中獲得證明，則就是社會科學的真理。當然，我們必須避免另一種傾向，即將社會科學的某些理論「數學化」，比如，新近就有一種法律論證理論，其中的一些學者幾乎是用數論邏輯來構築法律論證。殊不知，法學即人學，缺乏人文意義的法學是沒有社會意義的，而人文意義不能完全從自然科學中尋找。自然科學中的某些公理和定理只能幫助我們證明社會科學的某些制度和命題，而不能取代社會科學理論本身。

三

如果說作為一門學科的「憲法學」主要是傳授該學科系統的基本知識，那麼，作為一門學問的「憲法學」，則是正確和準確反映憲法內容的系統的基本理論，即關於憲法的理論。

什麼是理論？愚以為，凡能稱得上是「理論」的，必須同時具備以下幾項內容：（一）有若干相關聯的「問題域」，即在該理論體系中可提出一組組問題。（二）有若干相關聯的「命題群」，即在該理論體系內，有一系列可引起論證的命題。（三）對「問題域」中的主要問題和「命題群」中的主要命題，已有獲得證立的理論體系。（四）該理論體系內的「問題域」和「命題群」是開放性的。

那麼，什麼是憲法理論呢？憲法學，究其根源，是研究「權利─權力」關係的。在這裡，「權利」是對社會的一種抽象概括，社會是權利的載體；而權力則是對國家的一種抽象概括，國家是權力的載體。「權利─權力」關係即「社會─國家」的關係，也即「人民─政府」關係。基於這樣的認識，憲法理論，在國家層面上，主要的問題應包括：權力如何產生？權力如何分配？權力如何運行？如何追究權力濫用？相應的命題則是：人民主權；權力分立與制衡；正當程序；越權無效等等。在社會層面上，主要問題應包括：社會如何才能抵禦國家的干預？人民以何種方式享有基本權利和自由？人民遭到國家權力侵害後如何獲得救濟？相應的命題

則是：基本權利的範圍；權利救濟的方式；公民的憲法地位；宗教與公民社會的關係等等。在社會與國家關係層面上，主要問題是：應建立什麼樣的「社會—國家」關係才能保證社會與國家平行並進？相應的命題則是：立憲主義；地方自治；聯邦制和單一制等等。

作為一個理論體系的「憲法學」應該包括上述主要問題和主要命題。那麼，如何證明這些問題和命題，就是憲法理論的任務。我們知道，不同的思想淵源、不同的價值取向、不同的理論依據、不同的論證方法，可以得出不同、甚至是完全不同的理論結論。同時，我們也知道，完整的憲法內涵（即同時有法律規則、超法律規則、「基本權」價值體系），其思想內涵的豐富程度，應該囊括人類全部的進步成果。換言之，我們需要用一切人類進步思想論證上述問題和命題。只有這樣，才能形成基礎牢固、邏輯縝密的憲法理論體系。本文的目的不是為讀者提供一個完整的憲法理論體系，而是提供一些論證憲法問題和憲法命題的思考途徑。本文認為，一個經得起推敲的憲法理論體系必須始於證明「人」（既指抽象的人，也指具體的、個別的自然人）在憲法中應有的地位。

我們知道，人類的實踐—認識活動造就了雙重主客體關係。一方面，人把外部世界（自然、社會）作為認識和改造的對象，這時的主—客體關係就是人與世界；另一方面，人類也把實踐—認識活動引向人類自身，人類社會發展的過程也是人類自我認識的過程。於是，這裡又有了另一雙重主—客體關係，即作為自我認識主體的人與作為主體認識和控制對象的人的行為。[19]「憲法學」研究中的關係顯然是後一種主—客體關係，即權利—權力關係，而這一種關係的邏輯起點就是「人」。因此，人是憲法的出發點。

在權力層面上，我們可以通過契約理論論證人的地位。Rousseau的社會契約論表明：要找到一種聯盟的形式，使他能夠以全部共同的力量來維護和保障每個結盟者的人身和財產，並且由於這一聯合而使與全體相聯合的每一個個人又只不過是在服從自己。也就是說，每個結盟者及其自身的

---

[19] 李德順：《價值論》，中國人民大學出版社，1987年版，第58-59頁。

一切權利全部轉讓給整個共同體。這個由所有其他人正式聯合而形成「公共之人」在古代叫城邦，現在叫共和國或政治體。當他是被動時，其成員稱之為國家；當他主動時，其成員稱之為主權者。這個共同體集合了人民最高的共同意志，集體地稱為「人民」，個別地稱為「公民」。[20]而Locke的政府契約論表明：每個結盟者交出自己的自然權利，通過與其他人協議訂立公民社會盟約而聯合成為一個共同體。[21]Locke的這個政治共同體就是政府。Rousseau和Locke的契約論是近代民主制度的理論基礎。以此理論建立起來的民主政府在多數情況下，運行良好，個人在這種民主制度中的地位就是個人在憲法中的政治地位。

在權利層面上，我們所說的「社會是權利的載體」，實際上就是說「個人是權利的載體」。享有權利是個人實踐—認識活動得以展開的前提。人們熟知的自然權利理論為我們提供了承認「人之為人」所應享受的基本權利的理論保證。這一理論強調基本權利先於國家權力而存在，實證法只能承認而不能予以限制和剝奪。現行的基本權理論（包括自由的基本權理論、制度的基本權理論、基本權的價值理論、民主—功能的基本權理論、社會國的基本權理論等等）均以自然權利理論為基礎。正是因為信奉「權利先在」理念，一方面，法律必須信奉古典自由主義，不得過多限制和禁止個人自由，正是信奉「權利先在」理念，在保障個人自由和權利方面，法律卻又應信奉積極的功能主義，制定出嚴密的保護規範體系。可見，在權利層面上，也可以證明人是憲法的出發點。

在「基本權」價值原則層面上，「自然正義」理念作為彌補實證的憲法規則之不足的不竭源泉，為憲法規則能夠不斷改進提供了保證。這就是將「基本權」價值原則作為憲法之一部分的重要意義。如果說，人在權利和權力層面的地位還體現在法律意義上，那麼，「人」進入「基本權」價值領域則就不僅是法律意義上的人，而且還是倫理意義上的人。我們通

---

[20] Rousseau: *The Social Contract snd other Later Potical Writings*, Victor Gourevitch trans. ed., Cambridge University Press, 1977, pp. 49-51.

[21] John Locke, *Two Treatises Of Government*, Edited with An Introduction and Notes by Peter Laslett, Cambridge University Press, 1988, pp. 330-331.

常所說的人本主義，實際上是在法律的基礎上，將對人的思考進一步導向倫理方面，目的是豐富人的倫理意義，從而提高整個社會的道德境界，使人在行為上不斷完善。可見，憲法的最高理想只有在「基本權」價值體系中才能實現。從這個視角觀察，人又是憲法的目的。所以，人既是自然存在，也是意義存在。

至此，我們可以說，自古代城邦規則到今日現代憲法的演進過程，實際上也是在人的實踐—認識活動中，不斷汲取人類進步思想的過程。我們從古希臘哲學中學會了如何追問世界的本質和本原；從先驗哲學和經驗論哲學中學會了如何探求人的認識能力和認識活動，從分析哲學中學會了如何探討客觀知識（邏輯、語言等）。這一切為我們如何立法、如何進行憲法解釋，提供了良好的知識背景。我們從Plato的哲學中，了解到「理念世界」和「現實世界」的劃分；從Kant的思想中知道了什麼是「實踐理性」和「純粹理性」；從Kant和Schopenhauer的哲學中了解到什麼是人本主義。這一切均有助於我們確定國家與政府的努力方向、國家與政府行為的目的，實現憲法的終極理想。作為一個理論體系的「憲法學」是與汲取人類哲學領域裡的進步思想分不開的。

需要提及的是，近年來，憲法學研究在國內也有了較大的進步，這主要體現在以下幾個方面：

第一，注重對基本概念的研究，例如對「憲法」「憲政」等概念的研究、[22]對「公民」概念的研究。[23]

第二，注重多視角研究。有學者從私法的角度研究憲法修正案，認為一方面私法所規定的財產關係和人身關係必須充分體現基於主體自由和主體平等的憲法原理，另一方面私法主體平等和給予平等主體的財產權以對等的尊重是私法對憲法提出的基本要求。[24]

第三，注重實證分析／綜合研究。有學者以年度為單元，對憲法學研

---

[22] 梁忠前：「憲法‧憲政‧法治‧憲法關係」，載《江南社會學院學報》，2007年第2期；馨元：「憲法概念的分析」，載《現代法學》，2002年第2期。

[23] 馨元：「公民概念之演變」，載《當代法學》，2004年第4期。

[24] 梁慧星：「對憲法修正案的若干私法解讀」，載《當代法學》，2004年第5期。

究成果進行實證分析，進而揭示憲法學研究的問題，指出憲法學發展的趨勢。[25]

第四，注重對憲法本質的研究。特別體現在對憲法中的「人」的研究，將「人」作為憲法的根源、根基、根據、中心、本位、目的和意義。[26]

第五，關注國際憲法學研究的新議題。比如，2004年1月，在智利首都聖地牙哥召開的第六屆憲法大會，討論了一系列憲政議題，其中包括：1.民族國家憲法產生的外部影響。2.公民的跨國權利。3.自決權。4.憲法制定與民主。5.憲法制定的國際限制。6. 憲政與全球治理等。[27]國內憲法學界有數位學者與會，並及時將國際學者的研究成果介紹給國內憲法學界。

---

[25] 韓大元：「邁向專業化的中國憲法學——以2006年發表的部分憲法學學術論文的分析為例」，載《中國法學》，2007年第1期。

[26] 孫莉：「人本的過程性與權力運作過程的人本性」，載《政法論壇》，2007年第1期。

[27] *Constitutionalism: Old Concept, New World*-The Sixth World Congress of the International Association of Constitutional Law, 2004.

3

論行政法學的範圍[*]

內容摘要

本文將行政法的主要內涵確定爲基本權、制定法、行政目的和經驗法則；將行政法的外延界定爲行政實體法、行政程序法和行政訴訟法；將控權論作爲行政法的基礎理論，進而將行政法學的範圍確定爲「民主」、「稅賦」和「比例性」三個範疇。文章認爲，控權不僅通過程序法，而且必須通過實體法；管理和給付是兩種關聯的行政方式；平衡論中的「平衡」，即行政權與公民權的平衡，需要依靠公民、法與司法的共同作用而實現。

關鍵詞：行政法、控權論、管理論、平衡論、民主、稅賦、比例性

[*] 本文完成於2009年7月31日。

　　確定行政法學的範圍取決於對行政法的內涵與外延的界定；而對行政法的理解又與對行政權本質的理解密切關聯；進而，對行政權及行政法的研究又與我們正確認識行政法基礎理論密切關聯。國內外的行政法學家對此的研究已獲得了大量擲地有聲的成果。本文的基本思路是：將行政法的主要內涵確定為基本權、制定法、行政目的和經驗法則，將行政法的外延界定為行政實體法、行政程序法和行政訴訟法，[1]因為行政權必須具體化為行政行為，方可產生法律效果。[2]Hauriou在歸納法國行政法的特點時說，「行政法是建立在行為理論上的法」。[3]而行政行為也可歸屬於行政實體法、行政程序法、行政訴訟法。[4]行政行為構成了行政法上法體系的一個部分。[5]法對行政權的控制實質上是通過對行政行為的控制實現的。

---

[1]　大陸學者大都認為，大陸法系的行政法由行政組織法、行政作用法或行政行為法和行政救濟法構成（參羅豪才：「行政法的核心與理論模式」，載《法學》，2002年第8期），此說進一步將行政組織法的內容確定為「行政組織」、「行政機關」和「行政主體」；將行政行為法理解為「行政權運作的表現形式和具體內容的法律」。大陸學者根據Schwartz的定義（Bernard Schwartz：《行政法》，徐炳譯，群眾出版社，1986年版，第3頁），一般認為，英美法系的行政法即是行政程序法，國外有的學者甚至將行政程序法作為行政法（K. C. Davis, *Administrative Law*, West Publishing, p. 1, 1977）。本文認為，行政組織法是憲法的組成部分，行政權是憲法中的固有權力。行政法由「行政實體法、行政程序法、行政救濟法」三部分組成。

[2]　有時行政機關的不作為也構成行政行為，例如對相對人的申請，如果在法定期間沒有被駁回，視為許可，參Hartmut Maurer, *Allgemeines Verwaltungsrecht*, Verlag. C. H. Beck München, Aufl. 13, S. 237, 2000。電子行政也不影響行政行為的成立，一方面，行政機關可以通過程序設計和輸入具體資料控制和預先判斷電子資料處理系統的決定過程（如計算租金），另一方面，可以通過通告使形成的決定產生拘束力（如確定租金）。行政機關將合符邏輯的自動化通告視為「自己的」行政行為，要求得到遵守，他們也因此必須被列入行政行為，參Hartmut Maurer, *Allgemeines Verwaltungsrecht*, Verlag. C.H. Beck München, Aufl. 13, 2000, S. 453-4。

[3]　Maurice Hauriou：《行政法與公法精要》，龔覓等譯，遼海出版社、春風文藝出版社，1999年版，第134頁。Hauriou認為法國行政法有三個特點：第一，行政法是審判員所執行的一種平衡法。第二，行政法是建立在行為理論上的法。第三，行政法引發出司法的介入。

[4]　Hartmut Maurer, *Allgemeines Verwaltungsrecht*, Verlag C. H. Beck München, Aufl. 13, S. 237, 2000.

[5]　Shiono Hiroshi：《行政法》，楊建順譯、姜明安審校，法律出版社，1999年版，第81頁。

基此，本文認為，控權是行政法學的永恆論題，[6]而將控權論作為行政法的基礎理論，有利於確定行政法和行政法學的範圍。以本文所理解的控權論作為行政法的基礎理論，本文進而將行政法學的範圍（即研究對象）確定為「民主」、「稅賦」和「比例性」這三個範疇。

一、控權：行政法學的永恆論題

大陸行政法學界一般將行政法的基礎理論歸納為控權論、管理論和平衡論，[7]並對各論作出了概括。行政法學界認為，控權論主張，行政法調整行政主體與行政相對人的關係，其重點是控制行政主體的權力，保護行政相對人權益免受行政主體濫用職權行為的侵害，以建立和維護自由、民主和人權保障的法秩序。[8]管理論主張，行政法調整行政主體與行政相對人的關係，其重點是規範行政相對人的行為，保障行政管理的順利進行，以建立和維護有利於提高行政效率、實現管理任務的法秩序。[9]平衡論主張，行政法是調整行政關係和監督行政關係的法律規範和原則的總稱。行政法既要保障行政管理的有效實施，又要防止公民權利的濫用和違法行

6　構成行政法學基礎理論的控權論、管理論、平衡論，或具有控權的要素，或發展為控權的理論。三大流派均將行政法的邏輯起點置於政府與人民的關係上，即從行政權與公民權的關係來理解行政法。在三大流派的理論發展中，形成了趨同的理念：法律至上。進而，法的範圍在擴大，對行政行為的可訴範圍也在擴大，行政強制被弱化，實質行政法觀念在深入。而兩大法系的行政法，無論在立法上，還是在理論上，都有控權的趨同性。劉軼：福利行政法觀的經濟學基礎，載《政法論叢》，2002年第2期。

7　姜明安主編：《行政法與行政訴訟法》，北京大學出版社、高等教育出版社，2007年三版，第98頁；羅豪才主編：《現代行政法的平衡理論》，北京大學出版社，1997年版，第3-4頁。

8　姜明安主編：《行政法與行政訴訟法》，北京大學出版社、高等教育出版社，2007年三版，第98頁。

9　同上註，第98頁。

使，行政機關的權力和相對方的權利應保持總體平衡。[10]

　　大陸行政法學界的主流觀點對上述行政法三大流派的理論的理解至今基本未變。本文試圖對三大流派的理論作一些個人的理解：

（一）關於控權論

　　現有的行政法理論均認為，控權是基於程序法。其理論依據主要是流行於英美國家的控權思想。在論述此說時，大陸學者引用最多的即是此說的代表人物Schwartz給行政法所下的定義：「行政法更多的是關於程序和救濟的法律，而不是實體法，由各個行政機關制定的實體法並不涉及程序和救濟，只有當他們可以用來解釋程序法和救濟法時，才是例外。我們所謂的行政法是控制行政機關的法律，而不是由行政機關制定的法律。」[11]本文認為，我們從這個定義中難以判斷行政法就只是程序法。理由如下：

　　第一，在這個定義中，Schwartz強調了行政法的程序意義。雖然行政程序之於行政控權在控權論中得以充分且必要地表現，但將控權置於行政程序之下並不能引出將行政法理解為程序法的結論。

　　第二，Schwartz排除了行政機關制定的法是行政法，但承認規制行政機關的都是行政法，而不只是行政程序法。顯見，規制行政機關的法包括實體法。在Schwartz看來，行政程序與司法審查一樣，也是鉗制行政機關的方法。[12]司法審查也包括實體審查。

　　第三，排除行政機關制定的法是行政法，也是因為英美國家強調議會至上，也即法律至上的普通法傳統，只有議會或國會制定的法律才是法律。行政機關無憲法上的固有立法權。

　　第四，控權論強調「行政法是控制行政權力的法」。[13]Bodenheimer甚至這樣說：「19世紀，美國政府的工作重點幾乎完全集中在用法律將行

---

[10] 羅豪才、甘雯：「行政法的『平衡』及『平衡論』範疇」，載《中國法學》，1996年第4期。

[11] Bernard Schwartz, *Administrative Law*, Boston: Little, Brown and Co., 1991 p. 3.

[12] Ibid., p. 3.

[13] H. William R. Wade, *Administrative Law*, 6th Edition., Oxford: Clarendon Press, 1988, p. 4.

政管理約束在法律設定的範圍內。」[14]將行政限制到必要的最小限度，在當時被認為是我們政體的根本原則。[15]按常識理解，僅有程序法是不足以控制行政權的。

第五，從英美法控權觀念的起源來看，並不只是從程序上對行政權進行控制，而包括行政目的，即以維護公民在憲法上的防禦權為出發點而對行政權加以控制。此一目的也作為司法審查的基準。

大陸行政法學界對英美行政法上這一定義的理解，也影響到對大陸法系行政法基礎理論的理解。由於控權論及其關於行政法的定義產生於普通法系，學者們只注意他的程序原則，例如自然公正原則、正當法律程序原則，[16]似乎英美法國家的「依法行政」只是依程序法行政。與此相對應，學者們以為「依法行政原則」只是大陸法系國家行政法的基本原則，似乎大陸法系國家只重視行政實體法而輕視行政程序法、大陸法系國家的行政法理論沒有控權要素。之所以出現這樣的問題，源出於對依法行政原則及其「法」的內涵的理解。本文認為，超越了公法與私法之分，兩大法系的依法行政原則之「法」的內涵，既包含實體法、也包含程序法；兩大法系行政法均將基本權作為依法行政之「法」的內涵，表明兩大法系的行政法均以保護個人權利為宗旨。而基本權既是實體法也是程序法；既從實體上、也從程序上對行政權的運行進行控制。將行政法的法源追溯到基本權，摒棄了依法行政原則的實證主義法律觀，也避免了行政法的行政權本位論。大陸法系行政法的依法行政原則中的兩項主要原則——法律優越原則和法律保留原則，在英美法系國家的司法審查中也有基本的體現。而司法審查是控權論的核心內容，通過司法審查制度對行政權的控制，證明了控權論秉持立法對行政權的嚴格監控，以及遵循規則主義的行政法治理

---

[14] Edgar Bodenheimer *Jurisprudence: The Philosophy And Method of Law*, Cambridge: Harvard University Press, 1967, p. 288.

[15] Pond, *Justice According to Law*, 14 Columbia Law Review 1, pp. 12-13, 1914.

[16] 美國憲法所規定的「正當法律程序」一直被視為「程序性」條款，但自1880年代後被解釋為包括實質正當。參見荊知仁：《美國憲法與憲政》，三民書局，1984年8月初版，第80-86頁。

想；法律高於權力，享有至上的權威；立法是控制行政權力的重要手段，立法主張嚴格限制行政權的範圍。[17]英美行政法學關於「行政法是行政程序法」的「片面」定義，與大陸法系行政法的依法行政原則並不矛盾，後者及其子原則同樣約束著英美法系國家的行政權。更為關鍵的是，依法行政之「法」的內涵，構成了行政程序法以外的制約因素，只是他們不被英美法系國家的學者稱為行政法而已。

在對待自由裁量的問題上，大陸學者一般認為，控權論對行政自由裁量權缺乏信任，認為行政自由裁量權有專斷和濫用的傾向，必須受到法律的控制。但考察行政裁量權的起源，我們可以知道，19世紀前半葉行政與司法的分離逐漸明顯，為避免行政措施遭遇法院的干預，裁量（Ermessen）的概念由是產生，而確立屬於行政部門裁量的範圍，以及普通法院和行政法院的審查所受的限制。[18]本文認為，這正是依法行政原則的本來涵義及其應用，也是控權論不可或缺的當然內容。依法行政原則導源於主權在民和國家權力的分立與制衡的理論與制度設置。無論是大陸法系國家，還是英美法系國家，主權在民和權力分立已是普遍原則。不僅是行政法的理論基礎，也是行政法的制度基礎。

在公共利益與私人利益的關係問題上，大陸學者一般認為控權論主張個人利益優先於公共利益，有的甚至將公共利益與私人利益的衝突作為一個假定，論證行政權的必要性。這樣的理解違背了控權論的經濟學基礎。古典經濟自由主義認為個人利益實現的前提是個人利益與公共利益自然均衡。Adam Smith說，每個人在他努力為自己在市場上創造價值的時候，「他通常既不打算促進公共的利益，也不知道他自己是在什麼程度上促進那種利益。由於他管理產業的方式目的在於使其生產物的價值能達到最大程度，在這場合，他受著一隻看不見手的引導，去盡力達到一個並非他本意要想達到的目的。他追求自己的利益，往往使他能比在真正出於本意的

---

[17] 李娟：《行政法控權理論研究》，北京大學出版社，2000年版，第67-73、42-56頁。

[18] H. Feber, *Verwaltungsrecht*, 2 Aufl., 1989, S. 95f. 引自吳庚：《行政法之理論與實用》，中國人民大學出版社，2005年版，第74頁。

情況下更有效地促進社會的利益。」[19]甚至維護個人利益也構成公共任務的一部分。[20]私人利益組成公共利益，私人利益與公共利益的「自然一致性」這樣的理念也體現在法國重農主義經濟學家的自然秩序之中。[21]同樣的理念也體現在行政法上的「新保護規範說」，該理論認為，雖然主觀公權利是用於保護私人利益，但也潛在地代表著公共利益，或者說，兩者在內容上是同一的。公益與私益合一的情況並不否認人民應有主觀權利。當法律的目的是為了有助於個人實現基本權，而將公益包含於私益予以體現時，主觀公權利間接地體現了公益。[22]行政法學將公共利益與私人利益作對立和衝突的解釋，實質上是誤將公共利益與私人利益的關係當作行政權與公民權的關係，將因權力與權利本質的不同而引起的行政權與公民權的對立理解為公共利益與私人利益的對立。行政權的行使既是為了公共利益，也是為了私人利益。「行政權的擴展也引起對公共利益的危害，而不僅僅是私人利益。」[23]控權是對可能違反公共利益和私人利益的行政權加以控制：事前控制，如比例原則等一般法律原則；事後控制，如司法審查等制度設置。

有的學者對私人利益與公共利益作出更為精到的基本權面向的理解，認為「公益是一個不確定法律概念，因此，在這種情況下，作為公益和私益的問題上不可能有清晰的界限。昨天，公益可能由私益來界定，今天，私益被視為公益的可能內容。具有某些品質的私益就等於是公益。這些至關重要的私益是指私人的安全和社會福利，這些涉及生存保障的私益，國家負有特別保護的義務。易言之，國家保障私人的安全、財產及

19 Adam Smith：《國民財富的性質和原因的研究（下卷）》，郭大力等譯，商務印書館，1974年，第27頁。

20 Hartmut Maurer, *Allgemeines Verwaltungsrecht*, 13 Aufl., Verlag C. H. Beck München, 2000, S. 5.

21 François Quesnay：《魁奈經濟著作選集》，吳斐丹等譯，商務引書館，1979年版，第301-7頁。

22 Rupert Scholz, *Verwaltungsverantwortung und–gerichtsbarkeit* (*Administrative Responsibility and Administrative Jurisdiction*), VVDStRL 34, 1976, S. 203.

23 Adam Smith前引書，第27-28、97-98、111、377、473-474頁。

福利，就是公益的需求。所以保障這些私益就是符合公益」。[24]有學者認同重農主義經濟思想與古典自由主義經濟思想一脈相承；[25]然而，本文認為，來源於重農主義經濟思想的「公共權力說」的法律思想也與控權論的法律思想一脈相承。「公共權力說」的行政法理念是：行政權是一種對公民個人權利進行限制的公權力，因而行政法也是限制行政權作用的範圍、以保障公民權利的法。[26]

　　綜上可見，第一，控權不止於程序法，僅有行政程序法不能完成控制行政權的任務。行政程序法僅能實現行政權的形式正義，而行政實體法則能實現行政權的實質正義。第二，行政法學中的控權論，不在於名稱，而在於思想和內容。「迄今為止，尚無英美法系國家的行政法學者明確將自己的理論稱為控權論，通常所說的控權論是從散見於立法、學說和判例的理論觀點中歸納而來。」[27]今天的學者既可以從英美法系行政法及其理論中獲得控權思想，也可從大陸法系的行政法及其理論中獲得控權思想。第三，兩大法系行政法上的控權均基於法和司法。控權的主導思想和制度設置始終未變。同時，基於行政國家、福利國家的出現，也給行政權留下了自己的領地（行政裁量和行政判斷）。即便如此，行政法也沒有放棄對行政權自己的領地進行實體法上實質性控制。對此，本文稍後述及。

（二）關於管理論

　　大陸行政法學界普遍視1993年《俄羅斯聯邦憲法》以前的蘇俄行政法學為「管理論」的典型。因此，對管理論的研究也是以此前蘇俄憲法、行

---

[24] W. Leisner, *Privatinteressen als öffentliches Interesse*, in Walter Leisner, *STAAT: Schriften zu Staatslehre und Staatsrecht* (1957-1991), Herausgegeben von Josef Isensee, Berlin: Duncker & Humblot, 1994, S. 120-122.

[25] 葉必豐、劉軼：「『控權論』與『公共權力說』產生的經濟學基礎——兩大法系行政法治理論經濟學淵源之比較」，載《珞珈法學論壇》第二卷，武漢大學出版社，2002年。

[26] E. V. Foucart, *Elements de Droit Public Et Administraif* V1., 1843. 引自劉軼：「福利行政法觀的經濟學基礎」，載《政法論叢》，2002年第2期。

[27] 劉軼：「福利行政法觀的經濟學基礎」，載《政法論叢》，2002年第2期。

政法及其理論為對象的。甚至是「管理論」的名稱也是依據蘇聯憲法中關於「國家管理」的規定。大陸行政法學界對「管理論」的解釋是：將保障國家和社會公共利益作為行政法的主要目的；將調整國家管理關係、規定國家管理的原則和制度作為行政法的基本內容；將管理原則視為行政法的基本原則；將「命令—服從」作為行政法的手段。[28]1993年12月，俄羅斯頒布了《俄羅斯聯邦憲法》，該憲法第10條規定：「俄羅斯聯邦的國家權力根據立法權、執行權和司法權分立。」據此，大陸行政法學界認為俄羅斯行政法進行了邏輯起點的轉換：以「執行權」取代「國家管理」。[29]如何理解「管理論」？「執行」與「管理」是取代與被取代的關係，還是包含關係？這涉及到對行政權及其在國家權力體系中的地位的理解。

我們知道，在現代民主法治國家，國家權力分立為立法、行政、司法三支權力，各自獨立，各司其職，互相制衡。行政權作為執行法律的權力，行政機關的權力的運用表現為管理職能和給付職責。管理與給付都必須依據法律授權進行，換言之，是執行法律的行政方式。「執行」（execute）一詞來源於拉丁文exsequor一詞，其涵義是「遵循」。[30]將「執行」置於國家權力體系中，顯然是遵循法律行政，正與權力分立原則相符。執行權並不排斥管理權，而是包含管理職能。作為執行的方法，管理與給付是分別行使的兩種行政方式。更具體地看，在管理與給付行政中，執行權的運用，也包含運用命令或強制的行政方式。由於權力是職能與職責的統一體，因而管理與給付在思想上不可分離。

國內外的行政法學者均有將「管理論」的基本特徵解釋為「支配與服從」的關係。[31]「支配與服從」的關係只是行政權運行的一個面向，是政

---

28 姜明安主編：《行政法與行政訴訟法》，北京大學出版社、高等教育出版社，2007年三版，第105-107頁。

29 劉春萍：「『執行權』取代『國家管理』：俄羅斯行政法邏輯起點的轉換」，載《俄羅斯中亞東歐研究》，2003年第2期。

30 Harvey C. Mansfield, Jr., *Taming the Prince: The Ambivalence of Modern Executive Power*, New York: The Free Press, 1989, p. 2.

31 比如傳統管理論的代表人物之一Otto Meyer認為「行政法的中心關係以支配與服從的關係為前提」。參見Otto Meyer, *Deutsches Verwaltungsrecht*, Erster Band. Dritte Auflage;

府與人民之間的一種關係。按照「地位理論」，個人與國家之間有四種法律關係。第一種是「被動地位」，即指人民應該服從國家，因而產生人民的義務。是故，這種被動地位，也稱為「服從地位」。第二種是「消極地位」，人民在「被動地位」所產生的義務範圍外，有一個公權力不可干預的「自由範圍」。第三種關係是「積極地位」，即國家承認人民在法律上的資格，並通過統治權力實現人民的個人利益。Jellinek將個人通過法律程序可以實施的權利稱為形式的積極法律權利。第四種關係是「主動地位或積極公民身分的地位」，即是指人民有資格參與國家決策的過程；人民在此種關係中，擁有參政的權利。[32]我們知道，Jellinek所謂的國家統治權力是由立法權、行政權與司法權構成。根據民主理論，人民與立法機關的關係是通過普選產生議員，組成立法機關制定法律；而司法權主要是被動地（間或有主動性，如積極審查）保障人民的權利免受立法權和行政權的侵害。因此，Jellinek的四種關係主要是動態地發生在人民與行政機關之間，即是公民權與行政權之間的關係。「統治是公民意志的表現，行政是執行力量。」[33]我們從govern、execute、administration這幾個語詞在使用上的區別即可看出，當人們說「某國政府」時，一般使用administration，而不用government，因為govern沒有「行政」的涵義，是「統治」的意思，統治權的位階高於行政權；Administration兼有「行政」與「管理」的涵義。Govern雖然也有「管理」的涵義，但因為govern是人民意志的體現，所以，其所指的「管理」是憲法上的「管理」，包括立法權和行政權及司法權的運用，而administration則僅與行政權相關聯，是行政法上的「管理」。將憲法上的「國家管理」等同於行政法上的「行政管理」是概

Verlag von Duneker & Humblot, München und Leipzi, 1924, S. 14; 劉春萍：「俄羅斯聯邦行政法基本理論中的幾個問題」，載《河北法學》，2004年第6期；羅豪才：「行政法的核心與理論模式」，載《法學》，2002年第2期。

[32] G. Jellinek, *System der Subjektiven öffentlichen Rechte*, 2, durchgesehene und vermehrte Auflage von 1905. Herausgegeben und eingeleitet von Jens Kersten; Mohr Siebeck, 2011. S. 86. 87. 114.

[33] 王名揚：《法國行政法》，中國政法大學出版社，1988年版，第6頁。

念錯誤。國家權力與行政權各自具有不同的範圍。這樣的問題不只是出現在今日的大陸行政法學界，Otto Meyer也將國家與人民之間的關係當作行政法的中心關係。[34]這無疑是將國家權力等同於行政權力。當我們將「管理論」作為行政法學的基礎理論時，我們的研究對象是行政法上的「管理」，即將「管理論」限定在行政法學的領域內。行政法上的「管理」，當然連同給付，同樣要受到法與司法的制約，從而構成與控權論基本相同的制度設置和基本相同的行政法理念。Execute是「執行」、「實施」、「履行」之意。如前所述，「執行」含有「管理」與「給付」的功能與方法。在民主法治國家，「執行」等同於「行政」，「執行權」等同於「行政權」。

　　誠然，現代國家的行政已分解為公權力行政（即以公法規定為基準所從事的行政行為）和私經濟行政（即適用私法規定所為的行政主體的行為）。從形式上看，私經濟行政是以私法方式輔助行政的行為，雖然私經濟行政還包括行政營利行為，間或也為社會提供公共產品；但從實質面向上看，私經濟行政是公行政為追求公法上規定的任務所賦予的公行政目的而構成私法上的法律關係；而追求行政目的、完成行政任務，就是管理與給付的範疇，與一般的行政行為具有同樣的法律效果：或授益，或侵權。利用私法上的契約手段達成行政目的，如果基於公益或公共性的需要而侵害人民財產權時，亦引起損失補償；而引起的補償或賠償亦有法可依，即同樣要受基本權保障的限制，同樣可以適用法律優先原則和法律保留原則。[35]要言之，依法行政的基本原理也約束著私經濟行政的行為。於是，行政方式的多樣化並沒有改變行政權要受制約的本質特徵。

　　如同「執行權論」一樣，行政法學中的其他主要學說，如公共權力

---

[34] Otto Meyer, *Deutsches Verwaltungsrecht*, Erster Band. Dritte Auflage; Verlag von Duneker & Humblot, München und Leipzi, 1924, S. 14.

[35] 劉宗德：「行政私法」，載台灣行政法學會主編：《行政法爭議問題研究（上）》，五南圖書出版公司印行，2000年版。

說、[36]公務說、[37]政府法治論，[38]以及因福利國家的興起而產生的公共利益說、新公共權力說等行政法理論，均沒有更新行政權的管理與給付的屬性，只是擴大了管理與給付的範圍，豐富和深化了管理與給付的內涵。

（三）關於平衡論

　　平衡論的前期觀點是：第一，行政權與相對一方的權利義務在總體上應當是平衡的，既表現為行政機關與相對一方權利的平衡，也表現為行政機關與相對一方義務的平衡；既表現為行政機關自身權利義務的平衡，也表現為相對一方自身權利義務的平衡。第二，國家利益、公共利益與個人利益在根本上和總體上是一致的、統一的，這是平衡論存在的客觀基礎。第三，平衡包括公共利益與個人利益的平衡，以及效率與公正的平衡。第四，平衡是行政法的基本精神、實質及精義。[39]從平衡論的基本內容可知，行政主體的地位或權力與行政相對人的地位或權利不平衡、不平等、不對等是平衡的基本假設，因而才有平衡理論。正是因為這個基本假

---

[36] 按照公共權力說，行政行為被區分為「權力行為」和「管理行為」，前者是行政機關在立法機關的授權下執行國家意志的行為，受行政法約束，並接受行政審判的監督，而後者是行政機關作為社會生活的參與者和組織者而為的行為，屬於私法範疇，接受私法審判權的監督。國家在採取管理行為時，是一個法人國家；在採取公權力行為時，是一個公共權力國家（王名揚前引書，第24-25頁）。按照本文的行政法學觀點來理解，公共權力說的行政行為即分為管理、給付、以及行政權的來源各個部類。

[37] 公務說將行政權定位於「公共服務」，認為行政法是有關公共服務的法；公共服務是政府職能得以產生和存在的基礎，政府的職能是通過執行法律為公眾提供服務（Duguit：《公法的變遷》，鄭戈等譯，遼海出版社、春風文藝出版社，1999年版，第50-54頁）。公務說將行政法律關係確定為行政主體與相對人的「服務—合作」關係，準確地揭示了行政權的管理與給付的屬性。

[38] 政府法治論的核心思想是政府依法律產生、政府由法律控制、政府依法律治理並為人民服務、政府對法律負責、政府與公民法律地位平等（楊海坤：「行政法哲學的核心問題：政府存在和運行的正當性——兼論『政府法治論』的精髓和優勢」，載《上海師範大學學報》（哲社版），2007年第6期）。本文認為，其中「政府由法律控制」和「政府與公民法律地位平等」就是行政權的方式——管理與給付的指導思想；「政府依法律行政並為人民服務」就是管理與給付的行政權方式。

[39] 羅豪才主編：《現代行政法的平衡理論》，北京大學出版社，1997年版。

設的問題，導致國內行政法學界的平衡理論的問題，或者更準確地說，國內行政法學界對平衡論的理解存在問題。雖然國家統治權力終極地來源於人民，這是主權在民的普遍原理，進而，現代民主國家的行政權或直接、或一次間接地來源於人民。但不能否認，行政權一旦產生，行政主體便具有優越性。行政主體的優越性，並不表示行政權與公民權的地位不平等，也不表示行政權與公民權的不平衡，而是表示行政主體在行使行政權時並非事事、時時、處處需要再次經過人民同意或授權。平等，不能被解釋為公民權與行政權的平等，平等權是人民針對封建專制國家的要求，人民在平等思想的指引下，推翻了不平等的封建專制制度，獲得了民主，建立了民主國家。民主制度的穩定性意味著國家與社會關係的穩定性，雙雙保證國家權力定期地來源於人民權利。平等，在國民與行政主體的關係上，是一個靜態的概念；平等，在公民權與國家權力的關係上，是一種靜態的制度。在國民與行政主體的法律關係中，行政主體一方面為達到行政目的、完成行政任務，而立於優越性地位；另一方面，行政主體也是法律關係的主體之一，應受法律關係的基本原理的支配，即主體平等，相互制約。作為相對人，權利與義務統一；作為行政主體，權力與職責統一。行政主體的優越性對等地屬於行政相對人（即國民），國民擁有超越行政法的憲法上權利制衡行政主體。而從權利和權力的質與量上考察，無論是直接民體制，還是間接民體制，人民權利始終高於、優於、多於行政權力，且始終是行政權的來源。不能將行政權與公民權的衝突或可能衝突理解為行政權與公民權的不平衡性。公民權與行政權的衝突導源於權利與權力各自的本質。正因如此，憲法上將部分基本權作為防禦權，並確定了侵犯禁止的「本質內容」（德國基本法第19條）；也不能將公民權與行政權的衝突理解為私人利益與公共利益的衝突。前一種衝突是憲法上的問題，後一種衝突是行政法上的問題。前一種衝突引起控權問題，即控制行政權對公民權的侵害，後一種衝突產生平衡問題，即在私人利益與公共利益的選擇上追求並獲得最優狀態。

　　如何理解「平衡論」？或者說，在不變換「平衡論」名稱的前提下理解「平衡論」。其實，本世紀以來關於「平衡論」的一些研究成果已經

深化和豐富了1990年代「平衡論」初創時期的理論體系，接近「平衡論」的真義。第一，將平衡論作為行政法的核心和理論模式。[40]這種認識揭示了平衡理論不僅是行政法的基礎理論，而且也包含了其他種種行政法基礎理論。第二，明確將平衡理解為對權利—權力關係的平衡，從而建構起行政法的基本範疇。第三，將行政法機制歸結為制約行政權與激勵相對方參與行政的動態平衡機制。[41]這種理解揭示了行政法的功能為動態功能。第四，將公共治理納入平衡論，[42]擴大了平衡論需要平衡的對象關係，揭示了行政權及其運行的民主內涵。第五，將控權作為平衡論的核心。[43]

　　本文認為，對「平衡論」的理解應將「平衡」概念置於憲法和國家權力體系。「平衡論」中的「平衡」是超越行政法範疇的概念。換言之，僅有行政法不可能實現「平衡論」中的「平衡」。同時，平衡不只是憲法和法律上的靜態的平衡，也是國家權力運行中的動態的平衡。只有基於憲法和法律上的靜態平衡才能達到權力運行中的動態平衡；只有具備權力運行中的動態平衡機制才能保障憲法和法律上的靜態平衡設置。這種靜態與動態的平衡可用下圖表示。

　　在下圖中，行政權主體、權利主體（即相對人）、立法機構和司法機構都處於平等地位；行政權與職責統一於同一主體，即行政主體；權利與義務統一於同一主體，即行政相對人；行政權主體與權利主體構成相互作用和制約的關係；立法機構制定的法律使行政權主體與權利主體處於靜態的平衡狀態。行政主體行使管理職能時引起相對人的服從義務，行政主體履行給付職責時使相對人實現了權利。而權利與權力關係是圖示中的其他關係的基本關係。這一對關係是憲法上的關係而不是行政法上的關係，對

[40] 羅豪才：「行政法的核心與理論模式」，載《法學》，2002年第8期。

[41] 羅豪才：「關於行政法基礎理論及其相關的幾個問題」，載《現代行政法的平衡理論》（第三輯），北京大學出版社，2008年版，第1-16頁；及姜明安：「公法學研究的幾個基本問題」，載《法商研究》，2005年第3期。

[42] 羅豪才、宋功德：「公域之治的轉型——對公共治理與公法互動關係的一種透視」，載《中國法學》，2005年第5期。

[43] 潘雲華：「控權是平衡論的核心——關於行政法理論基礎的思考」，載《南京師大學報》，2000年第5期。

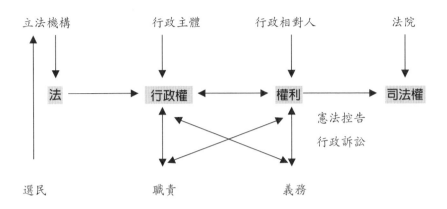

其的平衡需要超越行政法上的力量，包括靜態的力量和動態的力量。法對
行政權的制約，部分是在立法機構，部分是在司法機構；部分是靜態的，
部分是動態的，因為行政相對人在權利遭到行政權的侵害時可向司法機構
尋求救濟，提起憲法控告和行政訴訟。這個理解回答了行政權的基本問
題、也是平衡論沒有直接回答的問題：為何行政主體必須依法行政。而對
此問題的回答可以體現平衡論的精義：選民是構成一切權力的基礎。基於
此，平衡，實際上也平衡了立法權、行政權和司法權在國家權力體系中各
自的地位和比重。如果將相對人的權利分解為公權利和私權利，那麼可以
形成如下圖的架構。

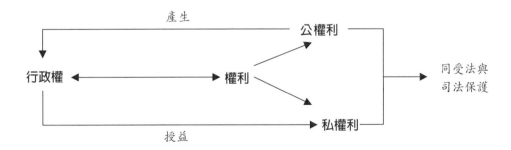

　　公民的公權利由平等權、選舉權、政治自由與權利構成；私權利則
是所有私域的權利，以及受益的權利。屬於私人利益的這些受益權利構成

公共利益。在這一對權利—權力的關係中，權力來源於權利。權利主體通過法與司法對行政權力加以制約，使行政主體依法向相對人履行給付的職責。行政權的運行在相對人、法及司法的同時制約之下。

從上面的分析我們可以知道，平衡，只能被理解為外力的作用。這個外力遠遠超出了行政法本身。我們可以說，當行政權與公民權的平衡是由外力作用而獲得的，那麼，這樣的平衡就是控權。作為名詞或形容詞的「平衡」狀態是作為動詞的「平衡」的結果；而動詞「平衡」的主語，與其說是行政法，還不如說是公民、法和司法機構。「平衡論」誕生在大陸行政法學界，其理論有與時俱進的發展空間。隨著對之研究的深入，必將形成權利制約權力、權力相互制約的憲法學和行政法學理論體系。

二、行政法學的範圍：民主、稅賦、比例性

綜上所析，控權的思想貫穿於行政法以及超越行政法的一切形式的公法之中，也是行政法理論各個流派的共同理念。不只於此，控權的思想也體現在制度的設置上。將本文所理解的控權論作為行政法理論基礎，本文將行政法學的範圍確定為「民主」、「稅賦」、「比例性」這三個範疇。每一個範疇構成一個相對獨立的內容體系，且又邏輯地相互關聯。簡要地說，行政權來源於民主，以稅賦為基礎，受比例性約束。而控權的思想體現在這三個範疇的任何方面。我將這三個範疇的基本內容（包括緒論）呈現給讀者，以資教學與研究參考：[44]

---

[44] 這是我給全日制法律碩士授課的「行政法學課程大綱」，目的是使所學專業研究生能夠從法本體論、法認識論、法價值論上掌握行政法的理念、行政法的本質及內在關聯。通過學習本課程，既能在運用行政權時，堅持行政權的價值，又能在非運用行政權時，審視政府運用行政權的價值。作為救濟手段的行政訴訟和司法審查的內容分布在三部分內容之中。課程大綱的主要參考資料有：城仲模主編：《行政法之一般法律原則》；葛克昌：《國家學與國家法——社會國、租稅國與法治國理念》；台灣行政法學會主編：《行政法爭議問題研究》；李震山：《行政法導論》；許玉鎮：《比例原則的法理研究》，中國社會科學出版社，2009年版；戚淵：《憲法新分類及其意義》，2004年。

緒論

一、基本行政學知識

1. 行政的種類：(1)公權力行政與私經濟行政；附釋：政府公司。
(2)干預行政、給付行政、計畫行政。(3)內部行政與外部行政。
(4)調控行政與轉介行政。(5)通過私人的行政。

2. 行政與公共性：(1)民主性與公共性。(2)公共性之法的基準。(3)公共性的實踐：行政組織、行政作用、行政程序、行政救濟、行政方法的變化、新行政治理模式。

二、行政法基礎理論

1. 控權論。
2. 管理論。
3. 平衡論。

三、行政法學的範圍

1. 民主。
2. 稅賦。
3. 比例性。

第一部分：民主

一、行政權的正當性基礎

1. 幾何學公理。
2. 人民與政府的關係：公民權與國家權力。(1)憲法基本原理；附釋：公共選擇理論：產生背景、主要成就、主要觀點、新公共管理與公共選擇理論區別、簡要評論。(2)電子化時代的人民與政府：電子化政府的內涵、電子化政府的三種運作型態、電子化政府所蘊涵的理念變革、電子化政府對資訊關係的影響、電子化政府對行政程序的影響、行政法的變革。

二、依法行政原則

1. 依法行政原則：(1)涵義。(2)依法行政原則的發展趨勢。
2. 依法行政之「法」的範圍：(1)「法源」的涵義。(2)依法行政之「法」的範圍：基本權、制定法、行政目的、經驗法則、經驗法則與行政法。

   附釋：行政規則：行政規則的概念、行政規則的法律性質、行政規則的種類、行政規則與其他法律的區別、行政規則的制定、行政規則的法律效力。

三、法律優越原則

1. 法律優越原則：(1)涵義。(2)法律位階理論。(3)法律優越原則的地位。
2. 主觀公權利：(1)涵義。(2)區分主觀公權利、法律上利益與反射利益的實益。(3)保護規範理論——區分的理論依據。(4)主觀公權利的構成要件。(5)主觀公權利的法源依據。(6)主觀公權利的種類。
3. 誠信原則與法律適用：界限與作用：(1)涵義。(2)誠信原則如何適用於行政法。(3)誠信原則在行政法上的作用。(4)誠信原則在行政法規中的體現。(5)顯示在行政作用中的誠信原則：私人的公法行為與誠信原則、公權力行使與誠信原則、自由裁量與誠信原則、撤銷權的限制與誠信原則、瑕疵行政行為的治癒及轉換與誠信原則、行政指導與誠信原則、課稅與誠信原則、行政契約與誠信原則。
4. 行政裁量：(1)行政裁量與不確定法律概念。(2)羈束處分、裁量處分與不確定法律概念。(3)裁量與不確定法律概念的區別。(4)裁量權行使的程序。(5)行政裁量的瑕疵與司法審查。(6)行政裁量的限制。

   附釋：窮變性裁量：概念、窮變性裁量權在行政裁量概念中的積極地位、「窮變性裁量權」與程序正當性的關係、「窮變性裁量」與行政判斷的關係、「窮變性裁量」與

　　　　平等原則的關係、窮變性裁量權對行政效率與依法行政
　　　　的影響。
　　5. 行政判斷：(1)行政適用法律的判斷與裁量。(2)行政針對法律構
　　　　成要件的判斷。(3)司法審查與判斷餘地。(4)行政判斷與行政裁
　　　　量的關係。
　　　　附釋1：軟法與公共治理：軟法的概念；公共治理的概念：公共
　　　　　　　　的概念、治理的概念、公共治理。
　　　　附釋2：「新概念行政法」理論：「新」的涵義、「新概念行政
　　　　　　　　法」的形成產生和發展的主要原因、「新概念行政法」
　　　　　　　　的發展趨勢。

四、法律保留原則

　　1. 法律保留原則的憲法理論依據：(1)民主原則。(2)法治原則。(3)
　　　　基本權保障。(4)功能結構取向的解釋方法。
　　2. 法律保留的範圍：(1)全面保留說。(2)干預保留說。(3)列舉立法
　　　　事項保留說。(4)權力保留說。(5)社會權保留說。(6)重要性理
　　　　論。(7)機關功能說。
　　3. 法律保留原則在個別領域的適用：(1)干預行政。(2)給付行政。
　　　　(3)國家機關組織。(4)其他重要事項。
　　4. 與法律保留相關聯的概念：(1)國會保留。(2)行政保留。
　　5. 法律保留原則的發展——服務政府的興起。

五、救濟途經

　　行政訴訟與司法審查。

第二部分：稅賦

一、國家與社會二元理論

　　1. 「二元理論」概述：(1)二元論過時說。(2)二元論必要說。(3)國
　　　　家與社會關係的演變。
　　2. 幾何學公理與物理學定律。

3. 國家與社會二元理論的歷史考察：(1)Hegel理論。(2)Stein理論。
(3)Marx理論。(4)Marx後的馬克思主義國家理論。(5)民主的演
進：新國家理論。

4. 二元理論的憲法意義：(1)國家與社會相互交集而非截然二分。
(2)基本權的保障應以國家與社會的區分為前提。(3)國家補充原
則與功能相符性。(4)國家決策過程。

二、憲法國體──稅賦國

1. 稅賦與民主：(1)民主是稅賦的基礎。(2)稅賦是民主的基礎。
附釋：民主與稅的類型。

2. 稅賦國的涵義：社會法治國。

3. 稅賦國的特徵。附釋：稅賦國之內在限制。

三、稅賦公正

1. 課稅權之憲法界限：(1)憲法上的神秘三角。(2)民生福利國家與
稅賦國家的整合。(3)稅賦國家與基本權保障的整合。(4)擔稅能
力與民生福利國家目標的整合。

2. 對償原則與量能原則。附釋：量能原則與所得稅法。

3. 稅賦公正與管制誘導性稅賦：(1)概述。(2)管制誘導性稅賦的正
當合理性基礎。(3)管制誘導性稅法的違憲審查。

4. 稅賦公正與信賴保護。

四、給付行政

1. 給付行政的涵義。

2. 給付行政：公法形式與私法形式。

3. 稅賦公正與社會福利給付：(1)概述。(2)社會福利給付的內容。
(3)給付行政與資源配置。(4)社會給付請求權的稅賦前提。
附釋：國庫理論：國庫理論的起源、國庫行為的型態、基本權
對國庫的效力。

4. 行政私法：(1)背景。(2)概念。(3)行政私法的界限及所受公法的
約束。(4)「行政私法」在行政法學體系中的意義。

五、行政法上的信賴原則

1. 信賴保護原則的基本涵義。

2. 信賴保護原則的憲法基礎：(1)法治原則。(2)基本權保障原則。

3. 信賴保護原則在行政法上的地位。

4. 信賴保護原則的要件。

5. 信賴保護原則的具體適用。

6. 信賴原則在大陸的發展。

　　附釋1：合法預期原則：概述、合法預期的構成、合法預期原則
　　　　　與法律的確定性、合法預期的適用範圍、公法上合法預
　　　　　期與私法的理論淵源關係、合法預期的保護。

　　附釋2：行政法上的承諾：承諾的概念、承諾的要素、行政法上
　　　　　承諾的法律性質、作成承諾的法律依據、行政法上承諾
　　　　　的法律效果與法律救濟。

六、救濟途經

行政訴訟與司法審查。

第三部分：比例性

一、「比例性」概念之基本含義

1. 「比例性」與數學定理。

2. 語義：哲學與經濟學。

3. 法學上的比例概念：(1)同位階法律規範之間的比例概念。(2)法
　　律規範本身內涵的比例概念。(3)不同位階法律規範之間的比例
　　概念。

4. 比例性概念的特徵：比例原則。

二、比例原則

1. 概述。

2. 簡史。

3. 比例原則的內涵──三個子原則：(1)妥當性原則：妥當性原則

的目的性、妥當性原則的審查時限、妥當性原則的審查程度。(2)必要性原則：相同有效性的認定、最小侵害性的認定。(3)衡量性原則：衡量性原則的內容、衡量性原則的運用、司法審查應考量的因素、衡量兩者的適用標準。

附釋：期待可能性：涵義與意義、期待可能性與利益衡量、期待可能性在行政法上的適用、期待可能性與誠信原則、期待可能性與情事變更原則、期待可能性與徵收。

4. 比例原則的適用層級與適用領域。

三、比例原則的法理基礎

1. 正義：(1)比例原則系實體正義對程序正義的矯正。(2)比例原則通過對個案正義的追求實現社會總體正義的增長。

2. 平等：(1)遵循比例原則中的「差別對待」理念是平等的深刻內涵。(2)平等與權利—權力關係。

3. 基本權理念：(1)比例原則是對國家公權力限制基本權的限制。(2)比例原則具有認定和補充基本權的功能。

四、比例原則的限制

1. 操作上的限制：(1)比例原則的主觀特性。(2)比例原則的彈性特性。

2. 保護功能上的限制：(1)比例原則的概略性。(2)比例原則的消極性。

五、比例原則對經濟行政的意義

1. 比例原則的適用功能：(1)約束政府彌補市場缺陷。(2)對強制行政的制約。(3)成本—收益的考量。

2. 比例原則的適用價值：(1)公益—私益的雙贏。(2)理性秩序的建構。

附釋：經濟公法：基本原理和原則（經濟公法——公、私法之外的第三領域、公法理論與私法理論合一的一元法學理論、公法理論與私法理論分立的二元法學理論、制定法

的基本結構、經濟公法的地位）；經濟公法的法律關係結構（強義務─強權利）；經濟公法的範疇（社會保障法、社會福利法、公益事業法、勞動法、工會法、教育法等等）；經濟公法的法理基礎（政府責任理論、個人本位理論、實質平等原理、福利國家理論）；經濟公法上國家行為的歸責原則（無過失責任原則、無過錯責任原則、嚴格責任原則）。

六、比例性與人類社會

1. 比例性與文化多元化。
2. 比例性與世界多極化。
3. 比例性與民主政治體制的建構。

本文將行政法學的範圍確定為「民主」、「稅賦」、「比例性」這三個範疇，其理由如下：

（一）民主

將民主作為行政法學的範疇，從理論和制度設置上解決了行政法學研究的一系列重大問題：社會共同體為何需要行政權；行政主體為何必須依法行政；如何保障依法行政等等。憲法學常識告訴我們，受民主觀念影響的階級分權使國家得以從社會中剝離出來；民主的演進，使國家職能分別由立法機構、行政機構和司法機構承擔；以普選為基礎的民主制度直接或間接（一次）地產生了國家權力體系中的立法權與行政權，從而建立了人民與政府的直接或間接（一次）的關係；基於民主普選的立法機構制定法律被視為是人民意志的體現。立法機構的立法權不僅要受定期普選的民主制度的制約，而且，法律本身不得違背屬於人民的自然權利或天賦權利。後者構成法的最高部分，也是民主制度的當然內容，直接制約立法權和行政權的運行。沒有民主，就沒有國家與社會的分離，就沒有國家權力的分立與制衡，就沒有人民與政府的正當關係，就沒有行政權的正當運行。行

政權的正當運行不僅要受剛性的民主制度的制約——依法行政原則及兩個子原則（法律優越原則和法律保留原則），也是基於民主制度產生和存在；不通過民主原理，就無法說明為何要受這些原則的制約；而且還要受法的制約。依法行政之法的內涵，超越了制定法，還包括基本權、行政目的和經驗法則。[45]「法源」一詞有四層涵義：1.從人類的觀念及行為模式，探討社會規範（宗教、道德、習俗及法令等）的來源。2.在各種社會規範中，選擇可以作為實證法規範的認知基礎。3.構成某種法律領域中，各項實證法規範（法律、命令及規章等）的總稱。4.對法律秩序的維持，經價值判斷而獲致的準則（理性、正義、平等及安定等）。[46]由此可見，本文所列舉的依法行政原則之法的內涵符合法源之釋義。當然，行政法的法源還包括其他內容，比如習慣與慣例、國際公約與條約等。本文述及的是依法行政之法的主要內容。

第一，基本權作為依法行政之法的意義。基本權包括人性尊嚴、人性基本價值、人格尊嚴、人格自我發展權、人身自由、政治自由和權利等。基本權的價值宣稱：有某些關於人和人類社會的權利和正義的特定原則根植於人類自身，是先驗地存在的，可以經驗地享有的。基本權約束和控制著人和人類的行為，他們存在於所有人的意志之外，但與公理和正義本身卻互相浸透融通，他們是永恆不變的。相對於這些特定價值而言，制定法不過是這些特定價值的具體化，而且制定法律的行為，不是體現個人意志和權力的行為，而是發現和宣布這些特定價值的行為。對於人民，基本權是不可或缺、不可轉讓、不可處分的價值。縱使人民自願轉讓，國家也不能允許。[47]因為如果人民放棄基本權，暴政隨即出現。基本權之於行政的制約效力高於其他任何法源。

第二，依「行政目的」行政是依法行政原則的現代內涵。在一些特定的行政領域裡，當立法規制相對薄弱時，行政機關的裁量權相對較大，行

---

[45] 程明修：「論行政目的」，陳柏菁：「『經驗法則』初探」，載城仲模主編：《行政法之一般法律原則（二）》，三民書局，1997年版。

[46] 吳庚：《行政法之理論與實用》，中國人民大學出版社，2005年版，第26-27頁。

[47] BVerwGE 64, 274, (229); BVerwGE 64, 274 (Rn. 12).

政機關即可發揮「行政目的」的特殊功能：首先，「行政目的」作為裁量的基準。其次，在法無明文規定（或禁止）時，行政主體仍有可能依所追求的「行政目的」而活動。再次，「行政目的」是可能的政策上的表現，行政主體為實現此一政策，應具有裁量的空間。[48]依「行政目的」行政，給行政主體實現法律目的提供一定的自主性。但是，行政目的也必須符合立法目的，並受法律一般原則的拘束。立法目的具有普遍性，行政目的則具有特殊性；立法目的追求普遍正義，行政目的則可以追求個案正義。而追求公益的行政目的，往往與民主相連結。透過民主原則，可以使社會共同體中大量的私益或者大量的經濟利益成為公共福利。[49]行政目的必須與民主原則相一致。

　　第三，「經驗法則」之於行政權運行的意義。經驗法則的範圍包括自然科學中的自然定律、支配人的思考作用的邏輯法則、數學上的定理、社會生活中的義理慣例、交易習慣以及學術、技術語言等活動的一切定則。[50]「經驗法則」是由社會共同體中的平均人的生活歷練累積而成的基本判斷法則；是該等平均人透過價值過程的思維作用確認而成的，價值判斷是經驗法則在形成與運用上的核心內容；是該等平均人引用作為預測、判斷、評價的一定且特別事件及關係的基準。[51]「經驗法則」作為依法行政之法的內涵，可使人民藉其經驗形成的社會規範來認識實證法的規範意義。經驗法則在行政權運行中的考量即是行政目的的價值判斷，且絕大多數內容是為了實現公益的目的，因為公益是行政權運行的最高目的。當國民利益與行政權有衝突時，公益就如同誠信原則那樣，對行政主體有制約作用，而經驗法則作為一種價值判斷和利益衡量，就可以發揮行政法上的

---

[48] 程明修：「論行政目的」、陳柏菁：「『經驗法則』初探」，載城仲模主編：《行政法之一般法律原則（二）》，三民書局，1997年版。

[49] W. Leisner, *Privatinteressen als öffentliches Interesse*, in Walter Leisner, *STAAT: Schriften zu Staatslehre und Staatsrecht* (1957-1991), Herausgegeben von Josef Isensee, Berlin: Duncker & Humblot, 1994, S. 120.

[50] 陳柏菁：「『經驗法則』初探」，載城仲模主編：《行政法之一般法律原則（二）》，三民書局，1997年版，第355頁。

[51] 同上註，第356-357頁。

作用。在多元價值中選擇最符合大多數人認同的價值，在各種相互衝突的利益中作出最能實現行政目的的衡量。由此可見，經驗法則的運用既是民主、平等理念的體現，同時也受民主與平等原則的制約。

民主原理也是國家與社會二元論的基礎，國家與社會的關係結構呈二元並行的狀態最有利於國家與社會各自的發展。這個命題已在憲法學中獲得了證明。憲法上普遍選舉制度、平等原則、消極自由與積極自由的區分等，即是以國家與社會的二元論為前提。這個命題也可在幾何學中得到證明。幾何學中「只有兩條平行線才不相交（不中斷）」的公理證明了國家與社會平行才能並進。古希臘哲學家視「線是向一個方向延伸的量」。[52] 國家與社會各有各自不同的運行規律。向同一個方向上延伸，意味著國家與社會各自在向同一個方向上發展。而國家與社會的關係建立在民主制度之上。一方面，民主只能存在於國家與社會二元結構中；另一方面，民主又是國家與社會二元結構得以存在的保證。經由民主普選（直接或一次間接）產生的行政權只有在國家與社會二元結構中才能依法、正當、有效率地運行；也只有在二元結構中，才能形成權力分立與制衡的權力機制，保證行政主體依法行政。在國家之社會化或社會之國家化的體制中，不可能產生依法運行的行政權。

將民主與行政權運行連結起來，有助於我們解釋：為什麼一種相同的制度（例如行政指導）在大陸與在其他民主法治國家會產生截然不同的行政效果，而這是從事比較法研究不可忽視、不能迴避的問題；為什麼威瑪憲法在憲法史上首次廣泛規定人民的社會經濟權利，而威瑪憲法時期的德國的失業率卻高達600萬之鉅；[53]為什麼大陸最高權力機構於1998年簽署了《經濟社會文化權利國際公約》，[54]而日益加劇大學生就業困難的問題正是從此時開始的；為什麼大陸行政訴訟的受案範圍和行政賠償範圍如

---

[52] William Keith Chambers Guthrie, *A History of Greek Philosophy*, Vol. 1, Cambridge University Press, 1962, p. 263.

[53] 吳友法：《二十世紀德國史》，志一出版社，1995年版，第220頁。

[54] 《經濟社會文化權利國際公約》與《公民權利和政治權利國際公約》是兩個著名國際公約。大陸最高權力機構至今沒有簽署《公民權利和政治權利國際公約》。

此之小，[55]對這些問題的回答必須追溯到民主；只有民主才能化解這些問題。控權的思想和目的是在民主的政治制度中實現的，民主是控權的核心價值。

（二）稅賦

傳統的行政法體系以國家與社會分離的思想為理論基礎，基本上要求國家的活動應僅限於危害的防止。行政權的管理範圍僅限於國防、外交、財政、治安等少數領域，國家與社會劃分為公權力主體與私經濟主體。給付國家的興起，將前此屬於社會的任務納入國家的新興功能之中，並提供作為人類生存和自我決定能力的基本條件等生活資源，以維持人性尊嚴。據此，遂產生國家與社會交接處的公共任務，事實上已造成兩個領域的部分重疊。[56]於是，在理論上有二元論過時說，亦有二元論仍有必要說。[57]本文同意二元論無過時說，同時認為國家與社會關係的演進並未引起控權思想的削弱。首先，二元論產生於君主專制時期，為避免君主極權而設計，二元理論具有深刻的控權思想。其次，給付國家的興起，行政權範圍擴大，行政自由裁量的領域增多，行政主體利用獨占優勢決定的程度越高，對行政權運行的要求就越加嚴格。再次，行政權運用的方式：管理與給付，是以稅賦為基礎的；而稅賦——徵稅、納稅、稅金的使用，向來處於國民、立法機構和司法機構的嚴格控制之下。由於行政權的運行時時、事事都與稅賦密切關聯，而控權的思想體現在稅賦的每一個環節。所以，我將稅賦作為行政法學的第二個範疇。第一個範疇「民主」與「稅賦」的關係是：民主是稅賦的基礎。世界議會之母——英國議會的起源、英國第

---

[55] 本文根據憲法原理揭示行政賠償範圍的涵義與意義，用公式表達：行政賠償範圍=國家承擔行政責任的範圍=國民請求權的範圍。換言之，如果行政行為引起侵權後果不在賠償範圍內，意味著國家對自己的行為不負責任，從而也剝奪了國民的正當請求權，進而引起權力濫用與權利遭侵害的惡性循環。

[56] 徐朝興：《行政私法之研究》，政治大學法律學研究所碩士論文，1990年6月，第21頁。

[57] Ernst-Wolfgang Böckenförde, *Staat, Gesellschaft, Freiheit, Kapitel VII*, 1991.

一個憲法性文件——「自由大憲章」的誕生，都是民主與稅賦關係的表示。英國議會民主的發展，都是人民以稅賦為議題與國王鬥爭的結果。在現代國家，任何政府的徵稅必須經過議會的同意、由法律規定。稅賦是國家與社會、政府（廣義政府）與人民之間的關聯要素；稅賦是選民、議會、政府（狹義政府，僅指行政機構）之間的動態要素。圖示如下。

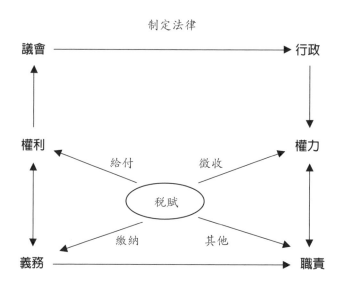

從上圖可知，行政機構的權力運行必須以稅賦為物質基礎。行政權的運行因為稅賦而同時受到選民與立法機構的控制。一般認為，作為管理的行政行為，依法行政原則有嚴格的控制；而給付行政行為，行政主體則有較為廣泛的自由裁量權，但是在實務中，行政主體也要受到相同的制約。在給付領域中，行政主體要同時受到公法和私法的規制，以及立法和司法機構的制約。不僅在法律中，而且在理論上形成了對給付行政行為的控權體系。首先，給付行政要受公法規制。德國學者Mans-Peter Ipsen認為，給付包含對特定相對人是否給付的決定以及實際給付兩個階段。其中第一階段為公法性質，應適用公法規定；第二階段為私法性質，適用私法規定[58]

---

[58] Mans Peter Ipsen, *Öffentliche Subventionierung Privater*, in: *Öffentliches Wirtschaftsrecht:*

只有當個人達到無力照顧自己時，國家公權力才介入。[59]據此，德國基本法上「輔助性原則」（第23條第1項）、日本行政法上的「補充性原則」和「禁止過剩給付原則」，[60]都是制約給付行政行為的著名理論。其次，給付行政具有侵權特性。在現代民主國家，候選人在定期的競選中，必須對選民作出種種承諾，以爭取多數支持，一旦當選，又必須兌現承諾。如此，一方面，引起政府增長，或者說是行政權擴張；[61]另一方面，因兌現承諾而引起的國民的「消費剛性」又促使政府不斷地給付。因此，福利國家高度發展的結果，福利國家自身已成為社會問題，福利國家有經濟危機走向社會政策、社會立法和社會管理系統危機的問題，但並未根本影響到憲法上的社會國內涵。[62]由於對給付的需求日增，而國家全部常規收入全部依賴稅賦，而若課稅增加，勢必侵犯一部分選民的財產權，損害市場秩序的穩定。因此，給付行政活動固然具有授益性，但同時亦隱藏侵害性質。[63]比例原則、以及上述各項原則對此均可適用。再次，行政裁量權

Entwicklungsbeiträge unter dem Grundgesetz, J. C. B. Mohr (Paul Siebeck) Tübingen, 1985, S. 127-129.

[59] Hans Peters, in: Peters/Heydte/Ridder/Bindschedler, Art. Staat (State), in: *Staatslexikon, Recht Wirtschaft Gesellschaft*, Herausgegeben von Der Görres-Gesellsechafr, Sechste, völlig neu bearbeitete und erweiterte Auflage, Siebter Band. Schwurgericht bis Venezuela, 1962, Verlag Herder Freiburg, S. 532-533.

[60] 楊建順：《日本行政法通論》，中國法制出版社，1998年版，第333頁。

[61] 這裡不是指公共利益的擴張。這裡需要指出的是，不能將行政權的擴張與公共利益的擴張混為一談。行政權不等同於公共利益，兩者是不同內涵的概念。還需要指出的是，這裡所說的政府增長與貪官污吏的貪污、挪用、浪費行為無關。後者屬於違法犯罪行為，不在本文的討論範圍內。

[62] Hans Peter Bull, *Sozialstaat-Krise oder Dissens?-Schwierikeiten bei der Verständigung über einen verfassungsrechtlichen Kernbegriff*, in *Der Staat des Grundgesetzes-Kontinuität und Wandel*, herausgegeben von Michael Brenner, Peter M. Huber und Markus Möstl Mohr Siebeck, 2004, S. 60, 75; Walter Leisner, *STAAT-Schriften zu Staatslehre und Staatsrecht (1957-1991)*, herausgegeben von Josef Isensee, Berlin: Duncker & Humblot, 1994, S. 579, 597.

[63] 劉宗德：「行政私法」，載台灣行政法學會主編：《行政法爭議問題研究（上）》，五南圖書出版公司，2000年版，第239頁。

的運用是否構成濫用由司法審查控制，在給付行政領域裡，固然存在廣泛的行政裁量權，雖然行政裁量權是作為權力分立、相互制衡的法治原則而存在，司法機構是被動審查行政裁量行為是否違法，如果行政裁量權無越權或濫用，一般屬於妥當性問題，留給行政主體追求效率的自主空間，[64]以免司法介入行政過深，失其均衡，[65]但行政訴訟法例一般均規定「裁量逾越」、「裁量濫用」、「裁量怠惰」為違法，並且，行政裁量若違反一般法律原則及憲法保障的基本權的意旨，亦構成裁量權濫用。[66]還有，行政裁量不構成一般法律原則或規則。行政裁量權的行使是針對個案進行的，此為行政裁量權之運用的本旨。如果將個案裁量一般化，甚至一般化為「不能行使裁量權」，亦將受法院的積極審查。[67]而此時，非將個案裁量一般化，又要注意不能違反實質平等原則，因為行政要受先例或柔性或剛性的制約。綜上可見，縱使行政機構擁有判斷和裁量的權力，其範圍也相當有限，既有立法授權和法律保留原則的限制，又受司法審查的嚴格控制。

　　從上面的簡要分析中可見，稅賦在行政權運行中的地位，以及基於稅賦的行政權，縱使是授益性行政行為，也要受到較為嚴格或嚴格的控制。稅賦既體現了權力對權利的制度意義，也體現了權利對權力的制度意義。將「稅賦」作為行政法學的範疇有助於我們理解：為什麼民主是稅賦的始基；為什麼社會權的擴大不僅沒有限制反而導致行政權的擴張；為什麼沒有民主，就不可能有稅賦（徵稅、納稅、稅金的使用）的正當性。

---

[64] 李震山：《行政法導論》，三民書局，1989年初版，第72-3頁。

[65] 需要指出，行政權追求效率的屬性並不與行政權的民主屬性相衝突。民主與效率實際上構成一個實體的兩面。因為在人人負責、人人作主的民主政府下，才能產生自發的精神，進而發揮高度的效率。民主的合作是效率的動力與淵源。真正的效率不產生於權力控制與鞭策。只有民主才能保證效率的獲得。這就是所謂「民主行政」概念的涵義。參見Ordway Tead, *Democratic Administration*, New York, Association Press, 1945, p. 71.

[66] 李震山：《行政法導論》，三民書局，1989年初版，第76-77頁。

[67] 同上註，第78-79頁。

（三）比例性

比例性在法學上也稱為比例原則。比例原則之於行政法猶如誠信原則之於民法。比例原則在行政法領域的適用範圍，已經超出了原來的員警行政行為，被推廣於一般行政行為，進而昇華為適用於一般公共行政活動的一般法原理。[68]在傳統的行政法理論中，比例原則常適用於干預行政、給付行政和計畫行政領域。[69]在干預行政中，為保證行政權的主動性，法律授權行政主體享有一定的裁量空間。但在此領域裡，行政行為侵害公民權利的可能性亦最大，因此，比例原則在此領域裡完全適用。在給付行政領域裡，由於給付行政是授益行為，給付源於稅賦，從而與人民的基本權關聯。因此，在此領域裡，實際上與干預行政一樣，該原則也完全適用。在計畫行政領域，法律規範的密度通常較低，行政主體因而在此領域享有較多的判斷權，但行政計畫必須符合行政目的，行政主體在決定時，要作適當性、必要性及利益衡量的考量。法國行政法上的「成本—收益對照評估審查」即是適例。[70]

大陸行政法學界的學者將比例原則的功能與價值擴展到了經濟行政法[71]領域，認為「妥當性原則要求政府干預經濟的手段能夠達到彌補市場缺陷的目的，必要性原則要求政府儘量採取對市場主體干預較小的手段，衡量性原則要求政府干預經濟也必須遵循『成本—收益』的分析方法」。[72]這是大陸行政法學研究的一項重要成果。不止於上述範圍，比例原則的運用也超越行政權與人民權利的直接關係，而適用於人民之間的權

---

[68] Shiono Hiroshi：《行政法》，楊建順譯、姜明安審校，法律出版社，1999年版，第82頁。

[69] 陳淳文：「比例原則」，載《行政法爭議問題研究（上）》，台灣行政法學會主編：五南圖書出版公司，2000年，第110-3頁。

[70] 同上註，第110-113頁。

[71] 本文所稱的「經濟行政法」，實際上是與政府權力發生關係的社會成員權利範疇內的法律，應更恰當地稱為經濟公法。

[72] 許玉鎮：《比例原則的法理研究》，中國社會科學出版社，2009年版，第166-186頁。

利關係。運用比例原則，在公益之間、公益與私益之間、私益與私益之間追求雙贏。

是故，一些國家將比例原則上升為憲法上的法律原則。[73]比例原則既是行政法理念，也是實證法規則。作為前者，他源於「正義」、「公正」等一般法理念。古希臘哲學家認為，公正就是合比例；不公正就是破壞比例。[74]作為後者，比例原則在法院的適用中被實證法化。正是因為比例原則是憲法位階的法律規範，因此不僅能夠拘束行政權的運用，也可以拘束立法權的行使，以及約束司法機構適用比例原則衡量立法和行政行為。本文認為，比例原則之於行政權的約束效力並不亞於依法行政原則。一般認為，制定法對於行政權的運行具有剛性約束效力。這樣的認識並不能算錯；但如前所述，本文將依法行政之法的內涵擴大到了實證法以外的更多領域，依法行政之法有了「柔性」內容，並不是說法對行政權就失去了剛性約束的特性。正如源於法理念的比例原則被實證法化一樣，法對行政權的約束與行政機構所受比例原則的約束，部分是由司法權完成的。在司法實務中，英國行政法上以「合理原則」作為行政裁量權的審查基準，用以制裁不合理的行政行為。而美國更發展出一套審查標準，用「合理性標準」、「平衡原則」與「最不激烈手段原則」等基準來規範行政行為。[75]在大陸法系國家，法國行政法院有「過渡權力訴訟」、「明顯評價錯誤之審查」、「成本—利益對照評估之審查」。[76]比例原則對行政權的控制既具剛性也具柔性，既可通過立法機構也可通過司法機構，其具有與依法行政原則相等的功能地位。

毋庸諱言，比例原則在大陸行政法領域基本上是空白，在行政法學

---

[73] 德國《基本法》第1條第1項、第3條第1項、第19條第2項、第20條第3項；法國《1789年人權宣言》第8、9、14、17條。

[74] Aristotle, *The Nicomachean Ethics/with an English translation by H. Rackham*, London: William Heinemann; New York: G. P. Putnam's Sons, 1926, p. 273.

[75] George A. Bermann, *The principle of proportionality*, in *American Journal of Comparative Law*, Vol. 26, Supplement, 1978, pp. 415-432.

[76] 陳淳文：「比例原則」，載《行政法爭議問題研究（上）》，台灣行政法學會主編：五南圖書出版公司，2000年，第99-100頁。

研究領域也相對薄弱。兩者形成負面性的相互影響。試舉一例：《中華人民共和國行政訴訟法》第54條第4項規定，人民法院經過審理，認定行政處罰顯失公正的，可以判決變更。這個條款即是違反比例原則的顯例。試作如下分析：該條款涉及立法權、行政權與司法權三權的關係，也涉及基本權理論，還涉及依法行政原則、法律優越原則和法律保留原則的拘束效力。從立法權與行政權的關係，也即法律對行政權的規範來看，「顯失公正」屬於合法律性範圍內的合理性問題，其對公民權利的侵害強度低於違法的行政行為，法律應對違法的行政行為給予嚴格的剛性制約；與此同時，法律應賦予司法機構採取最嚴格的審查基準；而對合法律性範圍內的合理性、正當性問題，應賦予司法機構採取中度或較寬的審查基準，使行政機構有一定的裁量範圍。這也是世界各國的通行做法。因此，法律對侵害強度高的行政行為應予剛性規制，而對侵害強度低的行政行為予以柔性規範，兩者在立法上應成比例，法律方為公正、正義的法律。[77]而司法機構變更權的行使也應針對侵害強度高的行政行為，對於侵害強度低的行政行為應免於變更或盡可能較少變更，以尊重行政機構的裁量權，免於司法權過度侵入行政權。正在制定中的《中華人民共和國行政強制法》[78]應賦予法院採取最嚴格審查基準，允許法院對行政主體的強制性行政行為適用全面的變更權。基本權在此的意義是，他規制了立法權；基本權高於立法權，從形式和實質兩方面拘束一切立法行為；同時，對於涉及基本權範圍的事項，均保留由憲法和法律規定，行政機構只能嚴格按照法律行政。保證和促進立法機關制定出公正與正義的法律，以及保證和促進行政機關在公正與正義的法律條件下依法行政是行政法學界的當然使命，也是行政法學研究的當然內容。

---

[77] Plato說過，第一流的立法者的首要任務在於培養比例意識。參見*The Works of Plato -A New and Literal Version*, Chiefly From the Text of Stallbaum, by George Burges, M. A. Trintty College, Cambridge, Vol. 5, *The Laws*. London: George Bell And Sons, York Street, Covent Garden, 1896, pp. 182-183.

[78] 該法已於2011年6月30日由第十一屆中華人民共和國人民代表大會常務委員會第21次會議通過，2012年1月1日起實施。

4

民主・共和・憲政[*]

内容摘要

本文闡述了民主、共和與憲政概念的新内涵。民族國家的國家權力向上、向下轉移及民主的水平運動，豐富了民主的内涵；民主概念的發展改變了國家、社會、主權和國民等概念的傳統涵義。人權及其世界保障的普遍化使正義與人性尊嚴的憲法價值成爲普世價值，從而成爲共和概念的新内涵。民主與共和必然導致憲政，全球化時代的憲政體現爲國内憲政和世界憲政兩個層次，世界人權法的憲法化和憲法的世界化使兩個層次的憲政已無明確的份際。

關鍵詞：民主、共和、憲政、憲法、人權

---

* 本文完成於2010年9月4日。

　　民主、共和、憲政的思想和體制既是憲法的核心價值，也是憲法學的基本概念。我在〈憲法新分類及其意義〉一文中，對民主、共和的概念、思想內容、制度型態、價值體系、理論意義、現實意義、以及他們的關係，作了較為深入的研究，並刷新了歷時一百餘年的傳統憲法分類理論。[1]今天，深入解析民主、共和、憲政的概念的新內涵，對於彌補憲法學研究的缺失、掀起政治民主化的浪潮、加速建構國家的民主體制，都具有特別重要和必要的意義。

一

　　民主的概念在傳統憲法理論中的基本涵義即是人民主權原則。主權，作為一個民族國家的最高權力，具體地由立法權、行政權與司法權構成。其中，立法權和行政權由人民直接或一次間接地選舉產生。民主的制度涵義就是權利與權力之間的直接關係。在傳統憲法理論中，民族國家的主權具有絕對性，民主純為一個民族國家的政治制度的表現型態。在今天，伴隨著全球化的進程，民主的概念已有了很大的發展，民主不再只是民族國家的制度型態，全球化給民主概念注入了新內涵，這主要表現在：

（一）國家權力向下轉移

　　經濟全球化對國家權力結構和權力運行的影響，除了表現為一般意義上的國家放鬆管制外，還表現為國家的政治權力向下轉移，原來在國家層面上行使的政治權力轉移到地方政府及非政府組織。[2]國家權力下移到地方政府，意味著中央與地方的分權，這應該是傳統民主概念的應有之義；而對於國家權力下移到非政府組織，則意味著國家權力社會化，後者引起社會民主化，非政府組織的形成與運行要受到社會成員之間的民主的制

---

[1]　何建華主編：《憲法》，法律出版社，2006年版，第25-26頁。

[2]　Jan Nederveen Pieterse, *Globalization as Hybridization*, Frank J. Lechner, John Boli eds., *The Globalization Reader*, Blackwell, 2000, p. 102.

約，「強化了社會組織的民主形成過程」。[3]社會組織的民主形成過程對國家民主政治的建構產生了直接影響：社會民主化訓練並成就了社會民主實體，由社會民主化建構的社會新體制成為國家權力結構的雛形，是潛在的國家新體制。

（二）國家權力向上和向外轉移

國家權力結構層次向上和向外移動，這不僅是指一些跨國企業和超出各國政府控制的全球性通訊系統的興起，而且還指國際機構和協商的作用日益增加，原來在民族國家的國家層面上運行的政治權力轉移到國際組織和機構。[4]民族國家受到了超國家主義的限制。[5]「超國家主義」超越了單純的經濟事務，還包括社會、政治領域中的廣泛事務。「涉及大量的政治、經濟、社會問題的的國際管理機構已經建立起來」。[6]民主的範圍超越了民族國家的邊界。換言之，對民族國家的民主要求不再只是國內民眾的民主要求，而且也涉及國際社會對民族國家的民主要求。這是民主概念的新內涵。國際組織和機構不僅參與民族國家的民主的建構，也參與運用民族國家的政治權力。「一個民族國家的民主變革包含著國際行動者的作用。」[7]

（三）民主的水平運動

開放的社會已具備了世界社會的某些特徵。與世界社會的「政治認

---

[3] 李建良：「自由、人權與市民社會」，載氏著：《憲法理論與實踐》（二），新學林出版公司，2007年版，第25頁。

[4] Paul Kennedy, *Preparing for the Twenty-First Century*, New York: Random House, 1993, pp. 130-132.

[5] James H. Mittelman, *The Globalization Syndrome: Transformation And Resistance*, Princeton University Press, 2000, p. 118

[6] Oisín Tansey, *Regime-Building*, Oxford University Press, 2009, p. 1.

[7] Ibid., p. 33.

同和團結與領土和文化受到限制的社群共同擴展」，[8]從而「提供了跨越國界的市民社會」，[9]進而成長為世界主義民主的基礎。世界主義民主的範圍在水平方向獲得了前所未有的擴展，「一個超越國家、區域或地方社會、或在國內層次之上的全球公民社會」[10]已經初步形成。人們可以作為公民行動，以便在普遍主義的公民框架內將共同治理和問題的解決與自己的特殊利益、身分和觀點聯繫起來；這涉及到民族國家統治下的那些被視作世界公民的政治自由的價值。[11]

民主概念的發展改變了國家、社會、主權和國民等概念的傳統涵義。

首先，個人由國民而成為世界公民。民族國家的國民在憲法理論中一直被論證為一國的主權者，是國家權力的來源。在全球化時代，由於主權式微，國界模糊，個人不再只是一個民族國家的社會成員，也是世界社會的一名成員。全球化也意味著社會成員的世界化，一個民族國家的國民也是世界公民，當個人作為國民時，他是一國的主權者，而當他作為世界社會的成員時，他便超越了主權者的身分。「人類互動已經建立起跨越國界的關係網絡，形成了一個相互聯繫的、多層次的公民社會空間。」[12]基於主體間性的全球公民社會的形成，消解了主權概念的絕對性，主權概念隨著主權者身分的發展而變化。民主的「原子論」由We the People（我們人民）發展到We the People of the United Nations（我們聯合國人民）。

---

[8] James Bohman, *Cosmopolitan Republicanism: Citizenship, Freedom and Global Political Authority*, The Monist, Vol. 84, No. 1, Civic Republicanism and Political Philosophy, 2001, p. 6.

[9] Ibid., p. 7.

[10] Helmut Anheier et al., *Introducing Global Civil Society*, in Anheier et al eds., *Global Civil Society,* SAGE Publications, 2005, pp. 4, 3.

[11] James Bohman, *Cosmopolitan Republicanism: Citizenship, Freedom and Global Political Authority*, The Monist, Vol. 84, No. 1, Civic Republicanism and Political Philosophy, 2001, p. 7.

[12] John Keane, *Global Civil Society?* Cambridge University Press, 2003, pp. 23-24; David Held, *Democracy and The Global Order*, Cambridge, UK: Polity Press, 2007, p. 329.

「國際共同體既是國家的共同體，也是各國國民個人的共同體。」[13]層出不窮的規模性民眾起義[14]既是We the People表達，也是We the People of the United Nations的表示。作為現行統治集團的社會基礎的國民的離心力在擴大，相對的統治集團的權力範圍在縮小。由於一國國民具有世界公民的身分，那麼現行統治集團基於世界社會的政治權力範圍也在相應地縮小，這意味著民主國家基於世界社會的政治權力的範圍在擴大。憲法學應以世界公民的權利為依據，論證起義民眾的訴求和表達權利的正當性，以獲得權利遏制權力的結論，而不是作相反的論述。更深入的認識為：在尚未建立民主的國家體制之前，或在建立民主體制的過程中，世界公民的地位可以保障國民的政治地位，因為憲法沒有規定的國民權利（如普選權），或雖有規定但國民根本無法行使的權利（如宗教、出版自由等），在世界人權法體系中都有規定，並有剛性保障機制。這是民主之於國民的新內涵。憲法學不僅要論證國民的政治權利的重要性和必要性，而且也要論證世界公民的概念的涵義與意義；以世界公民所擁有的政治權利，促進國家民主體制的建構和廣泛的國民的政治權利的實現。

其次，社會由民族國家的社會而成為世界社會。作為一國國民的個人的世界化，必然引起民族國家的社會的世界化。全球公民社會的成長促進了國家社群的跨國化，即促進了制度上的世界主義的形成。從經濟到文化等所有社會活動領域的關係與網絡幾乎都呈現明顯的制度化發展。[15]一方面，在世界社會存在的背景下，傳統經濟結構的變遷引起社會結構的變遷，公眾的利益與價值取向的多元化，改變了現行政治體制的傳統公眾

---

[13] Samantha Besson, *Whose Constitution(s)?* in Jefferey L. Dunoff, Joel Joel P. Trachtman eds., *Constitutionalism, International Law, and Global Governance*, Cambridge University Press, 2009, p. 395.

[14] 官方及媒體均稱爲「群體性事件」，這樣表述便模糊了主體性及其關係。「事件」的雙方主體，一爲權利載體，一爲權力載體。用「民眾起義」清晰地表達了雙方主體及權利與權力關係。這些「規模性民眾起義」明顯是歷史上「官逼民反」的延續。

[15] Anthony McGrew, David Goldblatt and Jonathan Perraton, *Global Transformations: Politics, Economic And Culture*, UK: Polity Press, 1999, p. 57.

基礎，對現行政體與政治的冷漠、疏離與排斥使政治中心已不復存在。這是本文所謂的「社會民主化」的表現之一。現行政體的運行只是在一個很小的範圍內強制地推行。另一方面，國家層面上的權力向下轉移與社會民主化同步進行，使一些社會組織和國民獲得了運用權利與權力的意識和機會。而在今日的全球化時代，基於世界社會的形成，社會民主化意味著權力社會化，權力社會化意味著權力世界化。世界社會雖然並不否認文化相對主義，但同時認為存在超越文化相對主義的普遍主義價值原則：正義，為世界社會所有成員的行動確定了基本標準。統治集團「已經不再能夠通過設定邊界控制和調節社會過程」，[16]社會民主化引起憲法的「社會化」，使憲法不再只是國家權力及其存在和運行的規範基礎，也是社會公共權力及其存在和運行的規範基礎。憲法學在此的任務是，通過論證公共組織的民主正當性，來論證國家權力的民主正當性，特別是選舉的涵義與意義，因為公共組織（包括政黨）的產生也是基於競爭性的選舉，從而為民眾正確地理解民主與選舉的關係，進而正確地行使政治權利提供指引。近年來，社會持續地世界化，人民已具備了世界公民的基本素質，已具有強烈的意識接受具有世界標準的民主價值。這是社會民主化的結果，也是全球化時代社會世界化的結果。

再次，國家的世界化。民主促進了主權的分化，「昔日國家的壟斷地位開始受到大量政府間組織、國際組織與機構、超國家性質的區域機制的挑戰，許多次級國家行動者和壓力集團也積極活躍於國際領域。」[17]國家隨社會一起世界化。「全球政治」、「全球治理」、「全球層級」、「全球憲政」、「世界主義治理」已是憲法學的時髦詞彙。「民族國家體制的上面與下面，都存在著許多層迭的聯邦主義式的政治權力和權威。」[18]

---

[16] Bowman, *Cosmopolitan Republicanism: Citizenship, Freedom and Global Political Authority, The Monist*, Vol. 84, No. 1, *Civic Republicanism and Political Philosophy*, 2001, p. 8.

[17] Anthony McGrew, David Goldblatt and Jonathan Perraton, *Global Transformations: Politics, Economic And Culture*, UK: Polity Press, 1999, p. 50.

[18] David Held, *Democracy, the Nation State and the Global System*, in D. Held ed., *Political Theory Today*, CA: Stanford University Press 1991, pp. 197-235; Thomas Pogge,

主權的分化給主權概念注入了新的內涵。社會的民主化正有力地推動著國家的民主化。沒有民主基礎的統治集團的權力，會隨著社會民主化和社會世界化的加速而遞減。這種變化使國家層面上的權力面臨著政治轉型（輕度）還是政府轉型（重度）的問題，如何使國家體制與逐步民主化的次國家體制和民主化的超國家體制融貫，已是統治集團不得不面對的問題。民主概念的新內涵表明國際行動者不可阻擋地會在民主化過程中發揮巨大的國際管理作用。[19]民主本身被廣泛認為是一種理想的統治體制，其今日作為一種國際規範比以往任何時候都有力。[20]自1980年到2002年，世界上已經有81個國家建立了民主體制，[21]憲法學界不僅應張開雙臂迎接這個時代，更應披荊斬棘、擔負責任、神聖地投入建立民主國家這個過程。而在憲法理論研究領域，憲法學應重視基本權作為主觀權利的屬性。主觀權利是基於自然權利、超越一切實定法上權利的權利，同時也是內在於人的權利意識，可以喚醒和引導一切沒有實定法依據的權利活動。基本權同時具有主觀權利和客觀規範的功能，[22]意味著主觀權利是所有客觀規範的來源，客觀規範是主觀權利的法律保障。更為重要的是，主觀權利賦予了國民建構客觀規範的主動性。換言之，如果客觀規範不符合主觀權利的價值內涵，人民可以主觀權利為依據，對之進行變革和重構。於是，改革現狀的權利和要求改革現狀的權利都是人民的主觀權利，他們超越了一切實定法上規定，也就是說，主觀權利可以是現存制度以外的權利。

Cosmopolitanism and Sovereignty, Ethics, 103, 1992, pp. 48-75.

[19] Tansey, *Regime-Building: Democratization Theory and International Administration*, Oxford University Press, 2009, in Cha. 2., pp. 33-59.

[20] Michael McFaul, *Democracy of Promotion as a world Value*; *The Washington Quarterly* Vol. 28, No. 1, winter 2004-2005, pp. 147-163.

[21] United Nations: *Human Development Report 2002: Deepening Democracy in a Fragmented World,* Oxford University Press.

[22] Robert Alexy, *Grundrechte als subjektive Rechte und als objektive Normen*, in Robert Alexy, *Recht, Vernunft, Diskurs*, Suhrkamp, 1995, S. 233-262.

二

　　共和是高於民主的價值。共和可以化補民主的侷限。在民主的民族
國家，共和是基於民主的一種制度。共和消除了因民主的多數決定原則而
引起的不平衡發展，是保護少數、使多數與少數能夠平等參與、維護社會
公正的一種機制。在國內政治中，共和制度可以導致民主的社會主義。與
此同時，在國內事務中，共和的運用也影響到權力的格局，其變化是，以
民主為基礎的立法權部分地轉化為行政權和司法權。國家功能的擴大是以
行政權的擴大實現的，這給行政機構運用共和提供了憲法上的支援。所謂
「行政國家」，實質上是相對於民主型態（議會中心主義）的共和型態。
而違憲審查權（司法權）的運用保障了立法機構的民主與行政機構的共和
符合比例地進行。在國際政治中，共和在於除去衝突，使世界和平發展。
在今天的多元思想中，共和思想處在思想之顛；在今天的多元制度中，共
和制度處在制度之顛。在今天的全球化時代，共和的基本價值仍然是自
由。共和概念的新內涵是：

（一）世界主義

　　在共和思想中，世界是一種跨越國界的市民社會、全球公共領域和正
式制度內部的多元主義的聯合，世界社會是每個人都能夠平等地參與自治
的世界政治社群，其允許人民服從超民族的權威並批准這種公共權力的運
用。[23]

（二）正義與人性尊嚴成為普世價值

　　這是共和的基本要求。在現代民主國家的憲法中，均將正義與人性尊
嚴作為核心價值，是憲法固有的價值決定。這些先於立法的核心內容是一

---

[23] James Bohman, *Cosmopolitan Republicanism: Citizenship, Freedom and Global Political Authority, The Monist*, Vol. 84, No. 1, *Civic Republicanism and Political Philosophy*, 2001, p. 7.

切憲法規範的來源，是行政權運行的基礎、司法權運行的依據。今天，這些核心價值隨人權的普遍化而成為普世價值，從而也是世界主義的共和主義基本準則。各國國民對最低限度的正義的要求，迫使民族國家必須遵守基本標準來對待本國國民，而這個基本標準就是《聯合國憲章》和世界人權法的基本要求。在個人權利方面，「國際標準取代了各國自己基於傳統主權的標準」。[24]

（三）人權的普遍化

人權是人性尊嚴的具體化。因此，人性尊嚴的憲法位階決定了人權的憲法位階。人權的普遍化不僅表現在垂直方向上，即世界人權法被援引到國內法中，成為國內法的一個組成部分，而普遍性的人權標準是國內法院援引的依據，憲法中的人權規定則成為國際法轉換為國內法的條款；而且也表現為水平方向的普遍化，即比較法的過程。不同國家的法律人均可輕易地接觸到其他國家的憲法實務，容易受到主流的、先進的國家所影響。法院更有可能去適用比較法，援引先進國家的範例。[25]

（四）人權保障的普遍化

傳統的國際法觀點認為，只有國家才是國際法主體。個人並不能成為國際法的主體。「二戰」以後，《聯合國憲章》確認了基本人權、人性尊嚴等核心價值；《世界人權宣言》及《經濟社會文化權利國際公約》、《公民權利與政治權利國際公約》進一步將人權的保障國際化。同時，《公民權利與政治權利國際公約任意議定書》第2條賦予其所設置的「人權事務委員會」擁有接受被侵害權利的個人之提告的權能。一些民族國家

---

[24] Louis Henkin, *That "S" Word: Sovereignty and Globalization, and Human Right*, Et Cetera, 68 Fordham Law Review, I. 3-4. 1999; Frank J. Garcia, *The Global Market and Human Rights: Trading Away the Human Rights Principle*, 25 Brooklyn J. INT'L L. 51, 53-56, 1999.

[25] Anne-Marie Slaughter, *40th Anniversary Perspective: Judicial Globalization*, 40 VA. J. INT'L L. 1116, 2000; Donna Gomien et al., *Law and Practice of the European Convention on Human Rights and the European Social Charter, 1996.*; Francis G. Jacobs, Robin C. A. White, *The European Convention on Human Rights*, 2nd Edition, 1996.

不僅在本國憲法和憲法性文件及區域性人權公約中規定了人權的國際保障條款，同時還積極加入國際人權監督體系，接受人權法院的管轄。歐洲國家或加入了聯合國所有個人申訴體系，或加入了團體訴訟體系。[26]到2007年11月7日，共有111個國家加入《公民權利與政治權利國際公約任意議定書》的個人申訴制度。[27]這種體制表明個人也是國際法主體。區域人權保障具有兩個特點：強制參與制度和人權法院制度。[28]後者已經國際化。歐洲有「歐洲人權法院」，美洲有「美洲人權法院」，非洲有「非洲人權及民族權利法院」，聯合國有「人權理事會」。聯合國「人權理事會」的設置，以及人權保障機構的普遍化，已經成為廣泛直接適用世界人權法的基礎，也等於具有對所有成員國的管轄權。於此，憲法學界應該論證世界人權法對憲法的直接效力，這不僅有助於建立民主的政治體制，也有助於國家真正地承擔國際義務。世界人權法包括與人權有關的國際條約和公約、國際習慣法及國際法上的一般原理原則，他們對民族國家的一切權力機構及其權力行為都具有法律約束力。這是共和的新內涵。共和已不只是民族國家憲法上的制度，而且還是世界人權法上的制度。

（五）共和改變了主權的位階

在全球化時代，主權概念在民族國家內部與外部都發生了變化。在民族國家內部，由於世界社會的形成，國民同時作為世界公民可以同時在國內社會與國際社會行使權利，世界人權法與上述世界人權機構的存在即是這些權利的依據和保證。如此，國民的權利在政治領域內已經超越了民主概念的內涵。在民主國家，這樣的權利基於民主，超越民主。而在沒有民主的普選制度的地方，國民的權利不能與主權直接連結起來，那麼，這樣的權利方式就是「直接」共和。「全球化的事實直接導致我們需要

---

[26] 廖福特：「憲法解釋機關之國際人權挑戰」，載《憲法解釋之理論與實務》（六），2009年，第290-295頁。

[27] http://www2.ohchr.org/english/bodies/hre/state2.htm（瀏覽日期：2010/8/26）。

[28] 廖福特：「憲法解釋機關之國際人權挑戰」，載《憲法解釋之理論與實務》（六），2009年，第294-295頁。

有更多的新的民主與公民權的世界主義形式。」[29]此為人民主權原則的擴大解釋。在這個原則中，「人民」有了國民和世界公民的雙重地位；「主權」有了民主與共和的雙重屬性。「主權越來越少地被確定為一種地域性障礙。」[30]主權不再是國家合法性的唯一保證，合法的國家必須擁有一定的價值標準，這是主權概念的新內涵。共和的運用，既可建構民主，也可保障民權，還可彌補權利的不足。共和維護社會結構中原本應有的正義狀態；當原本的正義狀態被破壞時，只有共和才能將其恢復。任何民眾都可以運用共和價值，以維護社會的基本正義。因為正義是社會基本結構的原初主體（*primary subject*），其效力從一開始就是深度存在的。[31]民眾對分配正義的要求是建構民主政體的前奏，因為只有民主政治才能解決基本的分配正義。今日所謂的社會共通價值已不是一國之內的社會的價值，而是世界社會的共通價值。這些共通價值已經深刻地影響著民眾。而在民族國家之外，由於在社會、經濟、政治、文化、人權等領域都已建立了世界體制，這些機構的運行是全球政治和全球治理的反映，也是共和主義的世界主義思想的體現。[32]共和使主權概念由民主範疇提升至共和範疇。換言之，傳統的主權概念只是民主範疇的概念，全球化時代的主權概念既是民主範疇的概念，也是共和範疇的概念。共和將正義、人權、主權概念均納入到它的運行之中。共和豐富了基於民主的政治權力的內涵。憲法學應該深入研究共和之於人權普遍化和人權問題世界化的意義、共和與民主和人權之間的關聯。對共和有充分的認識，才能推進民主，建構民主與共和互補屬性的政治體制。

　　共和要求國家權力的建構以民主為基礎，主權必須基於人民的權

---

[29] James Bohman, *Improving Democratic Practice*, in *The Social Science and Democracy*, Jeroen van Bouwel ed., Macmillan, 2009, p. 89.

[30] Robert O. Keohane, *Hobbes' Dilemma and International Change in World Politics*, in H-H. Holm and Georg Sørensen eds., *Whose World Order?* Westview Press, 1995, p. 177.

[31] John Rawls, *A Theory of Justice,* Harvard University Press, 1971, p. 7.

[32] James Bohman, *Cosmopolitan Republicanism: Citizenship, Freedom and Global Political Authority*, The Monist, Vol. 84, No. 1, Civic Republicanism and Political Philosophy, 2001.

利，也即，對內，主權必須與民權相連結，政府產生於一人一票的普選權。「共和」要求國家尊重每一個人的權利與自由，使每一個人都能平等地參與公共事務，並有充分自治的權利與自由。1949年10月以後的幾部中華人民共和國憲法雖然也有公民權利的條款，但事實上，民眾行使這些權利與自由相當困難。對此，我們從規模性民眾起義「數量急劇增加，規模不斷擴大」[33]便可察知。即使是官方的統計資料也令人驚訝：從1993年到2003年，由1萬起上升到6萬起，人數由73萬上升到307萬；2006年全國發生規模性民眾起義6萬起，2007年為8萬起。[34]更為嚴重的是，對一些規模性民眾起義的處理，完全違背了共和的理念，踐踏人權的狀況屢見不鮮。這些規模性民眾起義的性質雖然主要是人民的社會經濟權利遭受侵害後的表示，但對權力腐敗和政治黑暗的反抗意味著民眾的行動具有政治權利的涵義和意義。憲法學應該引導人民產生這樣的認識：沒有政治權利，便沒有經濟權利；政治權利是經濟社會權利的保障，而不是相反，使民眾通過認識民主、運用民主，而認識共和對國家的要求。憲法學界不僅要維護人民的權利與自由，而且要使人民意識到自己應與他人平等地擁有一切政治權利與自由。憲法學研究不僅要重視民主國家憲法文本中的共和制度及其思想價值，而且也要重視這些國家的政治體對共和思想及其價值的運用。共和制度及思想補足了民主制度下基本權保障的不足，[35]是實現社會整體正義的制度前提。共和不是一種制度或一種政治組織的外在價值，共和思想與方法融貫在制度或政治組織本身。換言之，共和不能容忍一種制度或一種政治組織沒有共和精神。在共和主義者看來，權力行為，不是民主的，就是共和的。

共和概念的新內涵也為比較法研究帶來了新課題。憲法學一直以民族

---

[33] 章志遠、高中紅：「團體訴訟：群體性事件有效化解的一種途經」，2010年行政法學會年會論文。

[34] 汝信等編：《2005年社會藍皮書》，社會科學文獻出版社，2006年版，第235頁、《2009年社會藍皮書》，2010年版，第10頁。

[35] André Van de Putte：「共和主義的自由觀對自由主義的自由觀」，劉宗坤譯，載趙敦華編：《歐洲哲學與宗教講演錄》，北京大學出版社，2000年版。

國家為單元研究憲法、國家、社會、國民等概念及其具體的制度和理論。但實際上，這些概念已超越了民族國家的範疇。當比較法研究還在探討一個民主國家的政治制度是否可以被借鑑時，前者的政治制度的影響力已在後者的國度裡或隱或顯地發生著作用。所謂比較法研究，一直是國別法律制度的比較，但共和概念的新內涵表明，在國別具體的法律制度之上，還有其他國際體制豎立其上，還有無法阻擋的進步思想滲透其中。因此，即便是一個非常具體的制度的比較，也必須對制度背後更高位階、更深層次的體制、思想、價值取向進行比較。也就是說，當研究者試圖對一個民主國家的一項具體法律制度進行論證時，必須先引起對建立民主政治體制的論證，因為具體的法律制度只有在基本相同的政治體制中才能有效地運行。

三

民主、共和引起憲政，並與憲政相伴隨。近現代憲政的特質是：第一，憲法至上。憲政概念的基本涵義包括有限但有效的政府，尊重法治，對基本權的保護。[36]憲政意味著從理論的和哲學的政治模式到規範性理論或思想方式，在各種意義上都要從屬於憲法。[37]需要說明的是，近現代憲政是民族國家的憲治政治，憲法必然是一國的最高法，因此，民主、共和都是國內憲法規範中的概念。第二，依憲治國。近現代憲政將國家作為其中心概念，而日益將憲法與他的制定背景相分離。[38]依據憲法，國家來源

---

[36] Antje Wiener, *The Invisible Constitution of Politics-Contested Norms and International Encounters*, Cambridge University Press, 2008, p. 24.

[37] Samantha Besson, *Whose Constitution(s)?* in Jeffrey L. Dunoff, Joel P. Trachtman eds., *Constitutionalism, International Law, and Global Governance*, Cambridge University Press, 2009, p. 387.

[38] Antje Wiener, *The Invisible Constitution of Politics-Contested Norms and International Encounters*, Cambridge University Press, 2008, p. 30.

於人民，作為社會成員的人民就是國家的背景，國家與人民的連結就是普選制，定期的選舉使憲政擺脫了制憲背景的約束而體現為政治運行的獨立性。由於民族國家的憲法具有至上性，憲政也意味著不需要多考慮世界背景，依憲法行動便符合憲政的基本要求。但是，在當代，全球化拓展了憲政的範圍，豐富了憲政的內涵，憲政的理論與實踐都獲得了很大的發展。全球化時代憲政的發展是基於憲法概念的發展，即今日的憲法概念與上述近現代憲政所依據的憲法概念已有很大的不同。主要體現如下：

（一）世界人權法的憲法化

這是指世界人權法（包括與人權有關的國際條約和公約、習慣國際法、及國際法上的一般原理原則）直接體現在各國憲法規範的內容中。透過制憲和修憲，將世界人權清單、內涵或其相關原理原則，直接或間接地在憲法中予以規定；透過國內立法方式，將世界人權法的內涵予以直接或間接地國內法化。各國憲法法院或最高法院在解釋憲法時，亦直接適用、援引、參考世界人權法，甚至是世界人權法院的判例。晚近許多國家的法院在解釋憲法有關人權保障之規定時，相當明顯而積極地援引或參考世界人權法相關規定、解釋或判例。[39]如此，民族國家的憲法已經獲得了價值上的世界標準，而且在憲法規範的質與量的方面都獲得了發展。同時不僅為憲法實務提供了支援，也為憲法理論研究提供了新的課題。

世界人權法的憲法化之形成主要有以下幾個原因：[40]首先，全球化與跨國司法行動。Anne-Marie Slaughter以全球化為解釋基礎，認為全球化促進了法律概念以及適用法律概念之社群的交往與溝通，一個跨國之全球法律對話社群的互動與形成，正是促動各國之國內憲法秩序與國際規範秩序

---

[39] Herman Schwartz, *The Internationalization of Constitutional law*, 10-WTR HUM. RTS, 10.,2003. 引自張文貞：「憲法與國際人權法的匯流」，載《憲法解釋之理論與實務》（六），2009年，第238頁。

[40] 張文貞，同上註，第242-244頁。

匯流的重要原因。[41]其次，民主化與人權保護的落實。[42]一些新興民主國家的法院在民主轉型時期面臨憲法上人權保障不夠完整而必須援引世界人權法進行憲法之解釋，從而增加了裁決的正當性。而在制定新憲與修憲過程中，更是將世界人權法引入到憲法的規定中。再次，國際組織的參與和認同。比如歐洲理事會要求其成員國必須遵守歐洲人權公約及歐盟體系下的人權標準。區域人權標準的提升與執行是促進世界人權法的憲法化的主要原因。[43]最後，普通法的傳統。普通法傳統中重視傳統與習慣，法院可以訴諸傳統與習慣而比較容易援引實定法以外的規範作為論據基礎。[44]

世界人權法的憲法化至少表明以下幾點：1.社會民主化引起民族國家的國民對基本人權的要求趨於世界化，即用世界人權標準要求本國政府。在此推動下，民族國家的立法者和司法者為適應國民的要求而積極地使世界人權法成為國內憲法和法律體系的組成部分。2.社會世界化和世界人權法的憲法化互為因果。社會世界化促進了世界人權法的憲法化，世界人權法的憲法化又可以促進社會的世界化。依據哈貝馬斯的見解，世界人權法的憲法化是世界主義的一個補充方案，一種更新或支持世界主義方案本身的途徑。3.世界人權法的憲法化規範了憲法變遷的方向。世界人權法是人類思想的結晶，是自然人的倫理性和社會性高度統一的體現，是人類立法過程中先驗與經驗的綜合。國內憲法一旦引入世界人權法的主要內容，意

[41] Anne-Marie Slaughter, *A Typology of Transjudicial communication*, 29 U. Rich. L. Rev. 99, 1994; *Judicial Globalization*, 40 VA. J. INT'L L. 1103, 2000.

[42] Duc V. Trang, *Beyond the Historical Justice Debate: The Incorporation of International Law and the Impact on Constitutional Structures and Rights in Hungary*, 28 VAND. J. TRANSNAT' L L. 1, 11-12, 1995.

[43] Armin von Bogdandy, *Constitutionalism in International Law: Comment on a Proposal from Germany*, 47 HARV. INT' L L. J. 223 (2006). 轉引自張文貞：「憲法與國際人權法的匯流」，載《憲法解釋之理論與實務》（六），2009年，第226頁。

[44] David Strauss, *Common Law Constitutional Interpretation*, 63 U. Chi. L. REV., 1996; Devika Hovell & George Williams, *A Tale of Two Systems: The Use of International Law in Constitutional Interpretation in Australia and South Africa*, 29 MELB. U. L. REV. 95,2005 轉引自張文貞：「憲法與國際人權法的匯流」，載《憲法解釋之理論與實務》（六），2009年，第243-244頁。

味著憲法及以憲法為依據的憲政及其發展都要受到世界人權法的規範。

（二）憲法的世界化[45]

如果說世界人權法的憲法化是民族國家的立法者和司法者的積極行動的結果，那麼，憲法的世界化則具有被動的特徵。各國憲法可以透過相關機制引入世界人權法，世界人權法也可以透過對各國直接拘束力的強化使國內憲法世界化。其特點是：

1. 主動性

世界人權機構可以透過國際法模式主動發起對成員國的人權監督程序。例如，世界人權監督機制可以主動發起調查程序及訪視程序，直接監督各締約國，這種機制是單向的，無須國內憲法解釋機構參與。[46]

2. 強制性

除了前述強制參與機制及締約國之報告義務外，一些區域組織還可直接對其成員國適用相關手段，比如歐盟相關條約對歐盟各成員國不但可以直接適用，也享有優先位階，使歐盟規範可以成功下滲到各成員國。歐洲人權公約透過歐洲人權法院判決的拘束力，也對其成員國的國內憲法秩序發生重要的滲透作用。[47]

3. 個人申訴制度

個人如果認為在國內的訴訟程序中，其人權沒有得到應有的救濟，可

---

[45] Herman Schwartz, *The Internationalization of Constitutional law*, 10-WTR HUM. RTS, 10, 2003.

[46] International Convention on the Elimination of All Forms of Racial Discrimination; Article 8 of the Convention on the Elimination of all Forms of Discrimination against Women; Convention on the Rights of the Child; Article 10 (226), 16 (340) of the Convention against Torture and Other Cruel, Inhuman or Degrading Treatment or Punishment; International Convention on the Protection of Rights of All Migrant Workers and Members of Their Families; International Convention on the Protection and Protection of the Rights and Dignity of Persons with Disabilities; International Convention for the Protection of All persons from Enforced Disappearance.

[47] Wen-Chen CHANG, *Constructing Federalism: The EU and US Models in Comparison*, *Studies on Europe and America*, Vol. 35, No. 4, Dec. 2005. pp. 733-773.

向國際人權監督機構提出申訴，進而得到救濟。而國際人權監督機構可以認定被告當事國敗訴，否定國內憲法解釋機關的意見。[48]個人申訴制度是聯合國人權保障體系中的核心部分，這種制度實際上是將聯合國成員國的國民的權利與最高人權保障機構直接連結起來，使個人的人權具有雙重保障機制。這是We the People of the United Nations在制度上的體現，這也是共和價值的體現，要言之，這是世界憲政重要組成部分。

從上述內容可知，憲法的主要概念的內涵和外延都發生了變化。經濟全球化所形成的世界社會擴大了「人民」與「領土」概念的外延，而「主權」則包含了國內社會中日益增多的公共權力，以及世界社會中的部分權力。由於世界人權法的憲法化，以及一些世界機構的剛性管轄功能，傳統憲法中的權力分立和違憲審查制度也被賦予區域性內涵和國際內涵。憲法內涵與外延的實質性發展給憲法學研究帶來了許多新的課題。研究憲法已經不能囿於民族國家的範圍和比較法的方法（國與國之間憲法的比較），而應將憲法置於世界層面上進行綜合性、整體性研究。

憲法的世界化與世界人權法的憲法化豐富了憲法理論和擴大了憲政實務，首先，引起兩個層次的憲政：以國內憲法而行動的國內憲政，及以世界憲法（世界人權法及其他國際法規範）而行動的世界憲政。「國際規範與國內規範構成競爭性的法治價值，而不是相互衝突的法律來源。」[49]由於世界人權法體系已被公認為具有普世價值的規範體系。這就要求國內憲法必須包含世界人權法的內容，符合世界標準。因此，憲法學界在研究憲法及一切政治制度時，必須以世界標準衡量之。在尚未確立普選權的現行憲法中，大談實現基本權利，容易誤導民眾，令他們誤認為政府不是普選產生也可以實現基本權利。因此，憲法學界應該首先實踐建構符合世界

---

[48] Article 2 of the Optional protocol to the International Convention on Civil and Political Rights; Article 2 of the Optional Protocol to the Convention on the Elimination of Discrimination against Women; Article 14 of the International Convention on the Elimination of All Forms of Racial Discrimination; Article 22 of the Convention against Torture and Other Cruel, Inhuman or Degrading Treatment or Punishment.

[49] Gráinne de Búrca, Oliver Gerstenberg: *The Denationalization of Constitutional Law, Harvard International Law Journal,* Vol. 47, No. 1, Winter 2006, p. 244.

標準的憲法，為全體國民爭取普選權。人權歸於社會成員個體的主要政治表現就是社會成員對管理者和管理方式有直接選擇權，即通過普選選擇管理者，組織和協調社會多元利益。這項權利不是與其他權利並列的權利，更不是位於其他權利之後，而是政治制度和社會結構的基礎性權利；沒有這項權利，共同體政治制度和社會制度就缺乏正當性基礎。[50]憲法學界應該讓國民認識到，世界人權法是國內憲法的法源，且是有拘束力的法源。換言之，世界人權法對政府和政黨的一切權力行為都有拘束力，且是國民行使一切權利的依據。[51]世界人權法是具有拘束力的國際法的核心部分，且有具有拘束力的世界機構實施。從民主概念的意涵考察，世界人權法是國際機構間接地制約國家權力的依據，即經由對民族國家國民的人權的國際保障，而迫使各國政府的行為符合世界人權標準；用共和概念的意涵觀照，世界社會可以世界人權法為依據，直接保障世界範圍內的聯合國人民的基本人權。憲政既是民主的實踐，也是共和的體現。在今日，憲政已是每一個人的事業。其次，引起國家與世界的良性互動，民族國家世界化。在今日的全球化時代，主權已是受國際社會制約的最高權力。國際人權法效力的普遍化擴大了傳統涵義上的國際法主體，日益增多的非政府組織和作為世界社會成員的個人都是國際法主體，都可以向國際人權機構主張世界人權法賦予的權利。這既是民主的當然內容，也是共和的當然內容。憲政打破了傳統涵義上的國界，成為國際社會的共和政治，也就是說，國內憲政與世界憲政已沒有明確的分際。國際憲政融貫了世界人權法與國內憲法及國內憲政。但是，其前提必須是，國內憲法要與世界憲政所依據的國際法有基本的一致，只有以這樣的憲法行動才能稱得上是憲政。世界憲政

---

50 我們沒有人會懷疑《聯合國憲章》和《世界人權宣言》對聯合國成員國的約束力。我們也不難理解人權包括政治權利，而普選權即是首要的政治權利。

51 《公民權利與政治權利國際公約》第25、25條確認：「每個公民，不分種族、膚色、性別、語言、宗教、政治或其他見解、國籍或社會出身、財產、出生或其他身分等任何區別，應享有下列權利和機會：直接或通過自由選舉的代表參與公共事務；在真正的定期的選舉中選舉和被選舉，這種選舉應是普遍的和平等的並以無記名投票方式進行，以保證選舉人的意志的自由表達。」世界人權法已明確確認各國人民享有普選權；普選權是基本人權。

使民族國家世界化。

　　不能忽視的是，憲法的上述發展也是憲法社會化的結果。在傳統憲法理論中，憲法原本是規範國家權力運行的規範，無論是在公法與私法有著嚴格區分的大陸法系，還是公法與私法沒有區別的英美法系，只有國家行為才受到憲法的約束。[52]但在全球化時代，憲法的功能已經有了很大的擴展，主要表現在：首先，社會承擔了許多原先屬於政府的功能，在政府與私人之間出現了許多承擔公共任務、行使公共職能的組織與機構。由於他們履行著公共職能，涉及到社會成員的私人利益及私人間利益，因此，這些公共組織機構的構成，也即權力的來源、權力的運行，亦受到公權力的形成及運行的原理原則的約束。要言之，社會組織與機構也受到憲法的約束。憲法由單純規範國家權力擴展到既規範國家權力，也規範社會權力。其次，政府機關法人化。政府行為除了大量的公權力行為外，還有大量私經濟行為。在履行這些私經濟行為時，雖然政府與私人及社會團體處於平等的法律地位行使權利履行義務，但政府畢竟是權力的載體，其公權力背景有可能影響他的私經濟行為。因此，作為法律關係相對人的私人和社會團體就有必要運用憲法規範，約束政府行為不至於超越私法範圍。[53]再次，基本權的發展。基本權，原來僅指公民的政治權利與自由，是用來建構國家權力、對抗國家侵害和免於國家侵害的。自社會經濟權利進入憲法後，基本權的範圍擴大了。於是，國家給付的範圍也擴大了，而國家的給付不僅涉及到國家與個人的關係，也涉及到個人與個人的關係。因為給付的物質基礎是納稅人的公帑，也即對一部分人的給付是以另一部分納稅

---

[52] Geoffrey R. Stone, Louis M. Seidman, Cass R. Sunstein, Mark V. Tushnet and Pamela S. Karlan, *Constitutional Law*, Wolters Kluwer, 2009, pp. 1543-1609.

[53] 這就是著名的行政私法理論，其意思是，私法方式是公共行政的一種方法。古典行政私法概念僅用於公共服務及生存照顧領域，且為了完成直接的行政目的。因此，行政私法活動要受到公法義務，尤其是基本權的限制。「行政私法」概念由德國行政法學家Hans J. Wolff所創（Hans J. Wolff, *Verwaltungsrecht I*, 1 Aufl. 1956, § 23 I b, S. 73.）。行政私法理論在德國法學界已取得通說地位，並獲得實務界支持。這個概念在Wolff之後也有很大發展。(Ulrich Stelkens, *Verwaltungsprivatrecht-Zur Privatrechtsbindung der Verwaltung, deren Reichweite und Konsequenzen*, Berlin: Duncker & Humblot, 2005, S. 23ff.)

人的公帑為基礎。行政給付形成了兩個基本權主體與行政權的關係結構。
於此，憲法不再只是規範公民與政府之間的關係，同時也規範公民—政府
—公民三者之間的「權利—權力」及「權利—權利」關係。由此可見，基
本權的社會效力是以基本權對國家的效力為前提的。換言之，沒有基本權
對國家的效力，就沒有基本權對第三人的效力。再次，日益增多的國際和
國內的非政府組織（如綠色和平、國際特赦組織、人權觀察組織等等）。
它們在維持「非國家部門」的定位的同時，卻努力推進公共利益。因此，
也日漸涉入公共與私人功能的疆界。[54]於是，無論是非政府組織本身，還
是與之相關的社會成員，都會自覺或不自覺地審視對方的行為功能。憲法
的規範功能在迅速地向這些功能領域擴展。最後，人權普遍化和人權問題
國際化。如前所述，世界人權法的憲法化和憲法的世界化既是國家與政府
行動的結果，也是社會成員行動的結果。人權的普遍化意味著人權標準的
普遍化、憲法化。於是，普世主義的憲法標準成為全球社群人權保障的共
同基礎。民族國家的社會成員也是世界社群的成員。憲政（在國內和世界
層面上）已不再只是以國家為中心的活動，而且還包括「世界社會自治的
子系統之多樣性的憲法化」。於是，憲法學中出現了「全球公民憲法」
（*global civil constitution*）的新概念。[55]

　　憲法學界應該揭示世界憲政的理論與實踐對社會、國家及個人產生
了什麼影響。憲法的上述發展及其所引起的世界憲政在今天的大多數國家
已是事實。雖然我們也能看到大陸學者大談「憲政」，但這是對憲政的誤
解。在今天，論述憲政必須注意幾點常識：第一，在憲法理論上拒絕或切
斷世界人權法對憲法的效力關聯，是對政治現狀的綏靖，是對民主共和的

---

[54] Stephan Hobe, *Global Challenge to Statehood: The Increasingly Important Role of Nongovernmental Organization*, 5 IND. J. Global Legal Studies. 191, 199-202, 1997; Fred Halliday, *Global Governance: Prospects and Problems*, in David Held, Anthony McGrew eds., *Global Transformations Reader*, Polity Press, 2003, pp. 489-499.

[55] G. Teubner, *Globale Zivilverfassungen: Alternativen zur staatszentrierten Verfassungstheorie*, in: Zeitschrift für ausländisches öffentliches Recht und Völkerrecht 63, 2003, S. 1-28, hier S. 5 ff.; Andreas Fischer-Lescano und Gunther Teubner, *Regime-Kollisionen: Zur Fragmentierung des globalen Rechts*, Frankfurt/M. 2006, S. 53 ff.

嘲弄，是對人類正義的蔑視。僅對憲法作解釋性或說明性的研究方法已不能滿足社會對憲法學的要求。即便是解釋性方法，也不能放棄規範標準，而且還要追問規範與規範標準的關聯，尋找規範及其標準的最終來源。憲法學要運用詮釋與建構的方法，在詮釋中建構，從而獲得具有規範標準的憲法理論體系。第二，憲政必須基於具有民主與共和的制度設置的憲法。也就是說，只有基於民主與共和的憲法行動才是憲政。憲政以民主與共和為基礎；民主與共和的制度設置必然導致憲政。因此，現行憲法（1982年憲法）不可能導致憲政。民主與共和既是民族國家的基本價值，也是國際社會的基本價值。在憲法學研究中，我難以想像，回避民主與共和的概念、意涵與理念，能夠說清楚任何一個概念和一種制度，能夠證立任何一種觀點和一個命題，能夠形成任何一種具有說服力的理論體系。民主與共和是憲法文本的龍骨，是憲法得以運行的制度前提；而基於民主與共和的憲政則體現了他們的精髓：個人先在的政治權利與自由。[56]憲法學更應運用建構性而不只是解釋性的方法，建構民主與共和的憲法理論體系。只有形成具有證明力的憲法理論體系，才能產生世界主義環境下的共時性憲法文本，才能出現與世界憲政融貫的國內憲政。這就是民主、共和與憲政的關係；這也是憲法學界與世界的關係。

---

[56] 《公民權利與政治權利國際公約》第1條第1項確認：「所有人民都有自決權。他們憑這種權利自由決定他們的政治地位，並自由謀求他們的經濟、社會和文化的發展。」由此條文可以得出：政治權利與自由先於經濟、社會、文化權利；其位階也高於經濟、社會、文化權利。

5

論基本權的結構與功能*

內容摘要

本文肯定基本權具有雙重屬性，否定憲法學界對基本權雙重屬性的理解。基本權的結構與功能是兩個不同的範疇；雙重屬性既體現在基本權的結構中，也體現在基本權的功能上。基本權的功能取決於基本權的結構。不同的基本權結構孕育出不同的「我們人民」。

關鍵詞：抽象基本權、具體基本權、主觀功能、客觀功能、
　　　　　「我們人民」

* 本文完成於2011年3月20日。

　　基本權具有主觀權利與客觀規範的雙重屬性已是憲法理論的通說；對主觀權利與客觀規範各自的範圍也有基本一致的界定。本文基本肯定基本權具有雙重屬性，基本否定憲法學界對基本權雙重屬性的理解。本文的基本觀點是：基本權的結構與功能是兩個不同的範疇；雙重屬性既體現在基本權的結構中，也體現在基本權的功能上。在結構中，基本權既是抽象概念，也是具體概念；既是原則，也是規則。在功能上，基本權既表現為權利型態，也表現為法律型態；既具有主觀功能，也具有客觀功能。具體基本權產生客觀功能，抽象基本權同時產生主觀功能和客觀功能。基本權的功能取決於基本權的結構。不同的基本權結構孕育出不同的「我們人民」。

—

　　通說從基本權的功能角度出發，將基本權區分為主觀與客觀兩個面向（Dimension）。將以防禦權為核心的主觀公權利歸類為基本權的主觀面向，而防禦權涵蓋「自由權（古典防禦權）」、「平等權」和「救濟權」；而基本權的客觀面向是指作為價值決定的原則規範的基本權，以分享權為核心，涵蓋「國家的保障義務」、「組織與程序保障」、「第三人效力」。[1]在理論上，基本權的客觀面向之存在，幾乎沒有爭議，只是「客觀面向」的指涉與表述令人眼花撩亂：「客觀的價值秩序」、「價值體系」、「憲法的基本決定」、「作為客觀規範的基本權」、「方針指示與推動」、「決定客觀價值的原則規範」、「客觀規範的價值決定」、「構成原則」、「基本原則」、「指導規範」、「基準規範」、「公準或

---

[1] Alfred Katz, *Staatsrecht,* 14., Auflage, 1999, C. F. Müller Verlag Heidelberg, S. 287, 268-269, 274-275, 294.

先決條件」，[2]「客觀原則規範」、「客觀內容」、「客觀意義」[3]等等。
而對「主觀面向」的理解則存在著對立的觀點。一種觀點是將「古典防禦權」直接界定為主觀權利，形成所謂的「主觀防禦權」。這種觀點認為，古典防禦權是個人免於國家對私人領域侵犯的權利；而基本權最初的功能就是用來對抗國家權力的濫用。因此，基本權作為防禦權的前提是基本權為個人可以直接向法院訴請保護的主觀權利。[4]福利國家出現後，人民的給付請求權成為主觀權利的新內涵。這種理解基於如下認知：（一）基本權是對抗國家的防禦權。（二）人民可以依基本權直接向法院請求救濟、向國家請求給付。這意味著個人的權利先於國家而存在，一旦人民的古典防禦權遭受侵害，人民有針對國家權力的不作為請求權。本文認為，這種理解只有作如下理解時才符合主觀權利的意義，即使沒有客觀規範依據，人民也有請求權。否則，人民依客觀規範而為的請求權便否定了主觀權利之先在性、主動性、抽象性等屬性。在無客觀規範保障的情況下，人民還可以依主觀權利提起立法不作為之訴。主觀權利只能在制度保障的前提下才能證明，意味著主觀權利是制度性的，人民只是在制度之內才享有主觀權利，這是違背「主觀」之意義的。在認識論上，「主觀」指主體的意識與認識；在本體論上，「主觀」是附著於主體而存在的一種意志力量，其表現於外時就是一種權利。另一種觀點認為，主觀權利由客觀規範內涵導出。此說認為，基本權客觀規範內涵除了課予國家行為義務之外，也賦予人民可以請求國家履行該義務的主觀權利，亦即相應於該客觀規範內涵的主觀權利。[5]這種理解基於如下認識：主觀權利只以客觀規範為源泉；主

---

[2] BVerfGE 7, 198 (205); BVerfGE 35, 79 (112); 39, 1(473); BVerfGE 49, 89 (142); BVerfGE 31, 58 (69); BVerfGE 31, 58 (70); BVerfGE 21, 73 (85); BVerfGE 35, 79 (114).

[3] Vgl. die Nache. Bei Jarass, in: Badura/Dreier (Hrsg.), *Festschrift für 50 Jahre BVerfGE*, 2001, S. 37.

[4] Alfred Katz, *Staatsrecht,* 14., Auflage, 1999, C. F. Müller Verlag Heidelberg, Rn. 572, 573; Von Münch (Hrsg), *Grundgestz–Kommentar*. Bd. 1. 3 Auflage, 1985, Vorb. Art. 1-19, Rdnr. 16.

[5] BVerfGE 56, 54 (Rn. 72); BVerfGE 76, 170 (Rn. 111ff.) From http://www.bundesverfassungsgericht.de/DE/Homepage/homepage_node.html.

觀權利是客觀規範認可的意志力量。[6]本文認為，這樣的理解排除了客觀規範未認可、不認可的意志力量，從而顛覆了「主觀」的屬性，也否定了先在的權利。實際上，尚未形成客觀規範的主觀權利也存在，主觀權利的範圍應與人性尊嚴的範圍相同。於是才有國民對國家的立法作為請求權，而這個權利顯然來自主觀權利，主觀權利這個概念承認在基本權中有一個先於客觀規範的權利意志。

本文認為，對基本權屬性的解釋，問題出在對「主觀」這個概念的理解上。基本權的「雙重屬性」來源於憲法學界對德國聯邦憲法法院「Lüth案」之裁決的解讀。憲法法院在此案的裁決書中使用了「主觀權利」的表述，[7]有憲法學家在介紹該案時，未使用「主觀權利」的概念，顯然是避免對傳統基本權用「主觀權利」的方式作說明。[8]德國聯邦憲法法院還在第三次和第五次「電視判決」中提及，德國基本法第5條第1項規定的「表達自由，其作為整個法律秩序的客觀原則，主觀權利和客觀規範的要素彼此滲透，相互支撐」。[9]將上述兩案裁決置於德國基本法體系中加以考察，我們可以知道憲法法院使用「主觀權利」與「客觀規範」的表述，不是基於Recht一詞的用法。從現有的研究成果來看，明確將基本權的雙重屬性工作表述為「主觀權利」與「客觀規範」的是Alexy的一篇著名文章，[10]在該文中，Alexy揭櫫了「Lüth案」中的客觀面向，認為基本權不只是一種客觀保障，更是賦予主觀的權利，進而討論了主觀面向與客觀面

---

[6]　Jacques Gaistin和Gilles Goubeaux：《法國民法總論》，陳鵬等譯，法律出版社，2004年版，第131、133頁。

[7]　BVerfGE 7, 198 (198)-Lüth. 關於「主觀權利」概念的來源，可參閱Von Helmut Coing 的著名論文：*Das Subjektive Recht und der Rechtsschutz der persönlichkeit*, ARBEITEN ZUR RECHTSVERGLETCHUNG 5, ALFRED METZNER VERLAG, 1959.

[8]　黃錦堂：「自由權保障之實質論證之檢討——以德國基本權衝突判決為初步探討」，載李建良、簡資修主編：《憲法解釋之理論與實務》（第二輯），中央研究院中山人文社會科學研究所，2000年，第201-204頁。

[9]　BVerfGE 57, 295 (319f.); BVerfGE 74, 297 (323).

[10]　Robert Alexy, *Grundrechte als Subjektive Rechte und als objektive Normen*, in Robert Alexy, *Recht, Vernunft, Diskurs*, Suhrkamp, 1995, S. 262-287.

向的關係。Alexy對主觀權利與客觀規範的理解與大多數學者基本相同，但複雜的是，Alexy一方面認為主觀權利是在課予國家的拘束性義務中形成的，主觀權利是從基本權的客觀功能中導出的，基本權的客觀面向有利於主觀權利的推定。[11]另一方面，Alexy認為任何對於國家具有拘束性的基本權保障義務（客觀規範），無論其具有明確或是初顯性質，原則上都有與其相對應的主觀基本權。[12]與此同時，Alexy還認為，根據基本權的歷史與現在的內容，基本權首先是個人的權利；[13]基本權具有原則的特性，[14]亦即基本權可以像原則一樣獲得最佳化地實現。Alexy的後兩個認知實際上否定了他的第一個認知。主觀權利先於客觀規範（基本權的另一屬性），因為基本權主體本來就是個體自然人，而從個體自然人出發，主觀權利應先於客觀規範。沒有客觀規範，才需要對主觀權利作出推定，進而將推定出來的主觀權利當作客觀規範，而不是從客觀規範中推定主觀權利。實際上，對主觀權利作推定，就是依抽象基本權作出決定，或者說是對抽象基本權作出解釋。從Alexy的思路（即主觀權利從客觀規範的功能中導出）可以得知，Alexy的主觀權利只是主觀防禦權，其客觀功能也只是針對主觀防禦權的國家消極義務。如果客觀功能擴展，其對應的主觀權利如何導出，Alexy並未加以論證。這個公式（即基本權＝主觀權利＋客觀規範）的問題是，主觀權利被當作基本權概念來理解的，客觀規範被當作基本權功能來理解的。作為抽象概念的主觀權利可以演繹出具體基本權，而不是功能性的客觀規範。所以，公式中的主觀權利是基本權的結構，但只是基本權的部分結構，即抽象基本權；公式中的客觀規範是基本權的功能，但只是基本權的部分功能，即客觀功能。如果將公式所表達的雙重屬性理解為基本權的結構，他缺少基本權的具體概念；如果將公式理解為基本權的功能，則缺少基本權的主觀功能。

---

[11] Ibid., pp. 262 f.

[12] Ibid., p. 277.

[13] BVerfGE 50, 290 (337).

[14] Robert Alexy, *Grundrechte als Subjektive Rechte und als objektive Normen*, in Robert Alexy, *Recht, Vernunft, Diskurs*, Suhrkamp, 1995, S. 278.

　　換言之，Alexy的雙重屬性既不是基本權結構中的雙重屬性，也不是基本權功能上的雙重屬性。事實上，Alexy使用Dimension所表述的基本權的客觀面向與主觀面向，十分準確地揭示了基本權的雙重屬性。Dimension一詞有「維度」、「面向」、「深度」、「程度」等涵義，也有「規模」、「範圍」等涵義。將基本權分為主觀與客觀兩個面向，符合德國聯邦憲法法院的解釋，而將Dimension解釋為「範圍」或「規模」，則不符合憲法法院的解釋。Alexy的研究方法雖是從客觀與主觀的面向出發，但考察的結果卻是將Dimension變成了「範圍」，所以才有具體的「主觀權利」與具體的客觀功能。大多數研究Alexy基本權理論的憲法學家更是將「主觀權利」具體地界定為「主觀防禦權」、「免於國家侵害的自由」、「國家的消極義務」、「國民對國家的不作為請求權」、「給付請求權」等具體的基本權；將客觀功能界定為「行為授權」、「憲法委託」、「組織及程序保障」、「請求規範」、「國家保護義務規範」等具體的客觀功能。[15]什麼叫「主觀防禦權」？如果防禦權和請求權是主觀的權利，又何需藉由基本權客觀功能的展現，才得以由權利主體透過訴訟加以主張。而透過訴訟加以主張的權利具有明顯的客觀特徵：不法（違反客觀規範）侵害客觀存在、請求與訴訟具有客觀存在的法律依據。因此，主體依據客觀規範而行動，不是行使主觀權利的表現。現有基本權理論的論證思路達不到理解「主觀」的目的。主觀權利不能被界定為憲法上的具體基本權，而只能理解為抽象基本權，或基本權的抽象部分。主觀權利實際上是一個抽象概念。對主觀權利這個概念的理解，不在於「權利」，而在於「主觀」。「主觀的」權利不來自於客觀的法律制度，而來自於主體自身。「所有構成主體屬性的、屬於其本質的、為其固有的，都是主觀的。」[16]這樣便揭示了基本權的終極存在。人性尊嚴之所以與生俱有、不

---

[15] Alfred Katz, *Staatsrecht,* 14., Auflage, 1999, C. F. Müller Verlag Heidelberg, Rn. 568, 573; E.-W, Böckenförde, *Grundrechtstheorie und Grundrechtsinterpretation*, NJW 1974, p. 1529; A. Bleckmann, *Staatsrecht II-Allgemeine Grundrechtslehren*, 2 Auflage, Heymann Bonn, 1985, p. 173 ff; Alfred Katz, *Staatsrecht-Grundkurs Im Öffentlichen Recht*, 7 Auflage, 1985, p. 242.

[16] Jacques Gaistin和Gilles Goubeaux：《法國民法總論》，第129頁。

可分離、先於立法，是因為他伴隨著人的存在而存在，且是終極存在。

Alexy認為，基本權的客觀面向可以定義為「不包含給基本權賦予了主觀權利型態的規範」。[17]這意味著在基本權體系中存在單純客觀的基本權規範。那麼，什麼是單純客觀的基本權規範呢？根據Alexy的基本權理論，只有為了人民實現主觀防禦權而設置的「國家保護義務規範」和為了人民實現給付請求權而設置的「國家積極義務規範」，才是單純客觀的基本權規範。這也意味著主觀權利可以與基本權或至少部分基本權是分離的，這樣便分裂了基本權本身，使Alexy的公式難以成立，因為這種區分在基本權的「雙重屬性」中，幾乎沒有可能；這還意味著主觀權利不能從客觀規範中導出，這樣也就徹底地否定了Alexy自己的基本權「雙重屬性」理論。

與主觀權利可以從客觀規範中導出相比，還有一種委婉的表述是：基本權客觀規範內涵的「主觀化」。其意思也是客觀規範內涵既課予國家保障義務，也賦予人民請求國家履行義務的主觀權利，亦即相應於該客觀規範內涵的主觀權利。[18]這種理解實際上說明一個基本權是由主觀權利與客觀規範（制度保障）構成的，這其實就是Alexy公式的展開，將結構與功能合二為一，換句話說，將結構與功能混為一談。制度性保障的內容與對象包含主觀權利，並不意味著主觀權利就是從客觀規範的內涵中導出的。主觀權利來自於人的天賦權利，憲法對婚姻與家庭的認知便是有力的論證，[19]乃憲法保障了天賦的自然生活秩序。基本權客觀規範內涵的「主觀化」實際上是具體基本權內涵的抽象化，即基本權的具體概念上升到基本權的抽象概念，從而豐富了基本權的抽象概念，進而豐富了基本權體系。

---

[17] Robert Alexy, *Grundrechte als Subjektive Rechte und als objektive Normen; in Recht, Vernunft, Diskurs*, Suhrkamp, 1995, S. 267.

[18] Klaus Stern, *Das Staatsrecht der Bundsrepublik Deutschland lll/l.§66, 67, 68, 69*, S.922, 978ff. ; BVerfGE 56, 54 (Rn. 72); BverfGE 76, 170 (Rn. 111ff.) From http://www.bundesverfassungsgericht.de/DE/Homepage/homepage_node.html.

[19] Einiko B. Franz, Thomas Günther, *Grundfälle zu Art. 6 GG*, Jus 2007, S.629. BVerfGE 6, 55 (Rn. 49, 50, 51, 52). From http://www.bundesverfassungsgericht.de/DE/Homepage/homepage_node.html.

如果要創造出「基本權客觀規範內涵」這樣的區別表述，那麼也就是憲法上具體的基本權規範。在法律體系中，他們是客觀的價值秩序，也都是基本權客觀面向上的內容，亦是基本權結構在憲法上的展開，而形成憲法上的基本權規範體系。終極地說，他們都是從一個先驗範疇：抽象基本權概念——人性尊嚴中導出的。只有在下列意義上，我們才認為這個先驗範疇可以表述為主觀權利：當且僅當我們將存在於人自身的、與生俱有的、先於國家的權利視為先驗範疇時。防禦權和給付請求權源於主觀權利，卻不是主觀權利，而是具體的基本權。含有這些具體基本權的憲法規範便是基本權的客觀規範，他們構成了基本權的客觀價值秩序。從上面的分析可知，由於主觀權利可以獨立存在，因此，主觀權利可以由另一個抽象概念——人性尊嚴代替。由此也可以證明主觀權利不是由客觀規範賦予的。德國聯邦憲法法院在解釋基本權與「一般法律」（德國基本法第5條第2項所規定之「一般法律」）的關係時認為，基本權（系指言論自由）排他性地限制「一般法律」。基本權規定在作為客觀規範的「一般法律」中；而「一般法律」雖然可以約束基本權，但根據「一般法律」而為的行為合法與否須通過憲法加以證明；而基本權作為具有憲法位階的主觀權利對於此一證明具有優先性。[20]這無疑是說一般法律的位階低於基本權，且前者來源於後者；同時，主觀權利的位階高於「一般法律」，且約束作為客觀規範的「一般法律」。

實際上，主觀權利與客觀規範相對，只是因為權利只屬於個別主體，故曰「主觀」；而法律規範系一般普遍存在的秩序，故曰「客觀」，這是德國公法上的邏輯概念。[21]這兩個邏輯概念可能與Recht這個語詞密切相關。Recht一詞既有「權利」也有「法律」之意。德語區將其表述為「主觀意義上的權利」和「客觀意義上的法律」，也只是為了區分Recht一詞的用法。「主觀的」和「客觀的」不是Recht一詞的兩個涵義，也不是Recht的兩個面向，因而不能照樣置入基本權概念中，將其理解為基本

---

[20] BVerfGE 7, 198 (Rn. 16).

[21] Hartmut Mauret, *Allgemeines Verwaltungsrecht*, 9. Auft. 1994. §8, Rn 2. 引自李惠宗：「權力分立與基本權保障」，韋伯文化事業出版社，1999，第276頁。

權的雙重屬性。已有學者明確指出不必用主觀權利和客觀的法律或規範作為術語，如在個人權利的權利前面加上「主觀」、在法律規範前面加上「客觀」似畫蛇添足。[22]屬性乃事物之本性，[23]主觀和客觀、權利與法律正是基本權的兩個不同的本性，「主觀意義上的權利」與「客觀意義上的法律」在基本權的雙重屬性中只有被理解為權利與法律，才能反映基本權的結構與功能。基本權雙重屬性中權利與法律來自同一個概念——基本權，而Recht雙重涵義中的權利與法律來自同一個語詞。職是之故，對基本權雙重屬性研究的邏輯起點不能是主觀權利與客觀規範，而應是基本權結構本身，即從抽象基本權開始。這樣理解也符合德國基本法的規定，「人性尊嚴」這個抽象基本權是德國基本法的靈魂，也是德國基本權體系的邏輯起點。我們從Alexy的公式及各種基本權理論中，很難找到「人性尊嚴」的位置，因為多數論者都是從基本權的客觀功能中推定主觀權利。即便是從古典防禦權中演繹出客觀法律秩序，也只是將防禦權作為基本權的起點，而未上溯到基本權的抽象部分。而德國聯邦憲法法院直接以「人性尊嚴」作為終極依據解釋基本權的裁決大量存在，只是在*Lüth*案中未涉及「人性尊嚴」條款。本文之所以認為防禦權是具體的基本權，乃是因為防禦權的具體性體現為法律保留原則的具體性，以及國家保障義務的具體性。單純的國家保障義務總是針對具體基本權，即基本權利益與基本權反射利益，而抽象基本權先天地拘束著國家一切權力，圖示如下：

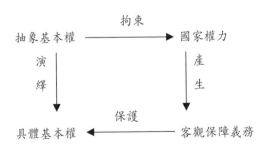

---

[22] 吳庚：「基本權的三重性質」，載《司法院大法官釋憲五十週年紀念論文集》，基鑫企業有限公司，2001年10月再版。

[23] Spinoza, *ETHICS*, I, def, 4.

二

　　從上文的分析中可知，現有的基本權「雙重屬性」理論將抽象概念視為具體概念，導致基本權結構與功能的混合，既未能揭示基本權的結構，也未能闡明基本權的功能。由於基本權的功能取決於基本權的結構，所以，為了闡明基本權的功能，必須先揭示基本權的結構。這樣必然引起對「基本權是什麼」的追問，也就是說，將基本權當作概念來研究，要求將基本權置於產生基本權的背景及理論體系中，才能把握他們的來源與靈魂。[24]正如法律概念是「先驗與經驗的綜合、抽象與具體的輪迴」，[25]基本權概念中也有通過先驗與經驗的綜合而獲得的先驗範疇。

　　古希臘的自然哲學告訴我們，自然作為最大的「整體」表現了一切事物的本質的正義或法的原理，也內在於其中。Plato的自然本身具有價值規範的性質，而Plato的自然法就是事物的本質，即自然正義。[26]Aristotle也視自然為初生之本性，是構成事物的基質。他明白認為，人類秩序應與自然秩序一致。他將正義分為「自然的正義」與「法律的正義」兩類，自然的正義在任何地方都有相同的效力，並依賴於人們不同思維而存在；法律的正義則意味著起初是可以不同的。[27]古希臘哲學家從大自然的原初本性中看到了萬物原本和諧地生長在大自然之中，構成一個公正、正義的自

---

[24] 戚淵：「法律的概念——『古典爭議』的終結：論法律概念的科學探討方式（上篇）」，2009年9月。

[25] 戚淵：「法律的概念——『古典爭議』的終結：論法律概念的基本結構（下篇）」，2010年6月。

[26] Plato, *The Laws,* Book VI, 757D, Translated by B. Jowett; Plato, *The Laws*, Book Ten, p. 441 n. 17, Translated by T. J. Saunders, *penguin*, 1970; Werner Jaeger, *Paideia: the Ideals of Greek Culture*, Translated by Gilbert Highet, Vol. 1, pp. 69, 103, 140. Basil Blackwell · Oxford, 1954; Vol. 2, p. 175, 397 n. 5c, citing from GORGIAS 507C-508A, 1957; Vol. 3, pp. 241, 346 n. 216, 1944.

[27] Aristotle, *The Complete Works of Aristotle*, The Revised oxford Translation, Jonathan Barnes ed., Vol. 2, Princeton University Press, 1984, pp. 1790-1791, Book V: Nicomachean Ethics, 1134b.

然秩序。自然正義適用於自然秩序中的萬事萬物，包括人類。於是，我們從古希臘哲學家的思想中獲得了同樣適用於人類社會的概念：自然正義。自然正義是古希臘哲學家通過先驗綜合判斷而獲得的一個先驗範疇，自然正義之於人類社會，意味著人類社會蘊涵著自然本性、普遍理性和自然法思想。

　　古希臘的自然法思想在古羅馬法律化。古羅馬的法律家認為，justus（正義）意味著他與可證明的、合乎情理的法律的一致性；acquitas（公正）產生於一個含有「平等」要素的詞根，他是引導或者應該引導法律發展的原則之一：賦予每個人以穩定和永恆權利的意志。[28]古羅馬的萬民法與自然理性密切關聯，自然理性為所有民族規定了相同的律法，而被視為所有民族都適用的法律。[29]於是，從自然正義這個先驗概念中，我們又獲得了法律中的平等原則。平等原則雖然是從自然秩序中的「自然正義」推演而來，但平等原則還不是法律的正當性的終極基礎。由於平等原則是自然正義的實證法化，所以他具有客觀性質。而平等原則有助於我們證明「人性尊嚴」是導源於自然正義的人類社會的倫理價值，人性尊嚴是每個人固有的倫理價值，任何人都具有完全相同的人性尊嚴，且不得有任何例外和限制，人性尊嚴是對平等原則的抽象概括。

　　「人性尊嚴」的上述特性顯示他只能是基本權結構中的抽象概念。以「人性尊嚴」為邏輯起點，演繹出基本權的抽象概念和具體概念，合為基本權的結構。「抽象概念是脫離特殊性的一種抽象共同性，其所表示的抽象共同性只是所有個體事物被歸屬在一起和他們的共同之點。他反映的是對象的抽象同一性。」[30]「抽象概念隨著人的認識的發展必定上升為具體概念。」[31]因此，作為抽象基本權的人性尊嚴必然要隨著人的認識向具

---

[28] Adolf Berger, *Encyclopedic Dictionary of Roman Law*, Transactions of the American Philosophical Society held at Philadelphia for promoting useful Knowledge, New Series-Vol. 43, Part 2, 1953, pp. 535, 354; Gigesta, 1. 1. 1.

[29] Ibid., pp. 528-529.

[30] Hegel：《小邏輯》，賀麟譯，商務印書館，1980年版，第350、334-335頁。

[31] Hegel：《邏輯學》（上卷），楊一之譯，商務印書館，2009年版，56-57頁。

體基本權發展，即形成普遍存在於客觀規範中的具體的權利規範。抽象基本權不是轉化為具體基本權，而是從抽象基本權中演繹出具體基本權，比如從人格演繹出人格權、從意志自由演繹出意思自治、從主體性中演繹出主體間關係。具體概念所表示的普遍性裡同時複包含有特殊的和個體的東西在內，具體概念有「其差別中確立的不可分離性」。[32]一個具體概念之前或之上，必有一個抽象概念存在，也即具體概念都是從抽象概念演繹而來，使各個具體概念不可分離的東西就是抽象概念。抽象基本權作為具體基本權的先在權利，是具體基本權的形式與內容的不竭源泉。抽象基本權的內涵越豐富，具體基本權的範圍就越廣大。同時，由於具體基本權的形成是抽象向具體的無限延伸，這就要求具體基本權必須呈現為開放結構，將不斷出現的新權利納入其中，從而形成權利束。具體基本權的類型化在此成為可能，具體基本權是有著活生生內容的權利規範，是發展著的權利規範，是基本權體系中相互連結的權利規範。隨著人的認識能力的提高，人們可以從具體基本權的類型中抽象出本質內容，並將其回復到抽象基本權之中，從而豐富了抽象基本權。基本權的存在與發展是由抽象到具體、再由具體回復到抽象的無限遞進式輪迴過程。

　　連結抽象基本權與具體基本權的要素是主體的自我意識——一種先天的連結形式。自我意識就是「我思」的「先天結構」，即先天綜合功能。自我意識作為能動的統一性、主體性，是其內在結構即綜合功能的根源。[33]這種先天的連結是主體行動的必要條件，正如我們所知，基本權既是天賦權利，也是實證法上的權利；既可以通過知性的方式獲得，也可以通過理性的方式獲得。就此而言，如果我們還要進一步揭示「人性尊嚴」這一抽象基本權的結構，那麼，人性尊嚴呈現為兩個層次的結構，第一層次的結構包含生理、心理、倫理等要素，第二個層次的結構則是「人格」、「意志自由」、「主體性」三個要素。由此可見，人性尊嚴就是個體的主觀權利，但不是Alexy公式及現有基本權理論中「主觀權利」。

---

[32] Hegel：《小邏輯》，賀麟譯，商務印書館，1980年版，第350、334-5頁。

[33] 楊祖陶：「Kant範疇先驗演繹構成初探」，載《武漢大學學報》（社會科學版），1983年第6期，第125頁。

　　在基本權結構中，抽象基本權對具體基本權有約束效力，也就是說，具體基本權表現為法律規範時，不能違反抽象基本權。因為抽象基本權約束立法權，也約束法院的解釋權。所謂基本權由抽象向具體發展，也就是立法機關和司法機關將抽象基本權具體化，在抽象基本權的約束下，創制具體的基本權規範。

　　基本權結構的雙重屬性排除了法人作為基本權主體的可能，法人的權利可以通過組成法人之主體的結社自由、擇業自由、營業自由、財產不可侵犯等權利來加以解釋和實現。

　　以上為基本權結構的第一個雙重屬性，抽象基本權與具體基本權。

　　基本權理論中還有一種「本質內容」理論，這種理論認為基本權存有一個「核心」，依一個固定的或絕對的標準，可以劃出絕對不可侵犯的「本質內容」領域，他是基本權雙重屬性的思想根據。本質內容是固定的，是實質而持續存在的，這就是基本權本質內容的「絕對理論」，確切地說，基本權「本質內容」的保障係以「人的核心」為出發點，因為「本質內容」是高度私人性質的內容，是高位階的基本權、是基本權體系的中樞，因而應與「人性尊嚴」具相同意義。[34]「絕對理論」將基本權的「本質內容」確定為「人性尊嚴」，應是不證自明的。而人性尊嚴就是基本權結構中的抽象基本權，因而，基本權「本質內容」在基本權結構中是抽象基本權。基本權「本質內容」不僅存在於基本權體系之中，也存在於每一個基本權之中。在基本權體系中是通過立法而具體化為具體基本權的；在具體個案中是通過法律解釋而獲得的。這正是抽象基本權演繹為具體基本權的方式。兩者的關聯不僅體現在基本權體系中，而且也體現在個別基本權之中。在立法、行政與司法過程中，「本質內容」的判斷與確定可通過以下途徑：（一）國家權力的行使使基本權行使的前提不存在時，即是基本權本質內容遭到侵害。（二）違反了事物本質即是侵犯了基本權「本質內容」。因為事物本質本來就存在於該事物之中，比如人性尊嚴與人不可

---

[34] Maunz/Durig/Herzog/Scholz, *Grundgesetz Kommentar*, Art. 19 Abs. 2, Rdnr. 3, München 1990. Albert Bleckmann, *Staatsrecht II–Allgemeine Grundrechtslehren*, 2 Aufl., 1985, S. 306.

分離。（三）以基本權最低限度的享有與行使為判斷標準加以確定，因為「最低限度」與人性尊嚴具有密切關聯。（四）德國聯邦憲法法院不是以尋找本質內容，而是以基本權之於人的「客觀必要性」為判斷基準。[35]

對本質內容的具體化必須以個體自然人為出發點，以人性尊嚴為本質內容的終極源泉。如果將基本權本質內容形式化（即形式合法），對基本權受侵害的判斷不以個人的主觀基本權為要件，而是以個別基本權在基本權秩序中對社會整體生活之意義與作用為判斷基準，[36]那麼，基本權主體就不是個人，而是社會，從而給立法者限制基本權提供了完全不受限制的權力，這是不可思議的。

在基本權結構中還存在著另一個雙重屬性：原則結構和規則結構。基本權的這個雙重屬性不是與第一個雙重屬性相對應的。原則與規則都是具體基本權的規範型態，人性尊嚴無所謂原則結構或規則結構，他是一種基本價值決定。原則結構與規則結構在基本權結構中的地位如圖所示：

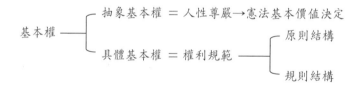

權利規範是基本權體系的基本單元，他在實證法中表現為原則與規則。基本權體系中的權利規範既是應然規範，也是實然規範，一個權利規範是應然與實然的統一體。一個權利規範既可以呈現為原則結構，比如言論自由，也可以呈現為規則結構，比如具體的表達自由（焚燒國旗）。一個權利規範可以演繹出一個原則或數個原則，一個原則又可以演繹出一個或數個規則。規則是原則的具體化，原則結構與規則結構的價值基礎與內

---

[35] OVG Hamburg 1951 Ill, 724/726. Dazu vgl. Auch BGHZS, 298 ff.; BVerfGE 61, 260 (275); BVerfGE 2, 295 (307).

[36] Lerche, P., *Übermaß und Verfassungsrecht*, 1961, S. 237; Ingo von Münch und Philip Kunig, Grundgesetz–Kommentar, Band. I, 6., neubearbeitete Auflage, Art. 5, Rn. 67 ff., Art. 19, Rn. 23 ff., C. H. Beck, 2012.

涵是相同的。是故，原則與規則都必須體現規範的應然當為，共同實現規範的應然價值。

原則與規則的不同屬性體現在他們的構造中。原則包含著多層次的價值要求，原則的這個屬性不是原則的「極佳化」屬性，「極佳化」亦不是原則自身的屬性，原則的「極佳化」必須在兩個原則之間進行衡量才可展現出來。「衡量」不是原則構造，因而也不是基本權的結構。衡量是原則構造對適用原則者所提出的法律要求。規則為單一層次的價值要求。這種不同的屬性既不是產生於對立的思想，也不會產生對立的思想。Alexy將基本權區分為原則構造和規則構造，應該說是正確的，因為Alexy公式中的基本權就是具體基本權，但同時又認為原則構造與規則構造是對立的。[37]如此，規則構造的基本權規範從何而來，他們與原則構造的基本權表現出了何種對立的狀態？Alexy無法提出有說服力的論證。Alexy所持的這種觀點，可能是受到了法律實證主義者的影響，但法律實證主義並不是排斥法律中的原則規範，而是排斥法律與道德的必然關聯。法律實證主義者不是將法律與道德對立起來，也不是將法律中的原則與規則對立起來。Alexy持這種觀點也可能是受到了Dworkin法律原則理論的影響，但Dworkin也未認為法律原則與規則是對立的思想體系，只是認為原則與規則在適用上呈現出不同的屬性：原則需要衡量，而規則不。用Alexy的話說，原則是「最佳化命令」，規則是「確定的命令」。[38]這只能說明他們在功能上對法官的約束不同，並不說明他們在結構上是對立的。

Alexy還有「基本原則」理論，[39]德國憲法法院認為《基本法》第2條第2項第一句並非僅保障主觀的防禦權，同時也是適用全體法秩序的憲法客觀規範之價值決定。Alexy將這種適用整體法秩序、單純要求實現某種應然狀態的基本權規範，稱為「基本原則」，如「言論自由應予保障」。

---

[37] Robert Alexy, *The Theory of Constitutional Rights*, Julian Rivers trans., Oxford University Press, 2002, pp. 45-49.

[38] Ibid., pp. 44-60.

[39] Robert Alexy, *Grundrechte als Subjektive Rechte und als objektive Normen*, in *Recht, Vernunft, Diskurs*, Suhrkamp, 1995, S. 272.

從Alexy「三重抽象化」命題來看，基本原則是確定原則之構成要件的原則。所謂「三重抽象化」，即將言論自由的構成要件確定為「權利主體」、「義務人」、「權利客體的態樣」，Alexy的三重抽象化實際上就是將個別規範抽象為一般規範。一個適用於特定主體的基本權也可以適用所有主體。這種抽象不是將具體基本權的某些內涵抽象為抽象基本權，這可能就是基本原則與原則的些微的不同，但這種區分僅具有限的意義。憲法的基本原則是憲法所蘊涵的具有本質意義的原理或法則。憲法的基本原則與基本權的原則構造，終極地說，均以「人性尊嚴」為價值基礎和來源，但憲法的基本原則不只是基本權領域中的原則。在「人性尊嚴」這個絕對條款的約束下，憲法基本原則是整個法秩序的基準與法則，他們超越了單純的基本權領域。基本原則既產生客觀法律，也產生具體的基本權規範。「言論自由予以保障」仍然是具體的基本權規範，這並不影響他成為整個法秩序的基本權規範，並同時具有原則構造與規則構造。對此，Alexy也未否認。他認為，保護主觀權利的規範與單純課予國家義務的規範，均可能具有原則性質。[40]也就是說，他們都可能具有原則構造。事實上，對Alexy的這一觀點，本文還有發揮的餘地：

（一）「保護規範」與「義務規範」可能是一個規範，比如，「國家不得……」規範。這個規範可以呈現為原則構造，也可以呈現為規則構造。這取決於「禁止」的對象與內容。即便是在同一個「不得……」規範中，一個原則構造也可能包含數個規則構造。憲法上的「限制條款」可以是原則性規範，比如，「……，但不得違反公序良俗」，此為原則構造；也可以是具體的，比如「徵用補償」規範，此乃因為憲法中也有不確定法律概念，以便給適用憲法者留下必要的判斷餘地和裁量餘地。「限制條款」可以是絕對的，比如，人性尊嚴不得附加任何限制和例外；也可以是相對的，比如，「……不得以公序良俗為由限制言論自由」，[41]這是價值

---

[40] Ibid., pp. 270-1.

[41] 在Lüth案中，法院在解釋德國民法第826條「公序良俗」時，被憲法法院認為未能尊重基本法第5條第1項「意見自由」權的客觀價值秩序而違憲。BVerfGE 7, 198 (Rn. 16).

效力的要求。

　　（二）「保護規範」與「義務規範」也可能是兩個規範，比如，給付請求權規範。一方面，即便人民沒有行使給付請求權，國家也應積極作為，以助人民實現基本權，獲得人格發展。另一方面，人民依「絕對條款」而生的給付請求權就是憲法上客觀存在的國家義務規範。同樣地，「保護規範」與「義務規範」既可以呈現為原則構造，也可以呈現為規則構造。即使是在同一個「保護規範」或「義務規範」中，也可以同時包含原則規定和具體規定，前者為原則構造，後者為規則構造。比如，一個條款的「但書」前為規則構造，「但書」後為原則構造。

　　從本文所理解的原則與規則在基本權結構中的地位可以看出，原則與規則的區別完全不同於Alexy公式及現有基本權理論中的「主觀權利」與「客觀規範」的區分，也不與基本權的主觀面向和客觀面向相對應，原則構造和規則構造與主觀的任何型態沒有關聯。主觀權利無所謂原則構造和規則構造；客觀規範，如上所析，既體現為原則構造，也體現為規則構造。Alexy的基本權理論是「結構理論」，[42]他的基本權雙重屬性是主觀權利與客觀規範。因此，他的原則構造與規則構造顯然同時是主觀權利與客觀規範的構造。但在Alexy公式及現有基本權理論中，基本權的結構和功能是混為一談的，因而作為基本權結構之雙重屬性的原則與規則在Alexy公式及現有的基本權理論中的地位是模糊的。邏輯上，只有一種可以證明，不是概念結構，就是功能結構，因為原則與規則在基本權概念結構中是權利，在基本權功能結構中是法律。權利與法律的關係便是基本權結構與基本權功能的主要關係，雖然權利與法律都產生基本權的功能，但基本權的雙重屬性在結構與功能中是不同的。

---

[42] Robert Alexy, *The Theory of Constitutional Rights*, Julian Rivers trans., Oxford University Press, 2002, pp. 44-47. 事實上，Alexy的原則構造和規則構造將其公式中的「主觀權利」侷限在客觀法範圍內。

三

　　基本權的結構決定著基本權的功能模式和價值模式。在憲法上有何種基本權結構，就會產生何種基本權功能。在功能模式和價值模式中，基本權既以法律型態發揮功能，也以權利型態產生功能。基本權作為法律，表現為原則與規則，他們是由立法者和司法者通過立法和解釋將基本權轉換成具體的法律規範。權利規範的範圍與法律規範的範圍等同，全部法律規範和法律體系都被理解為來源於權利。義務規範是由權利規範推演而來的次級規範，比如契約雙方當事人都是權利主體，他們向對方履行義務是為了實現自己的權利。具體的法律規範構成一個客觀的法律體系，形成一個客觀的法律秩序。如果說靜態的法律秩序也有功能，那就是靜態的基本權功能，他給社會成員提供了相對確定的行為指引。而這種靜態的功能終極地來自於基本權整體結構，在此際，我們難以區分他的主觀與客觀維度。客觀規範是通過主體意識對行為產生影響，基本權作為權利型態所表現出來的功能較為複雜。從基本權的結構中，我們可以看出，基本權包含作為個體的自然人的權利觀念、意識、抽象和具體的權利，不同基本權的權利型態產生不同的基本權功能。當基本權作為主體的權利觀念和意識，以及抽象的權利型態時，基本權產生主觀功能；當基本權表現為具體的權利型態時，基本權產生客觀功能，即具體基本權產生單純的客觀功能。基本權的抽象型態既產生主觀功能，也產生客觀功能，基本權的主觀功能必須以抽象基本權的存在為前提。抽象基本權為人民提供了知性判斷的憲法依據，如果沒有抽象基本權，基本權的功能只能來自具體基本權的具體功能，雖然這樣的具體功能也是客觀功能，但基本權的客觀功能縮小了。而抽象基本權產生的客觀功能遠遠大於單純由具體基本權產生的功能。順便指出，在基本權的結構中，抽象基本權對具體基本權的客觀效力，不是基本權的客觀功能，前者只是指具體基本權的效力來自於抽象基本權。基本權的主觀功能是在與生俱有的天賦權利中產生的；基本權的客觀功能隨基本權的發展而擴大。

　　在現有的基本權理論中，憲法學家鮮有提到「主觀功能」的概念。[43]
基本權在憲法上的體現就是天賦人權的客觀有效性，客觀有效性是從基本
權結構中衍生出來的範疇，其為靜態的而不同於基本權的客觀功能。基本
權的主觀功能只產生主觀有效性，主觀有效性是人民在無法律規定的情況
下向國家提出請求的判斷依據；主觀有效性是個人基於價值判斷的道德自
決的有效性。這種只有在主觀上有效的判斷叫知性判斷，[44]這種判斷是人
民行使請求權的發動器。當國家權力機構認同了人民的請求權，主觀有效
性便轉化為客觀有效性。如果基本權有相應的客觀規範存在，那麼，基本
權就是客觀規範，法律規範就是權利規範。只有在沒有相應的法律規範存
在的情況下，基本權才是「直接適用的法」。而當法律規範牴觸了基本權
時，基本權也作為「直接適用的法」，引起對法律的修改。[45]給付請求權
是作為客觀規範的權利，僅當「人民之物質生活未達到合乎人性尊嚴之最
起碼生存標準時，才產生原始給付請求權」。[46]這樣的給付請求權有別於
作為客觀規範的給付請求權，後者是指國家應作為而未作為或不作為時人
民的請求權。由此可見，這樣的理解與籠統地將給付請求權作為「主觀權
利」的基本權理論相差多遠。同理，我們可以分析防禦權的功能，防禦權
實質上是免於國家侵犯的自由與權利，「國家不得侵犯」的規定都是客觀

---

[43] 黃錦堂認為「主觀功能是從基本權發展歷史而得出，客觀功能是超越個人防禦權範
圍而進一步要求各國家權力出於憲法之客觀價值秩序要求而採取應有措施」。參
見黃錦堂：「自由權保障之實質論證之檢討——以德國基本權衝突判決為初步探
討」，載李建良、簡資修主編：《憲法解釋之理論與實務》（第二輯），中央研究
院中山人文社會科學研究所，2000年，第197頁。

[44] *Immanuel Kant's Critique of Pure Reason*, Norman Kemp Smith trans., Macmillan And Co.,
Limited ST. Martin's Street, London, 1929, pp. 157-9.

[45] 「基本權作為直接適用的法」是《德國基本法》第1條第3項的規定，本文的理解應
最符合原條文的涵義和立法意旨。

[46] Alfred Katz, *Staatsrecht,* 14., Auflage, 1999, C. F. Müller Verlag Heidelberg, Rn. 575, Rn.
583 ff.; Albert Bleckmann, *Staatsrecht II- Allgemeine Grundrechtslehren,* 2 Aufl., 1985, S.
188; BVerfGE 31, 314 (326); BVerfGE 33, 303 (331); BVerfGE 39, 1 (41 ff.); BVerfGE
88, 203 (251 ff.); BVerfGE 46, 160 (164 f.); BVerfGE 89, 276 (286); BVerfGE NTW 1987,
2287.

規範上的規定。如果國家應作為而不作為侵犯了人民的權利與自由，人民可逕依客觀規範提出不作為請求，此時的防禦權是客觀規範體現出來的客觀功能。僅當客觀規範沒有或未能限制「國家不得侵犯」的權力時，防禦權才產生主觀功能，人民可逕依防禦權提出不作為請求。

　　對基本權的功能作出上述條分縷析後，我們就可以對現有基本權理論中的基本權功能的分類進行分析。已有很多關於基本權功能的分類，通說為六種：主觀防禦權、客觀價值秩序、制度性保障、分享權、機構和程序保障、請求權。[47]這六種功能也可合併為五種，即防禦權、給付請求權、不歧視功能、第三人效力與放射效力、機構和程序保障。[48]這些分類的根本問題是將基本權的主觀功能與客觀功能混為一談，使得人們無法認識基本權的主觀功能和客觀功能。更為重要的是，區分和釐清基本權的主觀功能與客觀功能，有助於人們透視憲法的類型。僅有客觀功能的基本權無疑只是憲法文本上的一堆規定，通過規定否定了人在憲法上的主體地位和能動地位，人民也不能享有產生主觀功能的抽象基本權，即人性尊嚴。因此，「人性尊嚴」條款是憲法文本價值的體現，也是考察國家存在價值的依據，更是衡量人類正義的基準，正義的標準就是從這個價值中獲得的。如果我們依照本文的邏輯對基本權進行分類，基本權的功能就是主觀功能和客觀功能兩大類。而主觀功能和客觀功能各自包括哪些具體功能，這個問題雖複雜卻可以清晰地作出區分和歸類。「制度性保障」、「組織程序保障」、「國家的保護義務」及「第三人效力與放射效力」都可以歸類為基本權的客觀功能；「防禦權」和「給付請求權」部分地產生主觀功能、部分地產生客觀功能。因為以「人性尊嚴」為源泉的基本權體系植根於倫理價值之中，而建立在倫理價值之上的客觀憲法秩序才可以顯現個人人性尊嚴的基本價值，由此形成的客觀憲法秩序是人性尊嚴抽象的、主觀的內涵的展開。「價值秩序」是基本權體系所形成的客觀狀態，他們首先表現

---

[47] Hesse §9 II; Ossenbühl, NJW 1976, 2100 ff.; Starck, JuS 1981, 237 ff.; Jarass, AöR 1985, 363 ff.; Frotscher, JuS 1994, L. 95 ff. Here citing from *Staatsrecht,* von Alfrad Katz, 14., Auflage, C. F. Müller Verlag Heidelberg, 1999, S. 274-275.

[48] H. D. Jarass, *Bausteine einer umfassenden Grundrechtsdogmatik*, in AöR, 1995, S. 347 ff.

為一個靜態的價值秩序；其次，基本權也可以形成一個動態的價值秩序，因為基本權具有價值整合作用。基本權作為價值決定原則意味著基本權是不斷融合、更新的國家與社會秩序的正當性來源，[49]唯有將基本權作為社會成員的共同價值準則，並在社會發生衝突、甚至是對立的衝突時，用基本權消弭衝突而達到和諧狀態。由此可見，基本權的客觀功能與主觀功能的密切關聯：基本權的主觀功能體現在抽象基本權之中，而形成客觀憲法秩序的則是基本權的客觀功能。抽象基本權是經由具體基本權表現出來的，但這並不是說憲法上的基本權客觀價值秩序只是由客觀化的基本權形成的，抽象基本權也對客觀價值秩序發生作用。這樣理解顯然超越了現有基本權理論中「主觀權利」的範疇。

原則與規則既是基本權的結構，也體現基本權的功能，因為原則與規則是法律的構成成分。原則與規則體現基本權的客觀功能，圖示如下：

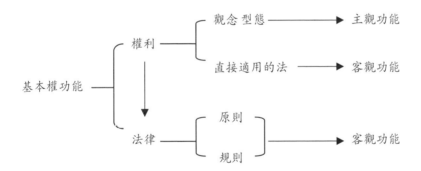

基本權對國家權力的約束主要是通過原則和規則實現的，但須注意：第一，基本權作為法律原則對國家的客觀功能與法官適用比例原則是兩種不同的功能，前者是本體論上的功能，不適用也有功能；後者是方法論上的功能，經衡量才產生功能。也就是說，比例原則的憲法效力位階要求法官在個案處理中適用他衡量立法和行政行為。從比例原則本身不能導

---

[49] Smend, R., *Verfassung und Verfassungsrecht*, in: *Staatliche Abhandlungen*, 4. Aufl., Berlin: Duncker & Humblot, 2010, S. 265.

出一項基本權的具體內容。第二，原則的功能可以由規則表現出來，比如「焚燒國旗」即是「表達自由」的規則形式，只有允許或禁止的適用。第三，對規則的適用也可以適用比例原則，比如乞討雖是「表達自由」的權利，卻違反了「人性尊嚴」的更高價值。是故，警員不能驅趕，政府應該收容，因為政府有責任滿足人民的最低物質生活條件。原則與規則的邏輯關係可比擬於權利與法律的邏輯關係。基本權作為法律的客觀功能仍然是來自基本權本身的客觀功能。德國聯邦憲法法院認為，基本權作為客觀原則的功能在於其效力位階原則上大大提高，……但是基本權效力的根源在其最初的意義之中……。因此，基本權作為客觀原則的功能並未排除基本權原來的核心而獨立成一個不具有原始和固定意義的客觀規範結構體。[50]此即權利對法律的功能，或法律功能中權利的地位。不止於此，基本權的客觀功能終極地來源於基本權的主觀功能，人的主體性與能動性始終是基本權主觀功能的基礎與源泉。正因如此，憲法才將與人不可分離的人性尊嚴作為憲法的基本價值，他也是基本權作為「直接適用的法」的最高依據。德國基本法還將「人性尊嚴」作為憲法的根基和人類的圖像（Menschenbild）。[51]在今天，世界上很多國家在憲法文本中規定了「人性尊嚴」條款；已有很多國家的司法機構在法律解釋中將「人性尊嚴」作為「直接適用的法」；我們也可以在很多國家的憲政運作和政治實踐中看到對「人性尊嚴」價值的運用。《世界人權宣言》、《公民權利和政治權利國際公約》等一系列國際人權法與區域人權法，都將「人性尊嚴」條款作為人類共同體絕對的、最高的價值。《世界人權宣言》在序言首條即宣告：對人類家庭所有成員的固有尊嚴及其平等的和不移的權利的承認，乃是世界自由、正義與和平的基礎。《公民權利和政治權利國際公約》也宣告：「所有人民都有自決權。他們憑這種權利自由決定他們的政治地位，並自由謀求他們的經濟、社會和文化的發展。對所有聯合國人民的人性尊嚴及其他基本權的承認，乃是世界自由、正義與和平的基礎。確認這些權

---

[50] BVerfGE 7, 198 (Rn. 27); BVerfGE 24, 367 (389); BVerfGE 50, 290 (Rn. 140).

[51] Alfred Katz, *Staatrecht*, 13. Auflage, Rd. 669 ff. und Rd. 683 ff.

利是源於人身的固有尊嚴。」這些普世價值為人類的發展與行動提供了基本的方向與準則。

　　從上面的分析我們可以知道，在基本權的功能領域裡，權利和法律承載著基本權的不同功能，合乎邏輯的結果是：不同的功能模式引起不同的政治型態。換言之，基本權的主觀功能和客觀功能可以引起不同的政治型態。基本權的客觀功能是客觀規範的體現，因而是程序政治的憲法基礎，保障國家權力機構依憲法設定的程序運作，並符合基本權實質價值的要求。而主觀功能則可以引起非程序政治，憲法時刻的產生就是基本權主觀功能作用的成果。我們無可否認，主權在民原則是人民基本權的體現，因而，基本權的主觀功能和客觀功能在該原則中同時存在。憲法學向來認為主權在民原則是議會民主的正當性來源；由上面的分析可知，他也是二元民主（程序民主和非程序民主）的正當性基礎，因為憲法上的基本權具有主觀功能，質言之，其關鍵在於憲法上存在抽象基本權。抽象基本權作為約束包括修憲權在內的一切國家權力的「絕對條款」，意味著人民可以直接依據這個條款行使程序外的民主權利。沒有「絕對條款」下的主權在民原則僅產生制度性的民主形式，而存在「絕對條款」的主權在民原則既可產生制度性民主，也可產生非制度性民主。當現行的憲法秩序無法滿足社會的需求，而「常態政治」又沒有作出正當的回應，在部分人民的推動下，隨即啟動公眾支持機制，最後形成重大的憲法典範。[52]世界憲政史上，曾出現過無數這樣的憲法典範；而今天的政治現實中，也不乏這樣的憲政實例。

　　不同的基本權結構產生不同的基本權功能，孕育出不同的「我們人民」。

---

[52] Bruce Ackerman, *We The People: Foundations*, Belknap Press, 1991, pp. 266-272.

6

論基本權的效力*

内容摘要

本文分析了現有的基本權效力理論，認爲基本權第三人效力產生於個人與國家的「權利—權力」關係結構中；抽象基本權與具體基本權的效力涵蓋了整個法律秩序；社會權的出現打破了公、私法界分的基本權效力理論體系；憲法基本權與世界人權法上的基本權的融合消解了主權的障礙，一個人享有的基本權的效力及於各個世界人權機構和人類社會的每一個成員。

關鍵詞：基本權、公法、私法、社會法、第三人效力、世界人權法

---

* 本文完成於2011年6月30日。

　　基本權效力理論涉及公法與私法的關係範疇、抽象基本權與具體基本權的效力範圍、社會權在「權利─權力」與「權利─權利」關係中的屬性，以及憲法基本權效力與世界人權法效力的關聯等議題。現有的基本權效力理論主要涉及基本權對於國家權力的效力、基本權效力與私法關係，以及基本權的第三人效力。現有的基本權效力理論一致認為，基本權的效力及於一切國家權力；而對基本權效力與私法關係、基本權的第三人效力，則存在很多分歧性觀點。至於憲法基本權的效力與世界人權法的效力關聯，尚未引起足夠的重視。本文涉及的議題是：基本權效力及於國家權力，以及由此引起的第三人效力；抽象基本權與具體基本權在私法領域的效力範圍；社會基本權在公法與私法領域的效力；以及憲法基本權超越國界的效力範圍。

一

　　通說認為，基本權效力約束一切國家權力，這樣的認識，必須將基本權視為自然權利。自然法蘊涵著自然觀念、自然秩序、自然法則、自然正義、自然權利、自然道德、自然倫理等價值。自然權利先於國家而存在；國家權力來源於自然權利。因而，自然權利作為基本權，理所當然地約束一切國家權力。基本權效力及於一切國家權力，必然在憲法文本上有如下相應的規定及制度設置：首先，憲法文本和司法審查中肯認個人的基本權是自然權利或天賦的權利，並將個人的人性尊嚴作為基本權的核心內容。其次，基本權作為「直接適用的法」，比如《德國基本法》第1條第3項的規定；《俄羅斯聯邦憲法》第18條的規定。再次，普選制和全民公投制的確立。普遍選舉保證了國家的最高權力可以直接地來源於人民的權利，從而在制度上實現了基本權先於國家權力的自然法原理。最後，權力分立與違憲審查制度的存在，權力分立保證了國家權力同時具有相互制約的功能；違憲審查制度使憲法可以適用於整個法律秩序，經由人民的訴請，違憲審查機構可以通過憲法解釋保障人民基本權，比如通過自然法論證和事

物本質論證，使基本權符合自然權利的屬性。

在最初的意義上，基本權是向兩個方向發生效力的：一是國家（城邦），一是私人。羅馬法上的訴（actio）既指行為，也指訴權。「行為」指向公權與私權；「訴權」是請求國家（公權力）保護私權的權利。[1]從actio可以演繹出公法上的請求權和私法上的請求權，而請求權就是針對他人的意思力，即要求他人為或者不為一定行為的權利，他既是實體權利，也是程序權利。[2]這表明實證法上的基本權最初就不只是免於國家侵害的消極權利與自由。在羅馬法中，基本權針對國家保護義務的效力甚至及於親屬法律關係、進入倫理範疇，比如任何法律不得禁止自由人的婚姻；國家維護婦女的嫁資，婦女不能放棄這一法律照顧；國家代為撫養無力撫養子女的家庭；國家還重視保護受監護人的財產。[3]這些都是實質平等權對國家權力的約束。

從羅馬法的這些規定中，我們可以獲知，基本權的第三人效力產生於基本權針對國家權力的效力，也就是說，第三人效力只能發生在個人與國家的關係中。但是，現有的基本權效力理論均認為，基本權第三人效力產生於私法關係，並試圖論證基本權對私法主體的效力。直接第三人效力理論認為，基本權對於整個法律秩序是具有如同客觀規範約束力的基本原則，可以在無法律規定和無需解釋的情況下直接適用於私法關係，這是基本權的絕對效力。[4]間接第三人效力理論認為，藉由能夠進行價值填補和

[1] Cupidae Legum Juventuti, *The Elements of Roman Law*, London: Sweet & Maxwell, Limited, 1944, pp. 412-473.

[2] Karl Larenz, *Allgemeiner teil des deutschen bürgerlichen rechts* (Band. 1), S. 245-246.

[3] Thomas Collett Sandars, *The Institutes of Justinian, with English Introduction, Translation, And Notes,* Longmans, Green, And CO., 1910, LIB. I, TIT. X. 13; LIB. I, TIT. XX, 3; TIT. XXV, 17; LIB. IV. TIT. VI. 29.

[4] BAGE 1, 185, 193 f.; 4, 274, 276 f.; 7, 256, 260; 13, 168, 174 ff.; 16, 95, 100 f.; 13, 103, 105; Ludwig Enneccerus/Hans Carl Nipperdey, *Allgemeiner Teil des Bürgerlichen Rechts* I/1, 1959, S. 92 ff.; Hans Carl Nipperdey, *Grundrechte und Privatrecht*, 1961, S. 13 ff.; Klaus Stern, *Das Staatsrecht Der Bundesrepublik Deutschland*, Bd. III, Allgemein Lehren Der Grundrechte 1. Halbband, C. H. Beck'sche Verlagsbuchhandlung (Oscar Beck) München 1988, S. 1518 ff., 1531 f., 1538.; Jürgen Schwabe, *Die sogenannte Drittwirkung der*

需要進行價值填補的法律規範，基本權能夠滲透到私法關係中。[5]這兩種效力理論都是將基本權視作公法上的權利，因為只有作此理解，才能使基本權對私法關係的主體發生效力。但是，這樣理解引出了如下問題：

首先，無法釐清法律關係。從羅馬法的規定可知，基本權第三人效力存在於「個人—國家—個人」的關係結構中。個人A與國家發生保護義務上的法律關係，才能免受個人B的侵害。而對於個人B來說，也具有相同的國家保護義務法律關係。在此前提下，個人A的基本權才能對個人B發生拘束力，反之亦然。在羅馬法之後，我們從一些實務上也可以獲得同樣的觀點，基本權第三人效力源於建築法上的條款，行政機關發給土地所有權人建築許可時，鄰地所有權人或者其他權利人可否對行政機關的許可提起撤銷建築許可的訴訟。依據傳統觀點，除非法律有保護第三人利益的規定，否則建築法對公權的保護，僅及於申請建築許可的當事人，並不及於第三人，即僅及於直接相對人。在此案中，原告的基本權，即請求國家保護的權利，首先對國家發生效力，然後才對鄰居發生效力。即使是將原告與鄰居視為私法關係的主體，原告也須向法院請求排除侵害，也就是說，原告的基本權總是在對國家（法院）發生效力後，才對私人發生效力。Lüth案的第一個法律關係發生在Lüth與代理發行公司之間，憲法基本權對這一法律關係具有效力在於民事法院應平等保護雙方當事人（Harlan與Lüth）的基本權。Lüth固然有言論自由；代理發行公司提起訴訟也是基於事物本質：不能因為Harlan曾經拍過不當影片而他的其他影片就不能發行。Lüth不服民事法院的判決而向憲法法院提起上訴，作為基本權主體，其基本權效力同時指向憲法法院和民事法院。這個法律關係的前提是，國家（民事法院）可能侵犯了Lüth的言論自由，這是公法上的言論自由的範

Grundrechte, 1971, S. 16 ff., 67 ff.

[5]　Günter Dürig, *Grundrechte und Zivilrechtsprechung*, in: Festschrift für Hans Nawiasky, 1956, S. 157 f.; Klaus Stern, *Das Staatsrecht Der Bundesrepublik Deutschland*, Bd. III, Allgemein Lehren Der Grundrechte 1. Halbband, C. H. Beck'sche Verlagsbuchandlung (Oscar Beck) Münche 1988, S. 1532. Hans Carl Nipperdey, *Die freie Entfaltung der Persönlichkeit*, in: K. A. Bettermann/H. C. Nipperdey (Hrsg.), *Die Grundrechte*, Bd. IV/2, 1962, S. 748 f.

疇，也是Lüth免受國家干預的消極自由的範疇。而Lüth被訴，是因為其言論侮辱和誹謗了Harlan，但這是私法上的言論自由的範疇。雖然言論的內容一樣，但在不同的主體之間卻產生不同性質的法律關係。前者是「權利─權力」關係，後者是「權利─權利」關係。在「權利─權利」關係中，不存在基本權第三人效力問題，因為法律關係的主體就是雙方當事人，也就是說，基本權第三人效力不發生在私法關係中，但這不能被理解為基本權對私法關係沒有效力，該意思是基本權的效力位階高於私法規範，並不是說私法權利不在基本權的範疇內，這種表述與現有基本權效力理論的區別是，後者將基本權作為兩個不同的法律領域來討論基本權對私法關係的效力，此也不能被理解為私法上的權利不是基本權範疇中的權利，這是本文的立論之一，也是本文的討論前提之一。私法上的權利與公法上的權利都是憲法上的基本權，Lüth案混淆了私法上言論自由與公法上言論自由的不同屬性。根據民事法院的認定，Lüth的抵制違反了「善良風俗」的私法規範。這是私法權利（Lüth針對Harlan的言論）與私法原則的衝突，這兩種不同的私法規範應該同受更高效力位階的抽象基本權的約束，同受國家（民事法院）的平等保護。進而進行價值衡量，從而保護價值大的法益，捨去價值小的法益。將言論自由的公法屬性用於私法關係，等於對私法規範之間的衝突和公、私法規範之間的衝突不加區分，不免引起公、私法律關係的混亂，在法理上也難以獲得融貫性證明。如果在沒有進行價值衡量的前提下，再用私法上的個人權利否定私法基本原則（善良風俗），或者相反，則明顯違反了基本權效力與法律原則效力的位階。憲法法院處理此案的關鍵在於，應區分公法上言論自由與私法上言論自由的不同屬性，始可既平等保護Lüth和Harlan的基本權（私法上的權利），又可保護Lüth的基本權（公法上的權利）免受國家（民事法院）的侵害。顯然，基本權第三人效力發生在Lüth與憲法法院的「權利─權力」關係中，若沒有這一法律關係存在，就不可能有第三人效力。

其次，僅將基本權視為公法上的權利。直接或間接的第三人效力理

論都是將基本權視為公法上的權利，[6]並在此前提下，試圖論證基本權對於私法關係主體具有拘束力。基本權直接第三人效力理論將基本權視為憲法上的基本原則，對整個法律秩序都具有客觀效力。在私法領域裡，國家頒布法令、作出司法判決，以及採取執行措施時，必須尊重基本權。[7]這種理論將私法自治原則當作與憲法基本原則相等的原則而加以尊重。間接第三人效力理論認為，憲法與私法是兩個不同的法域。論證基本權對於私法的間接效力是藉由能夠和需要進行價值填補的法律規範，使基本權滲透到私法關係中。此外，無論是直接效力還是間接效力理論，將基本權與私法上的權利割裂開來，無異於將私法主體排除在基本權主體之外。認為憲法與私法是兩個不同的法域，並不能證明私法上的權利不在基本權範疇之內，蓋自然人同為私法與公法的主體，意味著他們都是基本權主體。無論是直接效力還是間接效力理論，也都將基本權當作實證法上的權利，即法律明文規定的權利。雖然實證法上權利也包含自然權利，但實證法上的權利不可能包含所有自然權利。間接第三人效力理論的「客觀價值秩序」理論和「價值填補」的解釋方法，也都是以實證法體系為基礎，因為不確定法律概念本身就是實證法體系中的概念。於是，基本權就無法對所有私法上的權利發生效力。事實上，公法（憲法）來源於私法（私有財產權）；私權（私有財產權）之所以成為基本權，乃是為了對抗公權的侵害。而在私法領域，私人之間的「權利—權利」關係並不引起現有的基本權第三

6　BAGE 1, 185, 193 f.; 4, 274, 276 f.; 7, 256, 260; 13, 168, 174 ff.; 16, 95, 100 f.; 13, 103, 105; Ludwig Enneccerus/Hans Carl Nipperdey, *Allgemeiner Teil des Bürgerlichen Rechts* I/1, 1959, S. 92 ff.; Hans Carl Nipperdey, *Grundrechte und Privatrecht*, 1961, S. 13 ff.; Jürgen Schwabe, *Die sogenannte Drittwirkung der Grundrechte*, 1971, S. 16 ff., 67 ff.; Klaus Stern, *Das Staatsrecht Der Bundesrepublik Deutschland*, Bd. III, Allgemein Lehren Der Grundrechte 1. Halbband, C. H. Beck'sche Verlagsbuchandlung (Oscar Beck) Münche 1988, S. 1518 ff.; Stefan Oeter, *Drittwirkung der Grundrechte und die Autonomie des Privatrechts: Ein Beitrag zu den funktionell-rechtlichen Dimensionen der Drittwirkungsdebatte*, in AöR 119 , 1994, S. 529.

7　Christian Starck, *Human Rights and Private Law in German Constitutional Development and in the Jurisdiction of the Federal Constitutional Court*, in *Human Rights in Private Law*, Daniel Friedmann and Daphne Barak-Erez eds., Oxford-Portland Oregon, 2001, p. 98.

人效力問題。私法來源於倫理習慣，他們是自然權利的組成部分。由此可知，廣義的基本權（而不僅僅是實證法上的基本權），即人之為人的權利，可以與自然權利劃上等號。Dürig認為私法是從基本權中衍生出來的，[8]顯然，他的「基本權」就是指自然權利，而不是實證法上的權利。基本權第三人效力理論的癥結在於，在此理論下，如果將基本權等同於自然權利，也就是說，基本權同時是公法與私法上的權利，以及實證法尚未窮盡的權利，那麼也就不存在所謂的基本權第三人效力理論，因為基本權第三人效力理論是在將憲法和私法視作兩個不同法域的前提下產生的。如果私法被視作獨立於憲法的法域，而實證法上的基本權又包含私法權利，如此，公法上的基本權與私法上的基本權只有效力的位階關係，而不是不同法域之權利的約束與被約束的關係。有研究者在揭示基本權第三人效力理論時認為，該理論主要探究「基本權在同為基本權主體的私人之間，是否發生效力、發生何種效力、以及在何種範圍能發生效力」。[9]這樣表述又模糊了上述兩個「如果」。無怪乎有學者對基本權第三人效力理論持否定立場。[10]

再次，引起平等原則與私法關係的衝突。第三人效力理論將平等原則視為公法上的原則，且是將平等原則視為不包含私權的基本權。直接第三人效力理論並不主張平等原則可適用於私法領域，因為平等對待扭曲了私法的本質內涵，私法自治原則通常被賦予高於平等原則的效力位階。[11]

---

[8] Vor allem Günter Dürig, *Grundrechte und Zivilrechtsprechung*, in: Festschrift für Hans Nawiasky, 1956, S. 157 f.

[9] A. Bleckmann, *Allgemeine Grundrechtslehren*, 1979, S. 137; Josef Isensee und Paul Kirchhof, *Handbuch des Staatsrechts der Bundesrepublik Deutschland*, Band V. *Allegemeine Grundrechtslehren Zweite*, durchgesehene Auflage, C. F. Müler Juristischer Verlag Heidelberg, 2000, Rn. 54.

[10] Vgl. etwa Schwabe, *Die sogenannte Drittwirkung der Grundrechte*, 1971, S. 45 ff., Schwabe, *Die sog Drittwirkung*, in NJW 1973, 229 f.; in *Staatsrecht,* von Alfrad Katz, 14., Auflage, C. F. Müller Verlag Heidelberg, 1999, S. 294; Klaus Stern, *Das Staatsrecht Der Bundesrepublik Deutschland*, Bd. III, Allgemein Lehren Der Grundrechte 1. Halbband, C. H. Beck'sche Verlagsbuchandlung (Oscar Beck) Münche 1988, (Fn. 1) S. 1550.

[11] Z. B. BAGE 13, 103, 105.

間接第三人效力理論也認為不能為了維護平等原則而犧牲私法原則。[12]這樣的理解不僅將平等原則視為公法原則，也將平等視為單純的形式平等。認為私法自治原則的位階高於平等原則，是因為前者無形式與實質之分，而後者則有。而私法領域的平等通常是以實質平等的型態發生效力的，是故，平等原則與基本權作為客觀化的基本原則一樣，涵蓋整個法律秩序。平等權既是公法上的基本權，也是私法上的基本權。國家被課予實現平等的義務，這在基本權理論中被理解為古典防衛權。雖然平等權與禁止歧視一直被視為針對國家的權利，但只要在私人之間存在不平等與歧視行為，這些權利也用於防禦私人侵犯，並受國家同等保護。事實上，平等對待與平等保護的國家義務也發生在諸如財產關係與繼承關係這樣的私法領域。平等權作為私法關係中的基本權也可以通過禁止歧視原則加以論證，禁止歧視原則連結著抽象基本權（人性尊嚴）與具體基本權（人格權）。顯然，人性尊嚴與人格權都是個人在整個法律體系中的權利。侵害到抽象基本權者，一定也侵害了具體基本權。民事關係中的歧視行為均可視為侵犯人性尊嚴與人格權，因而也是違反平等保護之基本原則。平等權既是防禦國家也是防禦私人的權利。

基本權第三人效力理論只發生在個人與國家的「權利—權力」關係中。這個命題因為權利與權力的形式與結構不同而應作不同的分析。

例如罷工權，罷工權是一個集合性權利。勞工的這一基本權可以指向國家，也可以指向雇主。當勞工的罷工權指向國家時，可同時發生第三人效力，這個第三人有可能是個人，也有可能是集體或社會（即公益）。如果第三人的基本權因罷工遭到損害，那麼，受損害者有權向國家請求賠償。而針對雇主的罷工則在本質上是私法關係，但罷工權是集體行使的基本權。是故，勞資關係也就不能簡單地被認為是私法關係，或者說，罷工權引起的私法關係不是單純的私法關係，而具有「權利—權力」關係的屬

---

[12] Günter Dürig, *Grundrechte und Zivilrechtsprechung,* in *Festschrift für Hans Nawiasky*, 1956, S. 157 f.; BVerfGE 7, 198 (194 ff.); BAGE 3, 296, 301; Klaus Stern, *Das Staatsrecht Der Bundesrepublik Deutschland*, Bd. III, Allgemein Lehren Der Grundrechte 1. Halbband, C. H. Beck'sche Verlagsbuchandlung (Oscar Beck) Münche 1988, S. 1532.

性。此時，不僅罷工者的利益應由資方補償，未罷工者因資方侵害而損失的權益和因罷工而遭受的損失，都應由資方賠償，因為未罷工者遭受的雙重損失都具有基本權的屬性，這些權利對雇主具有約束力。

至於勞資雙方是否為利益共同體的問題，本人認為，依據「事物本質」原理，勞資雙方並不是利益共同體，蓋勞工有工作權；資方有解雇權。「期限就是禁止妄為的解雇。」[13]這個原理也可以類比適用於罷工的法律關係中。在罷工的法律關係中，針對國家的罷工，勞資雙方是利益共同體；而針對雇主的罷工，勞資則是利益對立的雙方。這種區分意味著針對國家的罷工，基本權不僅約束國家，而且也指向其他主體。也就是說，因與國家發生「權利—權力」關係而產生第三人效力。而針對雇主的罷工，其屬性本質上是「權利—權利」關係。但如前所述，罷工權是集體基本權，針對雇主的罷工，也具有「權利—權力」關係的屬性。因此，在這種法律關係中，也存在第三人效力問題。從這些討論中我們發現，憲法解釋與判例法的重要意義。因為基本權效力的複雜性，在很多情況下，難以抽象化為一般規則。針對許多複雜的個案，只能透過憲法解釋，才能獲得符合事物本質的法律效果。

再如在行政契約、行政事實等權力形式中也存在基本權的第三人效力。行政主體是為了公益，行政行為的相對方是單純地為了私益，存在著契約自由與契約對象的結構性弱勢地位的矛盾。在行政契約關係中，雖然也遵守私法自治、意志自由的原則，但由於行政主體往往是以公益為理由，且權力的本質不同於權利，「主體地位不能平等時有顯現，相對人的意思成分較小」。[14]故國家對此關係的保護義務是使平等權對雙方產生效力。

一個相對人在與行政主體發生法律關係時，其實存在著無數個潛在

---

[13] G. Müller, *Die Drittwirkung der Grundrechte und das Sozialstaatsprinzip*, in *Im Dienste der Sozialreform*, Festschrift für Karl Kummer, Wien, 1965, S. 368 ff. 引自陳新民：《憲法基本權利之基本理論》，三民書局，1991年版，第79頁。

[14] おおはし よういち：《行政法學的結構性變革》，呂艷濱譯，中國人民大學出版社，2008年，第199-200頁。

的、平行的「權利─權利」關係,表現在行政契約的締結過程,如招標。由於招標經常會附加條件,即限制性招標,行政主體的限制條件可能會損害很多意欲投標的公司,從而使他們失去經營的機會。而在契約履行過程中,行政主體若認為契約的履行將不利於保護公益時,便有權變更或解除行政合同。在此際,對公益的判斷、變更或解除合同的法律後果,可能損害到相對方,以及相對方以外的其他主體,從而引起第三人效力問題。至於行政事實行為,由於其是行政主體基於行政職權實施的行為,雖然不具備法律約束力,但他對相對人的人身權、財產權等合法權益仍然可能產生事實上的損害。[15]這樣的行政事實行為可以引起行政主體與相對人之間具有約束力的法律關係。基於行政事實行為的多元性,相對方可以是個人,也可以是團體,從而產生某一法律關係之外的多重法律關係,也即有相互約束的基本權效力。

基本權衝突中的基本權效力,也是在與國家權力發生關係時才產生第三人效力。比如在Peep-show(窺視秀)一案中,原告申請Peep-show的營業許可,被主管機關拒絕,因而提起訴訟。德國聯邦行政法院認為,在Peep-show表演中,人性尊嚴已受到損害,因為該女性的扮演者是一個客體化、物體化的角色,即使出於自願,也不能被允許。因為人性尊嚴與自然人不可分離;人不能被當作客體,國家不能認可任何一個國民自願被當作客體。在此案中,表演公司與女扮演者分別擁有營業自由與職業自由的基本權,且雙方之間的關係也是私法上的契約關係。國家(行政機關或法院)本應尊重私法上的意思自治與契約自由原則,但行政機關拒絕發放營業許可證;法院也駁回訴訟,因為Peep-show違反「人性尊嚴」條款,國家應保障個人更高位階的基本權。[16]對於私法與基本權的價值衝突,一些國家都作有利於基本權的規定。[17]「人性尊嚴」是基本權的本質內容,任何人均不可放棄,因基本權是私法的價值基準。國家拒絕表演公司營業實

---

[15] 姜明安主編:《行政法與行政訴訟法》,北京大學出版社、高等教育出版社,2007年3版,第365頁。

[16] BVerwGE 64, 274 (Rn. 8, 10, 12).

[17] 例如,《瑞士聯邦憲法》第34條和《歐洲人權公約》第17、18條。

際上也影響到公司其他因合意而形成的勞動關係，因而引起第三人效力問題。如果表演公司與女扮演者的契約內容未牴觸基本權本質內容，即是合憲的。那麼，這種單純的、未發生基本權衝突的私法行為並不引起第三人效力。「人性尊嚴」條款的效力不僅及於一切國家權力和私法關係，也及於基本權主體自身，約束主體自己；而基本權具有自然權利的屬性，所有基本權對於主體自身都具有「自律」的約束力。在此際，基本權效力並非只具有客觀屬性，也是基本權主體實踐理性的內在依據和界限。

二

　　社會權的出現打破了公法、私法界分的基本權效力理論體系。

　　由於將基本權視為公法上的權利，所以，基本權效力理論對基本權效力的討論也是在公、私法界分的條件下進行的。這種思路可以上溯到羅馬法。在羅馬法中，基本權對私法關係的效力是這樣發生的：公民在公法上權利和利益不能被私法簡約；私人協定不變通公法；公民在公法上的利益被視為「一般利益」或「社會利益」，比如私人之間完全可以在契約中規定不對過失（包括最嚴重的過失）負責，但卻不能對「詐欺」作這樣的規定，因為「詐欺」涉及「一般利益」。[18]古典基本權主要是維護個人的消極自由地位、對抗公權力，並認為個人擁有不受國家干預的私人領域，以及用於防止國家侵害個人權利領域的可能性。基本權規範不應對私人之間的法律關係設定標準或劃出界限。[19]社會權的出現打破了公法、私法界分的基本權效力理論體系。現有的基本權效力理論都認為，基本權對私法的效力始於《威瑪憲法》。該憲法第118條第1項（「言論自由」條款）和

---

[18] Pietro Bonfante：《羅馬法教科書》，黃風譯，中國政法大學出版社，1992年版，第9、10頁。

[19] Christian Starck, *Human Rights and Private Law in German Constitutional Development and in the Jurisdiction of the Federal Constitutional Court*, in *Human Rights in Private Law*, Daniel Friedmann and Daphne Barak-Erez ed., Oxford-Portland Oregon, 2001, p. 100.

第159條（「結社自由」條款）規定，人民的自由不能被私人間的工作契約加以限制。顯然在這個條款中，言論自由是公法上的基本權，工作契約是私法上的法律關係。《德國基本法》也有相同的規定，該法第9條第1、3款認為，所有德國人享有結社的權利；限制和妨礙結社自由的協定均屬違法。《德國基本法》的這個規定體現了結社自由作為公法上基本權對私人契約內容與措施的約束效力，即所謂基本權對私法的效力發生在「權利－權利」關係領域。雖然通說認為基本權第三人效力是針對私法關係的，但本文在上一節已經探討了這個觀點，也論證了基本權第三人效力發生在「權利－權力」關係領域。事實上，基本權的屬性遠非上述條文規定的那樣簡單，言論自由和結社自由均有公法與私法之分。公法上的言論自由是免於國家侵害的自由，是防禦國家的基本權；而私法上的言論自由止於他人的人格權。「個人的自由必須絕對不妨害他人的自由。」[20]而結社自由既有公法上的結社自由（政黨），也有私法上的結社自由（公司），還有要視具體情況而定性的結社自由（工會）。一般而言，工會具有社會權意義上的結社自由的性質。不止於此，在這些基本權的效力關係中，我們進一步發現，在「權利－權利」關係（私法關係）中潛在地包含著「權利－權力」關係（公法關係）；在「權利－權力」關係中潛在地包含著「權利－權利」關係。當私法上的言論自由發生衝突時，遂產生個人與國家（法院）的保護法律關係（公法關係）；當個人免於國家侵犯的言論自由損害了他人的人格權時，遂產生平等的私法主體同受國家保護的基本權效力問題。而兼具個人權利與集體權利屬性的社會權，如受益權、環境權等，更同時存在一個主要的法律關係和若干個連帶的法律關係。

　　基本權第三人效力理論的問題還可能是因為第三人效力是實證法上的內容，而基本權卻是超越實證法的內容。實證法上基本權規範存在著效力位階，而超越實證法的基本權在價值衡量中確定效力位階。基本權的本質內容是絕對價值條款，其效力也是絕對的。不只是絕對價值條款涵蓋整

---

[20] John Stuart Mill, *On Liberty*, Cha. 3, *Of Individuality, As One Of The Elements Of Well-being*. Edited with an Introduction by Alan S. Kahan Bedford 1st. Martin's, p. 67.

個法律秩序，來源於絕對條款的具體基本權也涵蓋整個法律秩序。即便是具體性很高的參政權，也涵蓋公法、私法、社會法的整個法律領域；而創制、複決等權利的效力也同樣及於整個法律秩序。一部分人的參政權可能損及另一部分人的自治權。因此，選舉的有效性並不需要建立在百分之百的投票率之上，這是普選制中「多數決定原則」的價值所在，直接和間接的第三人效力都無法解釋這種基本權效力樣態。

　　這些難以界分的基本權效力深深地根植於基本權理念之中，即抽象基本權（人性尊嚴）與具體基本權（如平等權）同時覆蓋整個法律秩序。公法、私法、社會法，公權、私權、社會權，皆以「人性尊嚴」為基礎，這是自然人的本質規定性，更確切地說，是基本權主體的本質屬性。「人性尊嚴」被視為基本權的本質內容，而基本權效力的內涵就是事物本質與自然法。事物本質是基本權效力的論證依據，無論是在公法關係還是在私法關係中，前述Peep-show案即可同時說明這個命題。事物本質也是基本權在私法關係中的邊界，比如同性婚姻應被禁止，因為他不符合事物本質。事物本質原理引起基本權本質內容的國家保障義務，這意味著合意也不能違憲，例如契約自由與歧視待遇的禁止（《德國基本法》第3條第3項）；契約終止須符合職業自由的基本權（《德國基本法》第12條第1項）。事物本質既可論證基本權效力的深度，也可論證基本權在範圍上的效力，還可以確定基本權效力的來源（自然法）。具體而言，在實務上，事物本質：首先，確定基本權的內涵。比如講學自由包括傳播思想、發展學術、探討真理、開創新的知識領域等。其次，他是憲法的價值基準。事物本質是規範領域內既定的事物結構，因其一方面是作為事物本身的性質，同時也具有使規範具體化成為可能的規範效力。故法律規定符合此領域內的事物結構，該規定即符合事理，[21]比如同性婚姻立法，端視同性婚姻是否符合婚姻的事物結構。婚姻的本質在於繁衍後代，因而同性婚姻違背婚姻關係的基本結構和基本事理，故禁止同性婚姻才符合法律規範背後的倫理

---

[21] Karl Larenz, *Methodenlehre der Rechtswissenschaft* (*Methodology of Jurisprudence*), Vierte, ergänzte Auflage, Springer-Verlag, Berlin Heidelberg New York, 1979, S. 406-407, 418-419.

原則。再次，他是憲法解釋的準據。事物本質是實質正義的具體標準，是具體的自然法，是制定法以外的法源，[22]是具體生活關係中所蘊涵的標準與秩序。[23]比如依據事物本質可以判斷「適當工作」才是工作權的基本實現。「適當工作」包括：（一）學有所用。（二）既能發展個人人格與能力，又能促進人類社會發展。（三）與個人能力相當。（四）通過正當競爭而獲得。這些標準既存在於私法關係中（勞工與雇主），也存在於公法關係中，國家有義務保障國民工作權的充分實現。最後，影響法官對法律及生活關係的理解。法律秩序，說到底，是從事物本質／本性中引出的特定規範秩序。[24]立法者建構的法律秩序是靜態的，而法官在動態的生活關係中，以事物本質為基本權的深度效力準據，通過個案的積累，豐富了這個靜態的法律秩序。

　　以事物本質為邏輯起點，既可形成規範秩序，也可形成價值秩序，他是法律在形式與內容上的統一體。基本權理論中的「客觀價值秩序」就是規範與價值重合的法律秩序，如前所述，基本權間接第三人效力理論認為，基本權價值能夠影響私法規範的解釋，這種認識與基本權客觀價值秩序自相矛盾。基本權作為客觀價值秩序，說明其效力及於一切領域，意味著基本權，無論從形式還是內容，無論在深度還是在廣度上，既規範著人民與國家的關係，也規範著人民與人民之間的關係。間接第三人效力將私法自治原則當作與其他基本權原則相等的原則加以尊重，這種將私法自治從基本權中剝離出來的做法，不只是在規範形式上，也在價值內涵上割裂了基本權與私法的關聯，從而導致間接第三人效力與客觀價值秩序的互為否定。客觀價值秩序是整個法律體系的價值秩序，因而不存在私法應獨立履行憲法價值的問題。基本權價值在私法關係中，無論是直接適用還是間接適用，都是針對雙方主體的，而不是針對第三人的。私法上的「權利—

---

[22] Zit Dreier, *Zum Begriff der, Natur der Sache*, 1965, S. 79 ff..

[23] Arthur Kaufmann, *Analogie und Natur der Sache*, 2 Aufl., R. V. Decker & C. F. Müller, Heidelberg, 1982.

[24] Diesselhorst, *Die Natur der Sache als außergesetzliche Rechtsquelle verfolgt an der Recgtsprechung zur Saldotheorie*, 1968, S. 222-244.

權利」關係如果不以基本權為準據，也就意味著私法關係可以不受基本權的約束和規範，這與基本權對私法的效力理論相矛盾。基本權在公法與私法領域具有不同的屬性，比如前述的公法與私法上的自由；社會權出現後，公法上自由發生了變化，還有兼具公法與私法雙重屬性的自由（比如財產權上的自由）。個人的財產權上附有社會義務，從而改變了古典財產權的絕對自由態樣，但儘管如此，個人的財產權仍然是憲法上的基本權。個人在履行財產權上的義務時，不僅與國家，而且也與其他基本權主體發生直接與間接的法律關係。個人的財產權不僅是國家徵稅權力的邊界，也是他人實現社會權的邊界。社會權出現後，立法權可以廣泛地涉及社會領域，以及私法關係，從而也給行政權提供了干預的依據。而抽象基本權的存在，便可給司法機構維護個人的社會權和私法領域的基本權提供來源。但法院以抽象基本權為基準審查社會法規範和私法規範，並不產生第三人效力問題，而是抽象基本權的最高效力位階對社會法規範和私法規範的影響。基本權第三人效力理論雖然不認為基本權效力是通過客觀價值秩序產生的，但是直接效力都是來自基本權規範，或間接來自基本權客觀價值秩序，實證法上的基本權規範都存在於客觀價值秩序之中。

社會權是橫跨公法與私法的基本權。作為公法上的基本權，社會權既是可以請求國家給付的受益權，也是個人基於社會連帶關係，主張憲法保障透過其公權力的強制，從國家以外的第三人獲得資源的權利。[25]這種基本權的屬性，確切地說，就是「權利—權力」關係與「權利—權利」關係同時存在於一個基本權結構之中。只是「權利—權利」關係必須以「權利—權力」關係存在為前提。在「權利—權力」關係中，個人的基本權（社會權）指向國家；在「權利—權利」關係中，個人的基本權（社會權）指向他人（個人或團體），即所謂的第三人。第三人效力在作為公法上的基本權結構中得以存在。在公法上的社會權結構中，個人針對國家的受益請求權可能會損及第三人（如納稅人）的基本權。在此結構中，個人作為基

---

[25] 李念祖：「新興人權入憲的取捨」，載《憲政時代》，第32卷第3期，2007年1月，第303頁。

本權主體的地位高於作為集體的第三人的地位，實質平等原則與比例原則在此獲得適用。在社會權關係結構中，必須就各方當事人一體觀察，並非僅照顧一方利益。同時，在社會權關係結構中，存在著行政主體單方面衡量的機會與餘地，從而也存在行政主體自我限縮公法上義務的可能。故在此有基本權的雙重約束，即法律關係中的約束和法律關係被違反後的約束。在城市規劃、環境保護、大型建設等專案上，多元化的事實關係導致多種法律關係的存在；也存在一個權力行為涉及多重利益的情形。在多重的「權利—權力」關係中，也可能存在「權利—權利」關係，即基本權對第三人的效力問題。

　　作為私法關係中的基本權，社會權（比如經濟上的權利）存在於「權利—權利」關係狀態中。由於這種權利同受國家保護（比如，勞工的工作權與雇主的營業自由及財產權同受保護），勞工有權要求國家在雇主未能履行義務時強制履行義務（比如提供強制性公積金服務等）。不僅於此，在社會權上，既可體現基本權的深度（如適當工作），也可體現基本權的廣度（如工作條件請求權、失業保險與救濟等等）。教育權亦如此，其廣度為就學率；其深度則是教育內容與教學方式的選擇、教師選任等等。

　　社會權既表現為個體的基本權型態，也表現為團體的基本權型態，還表現為個人與團體並存的基本權型態。個人的一項社會基本權的效力，既及於國家，也及於社會。而國家對一部分人的給付可能會損及另一部分人的基本權（財產權）。其效力的複雜性還表現在：在「權利—權力」關係中，基本權的主體是確定的，而第三人是不確定的，構成「個人—國家—國民」的三角關係。「人民—國家—人民」的三角關係受到作為基本權功能的組織與程序的保障。[26]基本權的效力及於國家組織程序和制度保障，意味著一個國家組織程序的設定與一個制度保障設置，直接涉及「權利—權力」關係、間接影響「權利—權利」關係。這也說明第三人效力也在這

---

[26] Alfred Katz, *Staatsrecht,* 14., Auflage, 1999, C. F. Müller Verlag Heidelberg, Rn. 613, Rn. 583.

種與公權力有關聯的結構中產生。除此而外，基本權對國家的效力還表現為不同的強弱層次，比如工作權，德國聯邦憲法法院區分出「純粹職業對待」、「附加主觀條件許可」及「附加客觀條件許可」三個層級。[27]在第一個層次，立法者只是就職業的種類、方式、內容與範圍等作出規定，且立法者只觸及到職業自由之基本權的週邊，這些內容對立法權及其他權力的約束最弱。在第二個層次，立法者進一步要求必須具備某些與人的特質、能力、技能有關的條件，才能從事某種職業。此際，基本權對立法者的約束力趨強。在第三個層次，立法者設定了非個人能力或努力所能達到的條件。此時，已觸及到基本權之核心，其對立法者的約束力最強。職業自由作為社會基本權，在私人領域只發生公平、正當競爭問題。只有當這種競爭需要國家保護時，才會引起第三人效力問題。從「三層次理論」可以看出，職業自由的效力及於立法權的運行、司法權的保障，因而必然引起「權利—權力」關係，以及由此產生的「權利—權利」關係。

德國聯邦憲法法院在論證基本權適用於私法關係，即基本權具有對第三人的間接效力時，批評了民事法院在解釋德國民法第826條時未注意基本權的「放射效力」。[28]用「放射效力」形容基本權對法律秩序的影響具有如下意義：

首先，揭示出抽象基本權（人性尊嚴）的最高效力位階。基本權的放射效力來源於具有最高效力位階的抽象基本權。如此，無論是在實務中對基本權規範的適用或憲法解釋，還是在基本權效力理論研究中，融貫性論證都成為可能。因為只有以人性尊嚴為價值上的邏輯起點進行論證，才能在具體個案中獲得價值無爭議、邏輯無矛盾的法律效果，才能在基本權效力理論中獲得有說服力的結論。

其次，放射效力也涵蓋了公法、私法及社會法領域。在此前提下，區分基本權在公法規範、私法規範和社會法規範上的效力才是有意義的。基

---

[27] BVerfGE 7, 377 (Rn. 77, 78, 79, 80). From http://www.bundesverfassungsgericht.de/DE/Homepage/homepage_node.html.

[28] BVerfGE 7, 198 (Rn. 31). From http://www.bundesverfassungsgericht.de/DE/Homepage/homepage_node.html.

本權在公法領域產生第三人效力；在私法領域不產生第三人效力；在社會法領域的法律關係上，有的產生第三人效力，有的不產生第三人效力。

再次，可以區分基本權價值與基本權規範的不同。基本權價值構成所謂的基本權客觀價值秩序，這個價值秩序包含憲法文本以外的基本權價值，即自然法中的自然權利。而這個價值秩序是整個法律秩序的基礎，也是憲法解釋的準據與來源，因為他是抽象價值，故只有經過憲法解釋，才能將其轉換成為具體的原則、規則、概念、術語，運用在具體個案中。基本權規範是具體的基本權規則，且總是被運用到具體的個案中。一個不能被具體地運用到具體個案中的基本權規範，並不表明他對該具體個案沒有效力，或他的效力產生在整個基本權客觀價值秩序之中。蓋一個不能被適用於具體私法關係的基本權規範對私法也具有效力。

最後，可以區分公法價值與私法價值。基本權效力理論均認為，公法價值與私法價值有很多不同，因而會產生公法與私法上的權利衝突，比如言論自由與公序良俗，而這種衝突只有在放射效力下才能獲得解決。基本權價值構成所謂的「客觀價值秩序」包含公法價值與私法價值；也包含社會法價值。私法價值有的是社會上自然形成的社會共通價值，社會上自然形成的價值秩序未必等同於法律秩序，他可能先於法律存在，也可能悖於法律而存在，可能引領立法，或被立法所改變。[29]這說明私法關係符合基本權客觀價值秩序，並受基本權價值的約束具有重要意義。公法價值則是人們有意創造的。私法價值與公法價值可以是兩個不同的價值秩序，也可以存在不同的價值取向和價值形式，但他們都是基本權價值的下位價值。透過基本權價值的邏輯起點，才能在憲法解釋中獲得融貫性證明。雖然公法價值與私法價值一樣，有可能受現實導向的價值的影響，從而影響立法權的運行，但如前所述，立法權同在基本權放射效力，以及基本權客觀價值秩序的約束之下。

但需要注意的是，放射效力雖然可以替代私法關係中的間接第三人效力（儘管本文已論證基本權第三人效力只能產生在公法上個人與國家的

---

[29] 司法院釋字第617號。

關係中，即「權利—權力」關係中），但無法否定公法上的第三人效力。毫無疑問，放射效力涵蓋了基本權對公法的效力。但在「權利—權力」關係中產生的第三人效力是基本權放射效力的下位概念。基本權放射效力與「權利—權力」關係中的第三人效力同時存在於一個法律體系中。放射效力產生於基本權本身；第三人效力因「權利—權力」關係的出現而發生。私法關係主體請求國家（法院）履行保護義務而發生的「權利—權力」關係，與個人基本權遭到國家侵害（作為和不作為）而發生的「權利—權力」關係有本質的不同。前者的侵權主體是私人，後者是國家；前者適用私法，後者適用公法；前者是民事訴訟，後者是憲法訴訟。

三

上文主要是論述基本權在國內法範圍的效力。事實上，基本權的效力在全球化時代之前，就已超越了民族國家的法律體系的範圍，而涵攝到世界社會。比如《德國基本法》的基本權主體是人類全體成員；德意志人民承認不可侵犯與不可讓與之權利是一切人類社會及世界和平與正義之基礎。[30]而全球化時代加快了憲法基本權與世界人權法上的基本權的匯流，不僅豐富了基本權的內涵，也擴大了基本權效力的範圍。這主要表現在：

（一）「人性尊嚴」成為普世價值

《世界人權宣言》、世界人權法典及各區域人權公約均強調，「人性尊嚴」是人類生存與發展的價值基礎。他具有最高的法律價值位階，故不可剝奪、不可限制、不可侵犯、不可讓與、不可放棄、先於立法，並且又是人的本質屬性，不分性別、年齡、種族、宗教，也不因個人的主觀條件不同而有所差別。在憲法上，「人性尊嚴」為所有客觀法的上位憲法原則，乃是整個憲法價值體系的基礎，其效力及於一切請求權系統，支配各

---

[30] 《德國基本法》第1條第2項。

個個別法律體系中的特殊價值的解釋與適用。[31]「人性尊嚴」條款在國內法的效力性質及位階同樣適用於世界法律體系。也就是說，「人性尊嚴」條款在世界法律體系中也具有與國內法一樣的效力與功能。個人在世界人權法上享有的基本權都是「人性尊嚴」條款的具體化。在《世界人權宣言》對人性尊嚴價值的確認下，世界人權法典共有「國際人權法」、「兒童權利」、「婦女權利」、「難民及庇護」、「少數族群」等十七種類型，涵蓋了世界人民政治、經濟、社會文化方面的各種權利。這些人權法典既包含多數群體，也未忽略少數弱勢群體。[32]其在人性尊嚴價值的約束下，將各種特定的權利及主體具體化。「人民—國家」的「權利—權力」關係相應地發展為「人民—世界人權機構」的「權利—權力」關係。這個法律關係可以是單純的「權利—權力」關係，也可能是涉及第三人的「權利—權力—權利」關係。

「人性尊嚴」作為個人的主觀權利，其效力當然及於私人關係。[33]這意味著國民與國民之間的法律爭端不僅可以訴諸國家保護，也可以訴諸國際人權機構保護。比如環境權，其外延雖然僅限於物質意義上生存安全，包括淨水、禁止噪音、清潔空氣、充裕的日照等，但其內涵卻包含由此產生的精神利益。故「人性尊嚴」也涵蓋此項權利。環境權既指向國家，也指向個人。其作為基本權的效力既拘束國家權力，也拘束個人權利。個人的環境權可以影響到他人的職業自由、營業自由、遷徙自由及居住自由。而一項憲法上的基本權，只要能及於國家，也必定能及於世界人權機構。

（二）國民與社會的概念發生了變化

憲法基本權的載體與世界人權法上基本權載體都是國民。憲法與世界人權法的匯流改變了「國民」概念的內涵，擴大了「社會」概念的外延。個人由國民而成為世界公民；社會由民族國家的社會而成為世界社會。

---

[31] 《德國基本法》第1條第1項。

[32] 廖福特：「憲法解釋機關之國際人權挑戰」，載廖福特主編：《憲法解釋之理論與實務》（六），2009年7月，第278頁。

[33] 《德國基本法》第1條第1項。

　　民族國家的國民在憲法理論中一直被認為是一國的主權者。而在全球化時代，由於主權式微，國界模糊，個人不再只是一個民族國家的社會成員，同時也是世界社會的成員。這個變化在基本權領域的意義是：首先，We the People與We the Pepole of the United Nations中的「人民」既是憲法基本權的享有者，也是世界人權法上的基本權的享有者。憲法與世界人權法都建立在跨國的人民，亦即世界社會成員的同意之上。一國憲法上沒有的基本權，不意味著國民不享有該項基本權；個人在世界人權法上享有的基本權同樣可以約束國家權力。其次，個人基於世界人權法上的基本權而與本國權力機構發生的法律關係仍然是「權利—權力」關係。由此而引起的其他法律關係因世界人權法的發展而有所發展。這就是，不同國家的國民的基本權可以同受一個人權機構的保障；個人的權利與團體的權利可以同受世界人權法的保障。再次，第一代人權與第二代人權的共通性是以個人為權利主體的個人基本權。第三代人權的特徵雖然仍以個人基本權為主幹，但基本權主體除個人外，還包括團體、社群、社會、民族等集合體。當基本權的主體是集合意義下的「人民」時，作為「人民」之一分子的個人權利與「人民」集合體的權利之間的效力位階，就要因具體情況而作具體的衡量。最後，基本權高於主權。在憲法上，主權來源於國民權利。構成主權的國家最高權力由國民直接或一次間接選舉產生，這是「主權在民」原則的制度涵義。沒有基本權，就沒有主權，基本權先於主權。從權力分立與違憲審查的制度設置中，我們可以看出，主權的運行也要受到基本權的約束，因而基本權高於主權。在全球化時代，世界人權理念與規範向民族國家滲透與擴散，實際上是主權社會化的過程，而世界人權法上的基本權與憲法基本權的融合消解了主權的障礙；人權問題的國際化則引起人權保障的世界化。

　　社會由民族國家的社會而成為世界社會。國民的個人基本權與世界人權法上的基本權融合，意味著民族國家的社會與世界社會的邊界已不復存在。「全球公民社會的成長促進了國家社群的跨國化，從經濟到文化等所

有社會活動領域的關係與網絡幾乎都呈現明顯的制度化發展。」[34]跨國組織與公司的日益增多而增進了公共利益的多元化，從而引起多重「權利—權力」關係和「權利—權力—權利」關係。

（三）憲法的內涵與外延發生了變化

這主要表現為以下幾種形式：首先，民族國家通過制憲和修憲將世界人權法的內涵與原則、原理直接或間接地在憲法中予以規定。比如《匈牙利憲法》第Q(3)條規定，該國的規範體系接受公認的國際法規則，其他國際法淵源須通過國內立法成為法律體系的組成部分；《捷克憲法》第10條規定，該國加入的國際條約構成法律體系的組成部分，其效力應當優於法律。其次，透過國內立法方式，將世界與區域人權法上的基本權內容直接或間接地國內法化。比如英國1998年人權法即將歐洲人權公約納入其中。再次，透過法院的解釋，直接適用、援引、參考世界人權法的相關規定、解釋，以及判例。比如司法院大法官會議在憲法解釋中援引《世界人權宣言》、《公民權利與政治權利國際公約》、《兒童權利公約》、《國際勞工公約》、《歐洲人權公約》和《歐洲社會章程》[35]等世界人權法典。

與此同時，世界和區域的人權機構也普遍建立，為各國國民，當然也是世界社會的成員，提供了更高位階的基本權保障。在聯合國層次上，有「人權事務高級專員辦事處」、「人權理事會」、「消除種族歧視委員會」、「消除婦女歧視委員會」、「禁止酷刑委員會」。這些人權機構的監督模式包括締約國的報告義務、國家訴訟、調查程序、討論程序及個人申訴等。這些人權機構可以受理個人申訴，故當民族國家的公民的政治權利遭到國家侵害時，他們可向這些人權機構尋求救濟。在區域層次上，歐洲有「歐洲理事會」，其所建立的人權保護機制除了其所保障的權利與自由外，還提供國際司法救濟，並通過十四個議定書，擴張權利內容及增

---

[34] David Held, Anthony McGrew, *David Goldblatt and Jonathan Perraton, Global Transformations: Politics, Economy and Culture,* UK: Polity Press, 1999, p. 57.

[35] 參見司法院釋字第372、552、558、571、573號解釋；釋字第392、558、571、582號解釋；釋字第587、623號解釋；釋字第549、578號解釋；釋字第514號解釋。

強監督機制;「歐洲社會權委員會」,主要保障《歐洲社會憲章》規定的社會權,其監督方式包括審查所提之報告和審查團體訴訟。這些團體訴訟可以直接依據《歐洲社會憲章》提起,也就是說,不要先經過國內救濟程序;「歐洲人權法院」可以依據《歐洲人權公約》接受個人針對國家的人權訴訟;根據《歐洲人權公約》第34條的規定,任何個人、非政府組織及個人群體,如果認為其為某一會員國違反歐洲人權公約或其議定書所保障之權利或自由的被害人,可向歐洲人權法院提起訴訟。[36]在美洲,有「消除歧視委員會」,用以監督《美洲消除所有形式對身心障礙者歧視公約》的實踐;[37]「美洲婦女委員會」,用以監督《美洲禁止處罰及消除對婦女暴力公約》的實踐;[38]「美洲人權法院」,受理上述公約各締約國及美洲婦女委員會所提出的諮詢意見;「美洲人權委員會」,受理《美洲人權公約》規定的個人申訴,及決定是否應提交美洲人權法院。[39]在非洲,有「非洲聯盟」,其適用的人權條約包括《非洲人權及民族權利憲章》、《非洲兒童權利及福利憲章》、《非洲人權及民族權利憲章有關非洲婦女權利附加議定書》。非洲婦女權利則在「非洲人權及民族權利委員會」、「非洲人權及民族權利法院」監督之下。在亞太區域,澳洲、紐西蘭、韓國已加入了聯合國的多項個人申訴制度。[40]在跨洲的區域,有「伊斯蘭合作組織」,其宗旨在於促進各成員國之間的團結,加強各成員國之間在經濟、貿易、社會、文化和科學、資訊等領域的合作,努力消除種族隔離和種族歧視,捍衛穆斯林民族的人性尊嚴、宗教和文化認同,支持巴勒斯坦人民恢復民族權利和重返家園的鬥爭,支持保障其尊嚴、獨立和民族權

---

[36] Article 34 of the European Convention of Human Rights.

[37] 《美洲消除所有形式對身心障礙者歧視公約》第6條。

[38] 《美洲禁止處罰及消除對婦女暴力公約》第10條。

[39] 到目前為止,34個美洲國家組織會員國,有22個國家接受「美洲人權法院」之管轄。

[40] 廖福特:「憲法解釋機關之國際人權挑戰」,載廖福特主編:《憲法解釋之理論與實務》(六),2009年7月,第296頁。

利的鬥爭；[41]「阿拉伯國家聯盟」，其宗旨在於制定和實施阿拉伯共同事業，在地區和國際上的政治方針，協調成員國與地區、國際性組織的關係，維護和促進阿拉伯利益和民族事業；實現阿拉伯民族團結、統一的目標；促進經濟一體化，以及人文等領域的合作；「阿拉伯國家聯盟理事會」是「阿拉伯國家聯盟」的最高權力機構，由包括巴勒斯坦解放組織代表在內的所有成員國代表構成。其任務包括督察成員國簽訂的各個領域協定的執行情況；採取必要措施抵禦某成員國遭到的或可能遭到的侵略；用和平方式，比如協調和仲裁，解決成員國之間的爭端；確定與國際組織的合作方式，維護世界和平與安全。[42]在阿拉伯國家聯盟之下，還設有「阿拉伯勞工組織」、「阿拉伯經濟社會發展基金會」，其工作範圍涉及工會、勞務、經濟與社會發展、科學文化、通訊與傳媒等領域的事務。[43]

　　上述世界及區域的人權保障機構在大多數民族國家都形成了與國內的基本權保障的一元化機制。在此之下，國民的基本權獲得雙重保障，這意味著憲法基本權的效力既約束國內機構，也約束世界和區域人權機構。但須說明的是，區域人權機制與聯合國人權機制是雙重制度，國民的世界人權訴訟只能擇一為之。不論是一般的條約或公約，或是個別人權條約規定，乃至於個別案件之決定或判決，世界人權監督機構都強調，基於條約義務，各當事國必須實踐其決定或判決，從而形成世界人權機制審查國內司法機構的模式。[44]世界人權機構可以使世界人權法在國內發生效力；而該效力終極地來源於民族國家的國民，亦即世界社會的成員的基本權。

　　值得注意的是，國際社會在維護基本人權方面發展出了一種新的模式，即人道主義干預。這是國際規範的新方法，在聯合國的宣導下，加拿大政府於2000年9月宣布建立獨立的「干預與國家主權委員會」。該委員

---

[41] Charter of the Organization of the Islamic Conference, Article 1, http://www.oic-oci/is11/english/charter-en.pdf (7/5/2011).

[42] 《阿拉伯國家聯盟憲章》第2、3條。

[43] http://www.arableagueonline.org/las/index_en.jsp (7/7/2011).

[44] 廖福特：「憲法解釋機關之國際人權挑戰」，載廖福特主編：《憲法解釋之理論與實務》（六），2009年7月，第293、306頁。

會於2001年12月發布了《國家保護責任》報告，其中心議題是主張主權國家有責任保護本國公民免遭可以避免的災難。若國家無此能力，必須由更廣泛的國際社會來承擔這一責任。2005年9月，聯合國「高峰會議」通過了有關「保護責任」的A/RES/60/1號決議，強調國家主權擁有保護其所有公民的責任。2008年2月，「全球責任保護中心」成立，適逢《世界人權宣言》發表60週年，聯合國呼籲各國以更積極的態度去面對《國家保護責任》。是年9月，在第六十三屆大會上，聯合國要求各國政府對抗疾病，保障人權的提升，確保各國對所有弱勢群體履行保護責任的理念。2009年9月，聯合國大會的決議更具體明確了「保護責任」的內容，凸顯國際社會對維護「人性尊嚴」價值的重視。「保護責任」是一種新的國際規範，他是主權概念的固有內涵，是民族國家向世界社會應履行的義務。換言之，若視主權國家為一種制度，則「保護責任」即為約束制度中的規範成分之一。[45]對於世界社會來說，「保護責任」的法源依據是《聯合國憲章》第24條「維護國際和平與安全」的職責。

我們可以看到，從聯合國及區域人權法體系和世界人權機構的建立，到人道主義干預的法源基礎《國家保護責任》新規範的出現，昭示了這樣一種基本權理念：基本權的主體是個人，維護個人之基本權則是每一個世界人權機構和每一個人世界社會成員的事務。在基本權效力理論中，這就是說，一個人享有的基本權效力及於各個世界人權機構和人類社會的每一個成員。

---

[45] http://www.iciss.ca/menu-en.asp; http://www.un.org/News/Press/docs/2008; http://www.ens-newswire.com/ens/sep2008.

7

司法審查片論[*]

內容摘要

司法權產生和存在的基礎是共和；司法審查是共和理念的制度體現。因而，用民主理論和思想無法詮釋司法權的運行和司法審查制度。考察社會權保障與司法審查的關係，必須肯認社會權是憲法位階的基本權，同時否認社會國原則是憲法的基本原則。行政國家的行政呈現為三種並存的型態：公營、私營（私人主體履行公共職能）、合作治理。行政國家的上述領域和行為是否需要司法審查，其衡量標準是基本權。也就是說，公權力行為或履行公共職能的行為與基本權發生關係時，才是司法審查的範圍。

關鍵詞：民主、社會權、行政國家、司法審查

[*] 本文完成於2012年8月26日。

　　由於司法審查作為一項傳統的憲法制度已具有相當完備的理論體系和相當豐富的實踐成果，本文僅涉及三個略有新意的議題：民主與司法審查；社會權與司法審查；行政國家與司法審查。

一、民主與司法審查

　　民主作為一種國家制度，通常表現為兩種型態：代議制民主和直接民主。這兩種民主型態都是憲法上主權在民原則的制度體現，代議制民主是人民間接行使國家權力，其直接載體就是經由普選產生的立法機關，他與行政機關和司法機關權力分立，相互制衡。直接民主就是人民直接行使國家權力，其經常的操作方式實際上就是全民公投決定國家的某些特定的重大事務。代議制民主和全民公投在多數國家同時存在，這種體制因而也被憲法學家稱為「混合憲法體制」。[1]

　　由於民主是一種國家制度，民主的發展必然引起國家層面的權力關係的變化，進而影響到司法權的運行，司法權要面對注入了新內容的混合憲法體制。

　　那麼，民主與司法審查的關係如何呢？大多數研究者在論述民主與司法審查的關係時，基本上都是在維護民主的前提下認識和討論司法審查，運用民主原則對之加以論述，視民主為司法審查的最高價值。[2]例如：將

---

[1] Kenneth P. Miller, *Direct Democracy and the Courts*, Cambridge University Press, 2009, p. 224.

[2] 「抗多數困境」理論認為，法官違憲審查之行為有違多數統治原則，成為制衡而「對抗」多數（Alexander M. Bickel, *The least dangerous branch: the Supreme Court at the bar of politics*, Indianapolis: Bobbs-Merrill, 1962.）。「司法自制」理論要求法院除非在特殊情況下，否則不應宣告國會立法和行政行為違憲（Richard H. Fallon, *Constructivist Coherence of Constitutional Interpretation*, 100 Harv L. Rev. 1987 1238-1268）。「無訴訟則無司法審查」原則、「立法動機不審查」原則，均是將司法權和司法審查置於民主範疇中加以對待（W. W. Willoughby, *The Constitutional law of United States*, Vol. 1, p. 4. Julliard V. Greenman, 1883, 110 U.S. 421.; Doyle V. Continental Insurance Company 49 U.S. 535,541 (1876); Soon Hing V. Crowley, 1884, 113, U.S. 703.; J.

基本權作為民主的一部分，認為法院保護基本權就是保護民主本身，而民主得拒絕違憲審查。再如，有的憲法學家認為，當司法機關否決一項違反基本權的法律時，他們實際上保護的是民主。[3]有的憲法學家還認為司法機關可以通過允許立法機關解決最複雜的政策問題，幫助恢復代議制政府的權威。[4]司法獨立的主導模式就是權力分立模式，根據這個模式可以導出下列幾個觀點：（一）司法機關對議會立法的處置權是有限的。（二）司法權的界限不是在其與公眾之間，而是在其與立法機關、行政機關之間。（三）公眾對司法機關的影響是通過民選代表施加的。[5]（四）憲法本身就是民主的體現。[6]諸如此類的觀點不勝枚舉，僅有個別憲法學家意識到司法審查不追求實現民主目標，[7]沒有憲法學家論證司法審查是共和理念的制度體現。

　　本文的基本觀點是：司法權產生和存在的基礎是共和；司法審查是共和理念的制度體現。因而，僅在民主範疇內認識和討論司法權和司法審查制度，是無法獲得融貫性結論的。也就是說，用民主理論和思想無法詮釋司法權的運行和司法審查制度。試作如下分析：

　　第一，考察民主與司法審查的關係要注意考察司法權在主權在民原則下、在權力分立原則中的不同功能。司法權在主權在民原則下的功能是對抗多數決定原則、保護少數權利。因而也可以說，在這個原則下，他是「制約多數決」的，與主權在民原則沒有直接關係。或者更確切地說，司

Thayer, *The Origin and Scope Of American Doctrine of Constitutional Law*, Harv. Law 129 (1893). p. 148.; Nebbia v. New York, 1934, 291. U.S. 502）。

[3] Victor Ferreres Comella, *Constitutional Courts and Democratic Values*, Yale University Press, 2009, pp. 86-90.

[4] Kenneth P. Miller, *Direct Democracy and the Courts*, Cambridge University Press, 2009, p. 203.

[5] Tom S. Clark, *The Limits of Judicial Independance*, Cambridge University Press, 2011. pp. 258, 260-261.

[6] Jed Rubenfeld, *Freedom and Time: A Theory of Constitutional Self-Government*, Yale University Press, 2001, p. 13.

[7] Bruce Ackerman, *We The People: Foundations*, Harvard University Press, 1991, p. 262.

法權不受主權在民原則的直接約束。司法權的產生由民選的立法機關和行政機關共同決定，已經不是基於民主價值。權力分立原則既是規範司法權運行的原則，也是司法權來源的依據。這個原則保證了司法權與其他國家權力之間的正常和正當的動態關係。一方面，權力分立原則增強了司法機關本身的制度力量，因為司法機關作出的裁決必須能夠被證明是符合其制度角色的。在這個原則下，司法機關有優勢保護他的權力合法性。[8]在此際，司法機關的權力合法性不是相對於人民，而是相對於立法機關和行政機關。也就是說，司法機關的合法性是從權力分立意義上的獨立性中獲得的。沒有司法權的獨立性就沒有司法權的合法性。另一方面，由於司法權是國家權力運行過程中最後的權力，因此，司法權不僅可以制衡其他被審查的權力主體，使其明白如何行使自己的權力，並懂得履行正當程序，而且也可以保障被審查主體有效地運行，發揮其憲法體制上的功能。[9]司法權維護立法權和行政權的正常和正當運行不是出於維護民主制度的目的，因為司法權制約立法權和行政權的功能已不是民主價值的體現，其制約的目的是保護少數權利和弱勢群體的權利，而保護基本權和制約國家的立法權與行政權、維護立法權和行政權正常和正當運行，往往是在同一個司法權行為中實現的。其中，「保護基本權」和「制約立法權與行政權」是直接目的，「維護立法權與行政權的正當與正常運行」是間接結果。這意味著在權力分立原則中，司法權的功能不是直接維護民主價值，而是直接維護共和價值。因此，權力分立原則是共和價值的體現。只有用共和價值才能證明司法權運行和司法審查制度的正當性。權力分立意義上的司法獨立是司法合法性的基礎，因而，司法獨立性的價值高於民主價值。司法獨立的制度設置根植於高於民主的共和理念之中。或者說，他就是共和理念的反映。

---

[8]　Kenneth P. Miller, *Direct Democracy and The Courts*, Cambridge University Press, 2009, p. 258.

[9]　Nigel Pleming QC, *Judicial Review of Regulators*, in *Effective Judicial Review: A Cornerstone of Good Governance*, Christopher Forsyth, Mark Elliott, Swati Jhaveri, Michael Ramsden and Anne Scully-Hill eds., Oxford University Press, 2010, p. 355.

　　憲法學界通常運用主權在民原則論述代議制民主與司法審查的關係。但是現在，行政權因行政國家的興起而擴大，對代議制民主產生衝擊。行政權擴大引起了行政權與立法權傳統關係的變化，而這種變化的內容或多或少進入了司法審查的範圍。公民參與作為人民直接參與立法和政府決策的一種方式，對立法機關制定法律也產生了直接影響。這種形式的人民參與權構成了行政權和立法權的一部分，給傳統的立法權與行政權及其關係注入了新內容，這些新內容或多或少地也成為司法審查的對象。而履行公共職能的私人主體的勃興，擴大了民主的形式（私人主體與行政機關構成競爭的關係，而競爭是民主的基本價值和特徵），卻也可能對人民基本權造成侵害。因此，私人主體履行公共職能的行為當然應成為司法審查的對象。對此，本文將在第三個議題中加以討論。

　　直接民主（全民公投）與間接民主（代議制）只是量的區別，因為在一個社會共同體中，不可能出現全體一致。全民公投包括立法性公投和行政性公投，前者的成果是法律，後者的成果是行政決定。司法權與前者的關係是與立法權的關係，但在此時，司法機關已不是針對立法機關的立法權，而是人民的直接立法權。由於全民公投是民主極大化的實踐形式，因此，全民公投，即直接民主，也有少數問題，亦可能侵害少數權利。「極大化」民主與代議制民主只是量的區別，而沒有質的區別。至於行政性公投也是如此，行政性公投的實質是行政機關執行人民的決定而不是立法機關的決定。因此，司法審查面對的仍然是人民的直接決策權。同樣地，由於不可能出現全體一致，也存在少數權利問題。民主與多數決定原則的關係與區別在於，前者是制度，後者是方法。前者的制度是通過後者的方法實現的。

　　由於存在少數權利問題，全民公投的結果也要接受司法審查。「司法權要比其他權力機構更能保障憲法權利免受多數決定原則的侵害，糾正已發生的不公正。」[10]在此際，民主雖然是司法審查應考量的價值，但肯定

---

[10] Tom S. Clark, *The Limits of Judicial Independence*, Cambridge University Press, 2011, p. 264.

不是唯一的價值，更不是最高的價值。如果用民主價值作為解決因為民主而產生的多數權利和少數權利的衝突，則會構成一個邏輯悖論。因而，是基本權而不是民主連結著司法權與人民直接立法權和直接決策權的關係。也就是說，在衡量人民直接立法權和直接決策權的正當性與否時，是基本權而不是民主才是衡量的基準。

當研究者在論及民主與司法審查的關係時，還要注意司法審查過程中的民主與上述作為國家制度的民主的區別，前者只是司法程序中的民主，他的表現形式是協同意見書、不同意見書，以及部分協同、部分不同意見書，完全不考慮作為國家制度的民主，也不受作為國家制度的民主的約束。司法裁決的作出基於實質價值的論證與證明，而不是程序；或者說，不需要論證司法審查的程序問題，因為定期的普選既是實質價值（人民意志）也是程序價值（制度的剛性）的體現，且程序價值決定性地約束實質價值。

第二，考察民主與司法審查的關係要注意民主與基本權的關係。民主與基本權的直接關係體現在制定法中，人民作為基本權主體在定期的普選中行使了選舉權，其基本權的價值與利益已體現在制定法之中，而針對立法的司法審查，司法機關保護的是少數權利，這些權利存在於多數決定之外。當我們說是司法機關而不是人民擁有解釋憲法的最後權力時，這實際上是說，人民行使憲法解釋的基本權在選舉議會時、或者如有些國家在公投憲法效力時已經完成。

制定法符合基本權的價值要求不引起多數與少數的問題；反之，才引起多數與少數的問題。制定法與基本權價值一致，意味著制定法中的民主性是全體人民意志的體現，滿足了全體人民的基本價值要求。而制定法與基本權價值的不一致，意味著制定法的民主性雖是多數人民意志的反映，但同時侵犯了少數人民的權利和利益。這種制度現象告誡我們：民選的議會雖不必定卻也可能產生惡法。這意味著民主並不能完全保證良法的產生；也意味著法律中的民主性還不是法律中的最高價值。不可否認，民主制度是產生良法的基本制度，因而民主也是良法的基本價值。但不止於此，基於民主的立法過程還要用知識與理性保證法律的正當性，即保證民

選的議會制定的法律是良法。是故，作為法律方法的立法方法重知識與理性的運用，也就是說，僅有人民意志還不能保證法律的正當性，需要運用確證的知識和理性論證，才能獲得法律的正當性。在立法方法中，知識與理性的運用是人民意志正當性的保證；在司法審查中，司法機關是運用高於民主的價值論證立法權與行政權運行的正當性，即用共和保證民主的正當性，這正是司法審查制約立法權的意義所在。

　　對此，Ackerman也是以基本權而不是民主為邏輯起點來考量司法審查的。Ackerman另闢新徑地認為：不存在民主與司法審查的對立，當法院駁回一項法規時，他們保護的原則是基於今天的人民深思熟慮的判斷，這些判斷是人民在「憲法時刻」表達出來的，法院修正了昨天的人民所肯定的憲法原則。[11]Ackerman這種不是基於民主來考量司法審查的觀點的深刻之處在於，司法審查的價值取向與人民基於共和而高於民主的那一部分基本權是一致的。或者說，司法審查的共和價值就是人民基於共和而不是民主的基本權價值。人民的民主權利體現出來的依然是民主價值，而司法審查的價值屬性是共和。因此，不是民主與司法審查的對立，而是民主制度及其價值是司法審查的對象，共和價值是司法審查的依據。在Ackerman看來，「憲法時刻」的發生就是人民行使了基於共和價值的基本權。

　　第三，考察民主與司法審查的關係要注意民主與共和的區別[12]。從民主與共和國家的憲法文本和憲政實務中，我們可以看到，民主與共和都是國家制度。在司法審查的範疇內考察民主與共和，概括地說，民主重視程序，民主本身就是一種程序運作的制度。共和重視實質，共和在於型塑一種價值，即促成自然正當。

　　憲法中不只是民主價值，民主也不是憲法的最高價值。作為國家制度，民主之上還有共和；作為基本權的表現形式，民主只是基本權的制度表現型態之一。如果將憲法作為民主的體現，那麼，憲法的「民主性」和

---

[11] Bruce Ackerman, *The Living Constitution*, Harvard Law Review 120, 2007, p. 1805.

[12] 關於民主與共和的概念、理論及思想的詳細區別，參見戚淵：《憲法新分類及其意義》，2004年；《民主‧共和‧憲政》，2010年。

法律的「民主性」，也只是量的區別，因為憲法的效力總是在絕對多數原則或全民公投的制度下獲得的。這個制度事實並不意味著憲法只是民主價值的體現，憲法中也存在共和價值：例如，基本權的「核心內容」是先於立法的，意味著這些內容約束著在民主基礎上產生的議會，其價值高於民主；又如，多數國家議會中的上院就是體現共和價值的制度設置；再如，法官由民選機構產生（立法機關和行政機關共同決定）已不是民主的體現，即不是主權在民原則的運用，而是國家不同權力之間的制約，即權力分立原則的運用。如果僅將憲法視為民主的產物，那麼就無法解釋司法權在憲法中的地位、無法解釋司法機關可以超越實證法體系解釋民選機構制定的法律，甚至否決法律，且無法理解司法權可以制約民選產生的立法權和行政權，以及為何法官的產生是由行政機關和立法機關共同決定的。

司法審查維護的是憲法中的共和價值。立憲主義的制度體現就是有限政府，有限政府意味著對多數決定原則施加了限制，實際上，這就是共和。法國憲法委員會在一個著名裁決中宣稱：「國會依據多數決定原則通過的法律，如果沒有尊重憲法，並不是國民意志的體現。」[13]這並不是說法律的民主性低於憲法的民主性，而是說違反憲法的共和價值，法律就沒有民主性，法律就不是國民意志的體現。司法機關的違憲宣告對抗的是多數人民，而保護的是少數人民；或者說是對抗多數決定原則，用共和彌補民主的缺陷。共和主義在於協調多數與少數；民主始終受多數決定原則的制約。司法審查體現共和價值；共和高於民主。

司法審查的「共和」屬性還體現在司法審查是為了實現實質正義。司法審查作為實現實體正義或實質正義的制度，超越了民主價值本身。德國憲法法院經常引用的判斷準則就是事物本質與正義，事物本質是存在於事物本身的法則，其與正義的關係可以由法院對平等原則的解釋加以理解。德國憲法法院認為，如果存在事物本身的法則及社會的一般正義觀被忽略時，平等原則即被違反。合理的考慮正是正義思想的取向，而所謂合理的

---

[13] Victor Ferreres Comella, *Constitutional Courts and Democratic Values*, Yale University Press, 2009, p. 91.

考慮是源自事物本質，或是在事理上能使人明白的東西，[14]這種基準與共和價值的要求是一致的，符合共和價值實際上就是符合事物本質。實質正義也就是在對事物本質的揭示中實現的，這種基準與基本權價值秩序也是一致的，符合基本權價值秩序實際上就是符合個別基本權的事物本質，個案實質正義也就是在事物本質中實現的。如果依法律體系作為判斷基準，意味著基本權要服從制定法體系，而前者的位階高於後者。符合制定法體系未必符合基本權價值，司法機關在司法審查中追求實質正義包涵對憲法作實質解釋，即尊重憲法的實質標準和實質要求，這就是憲法中的共和價值對司法權的制約。這種本體論的價值對司法機關產生方法論上的要求：法官要對裁決進行融貫性論證，發表協同意見書和不同意見書。

　　已有的審查基準理論，最終都要落實到事物本質上。在司法審查的實務中，一般將「審查密度」理論作為實質價值判斷的依據。美國法上的審查基準可分為嚴格、中度，以及合理關聯性三個層次。德國法則分為「對明顯違憲之控制、對不適當之控制、對違反實質正當之控制」三個層次，即三階理論（Drei-Surfen-Lehre）。[15]司法機關建立此三項審查基準，然後將案件配置於三種基準中，即展現了釋憲者的實質價值判斷。這種審查基準過於概括，遠不如事物本質在屬性和方法上的個體化；而審查基準其實是針對國家立法權而形成的，且具有原則屬性，在個案適用中，仍須再具體化。而再具體化時，仍須以事物本質作為實質價值判斷，才能實現實質正義。

---

[14] Eberhard Schmidt, *Natur der Sache und Gleichheitssatz, in JuristenZeitung*, 1967, S. 403; Eberhard Schmidt, *Lehrkommentar zur Strafprozeßordnung und zum Gerichtsverfassungsgesetz*, 1, Teil, Göttingen, 1952, S. 222; BVerfGE 1, 11 ff., Entschtigkeit vom 23, 10, 1951; BVerfGE 3, 325 ff., Entschtigkeit vom 18, 12, 1953; BVerfGE 2, 119; BVerfGE 2, 340; BVerfGE 4, 21; BVerfGE 6, 81; BVerfGE 7, 205.

[15] Klaus Schlaich, *Das Bundesverfassungsgericht–Stellung, Verfahren, Entscheidungen*, 3 Auflage, Verlag C. H. Beck, München, 1994, S. 180-181, 298-299, 305-315.

二、社會權與司法審查

　　社會權因其積極權利的屬性和行政國家的興起，與行政權甚至立法權的關係日趨具體、全面、複雜。因而，司法權介入社會權與行政、立法的關係範疇，既符合權力分立原則，也符合司法權保障少數權利、弱勢群體權利的功能要求。本文認為，考察社會權保障與司法審查的關係，必須肯認社會權是憲法位階的基本權，同時否認社會國原則是憲法的基本原則。

（一）社會權具有憲法基本權的位階，已是憲法理論的通說

　　一些大陸法系國家為了強調社會權的憲法位階，直接稱為「社會基本權」。社會權是基本權，乃是因為：

1. 社會權連結著人格自由發展權與人性尊嚴

　　日本《生活保護法》（1950年）第1條規定：「本法基於《日本國憲法》第25條規定的理念，國家對生活貧困的所有國民，按照其貧困的程度，進行必要的保護，以保障其最低限度的生活，並說明其自立為目的。」[16]從這個條文可以看到，「自立」為保護上限；「最低程度」為保護下限，這是人格自由發展之必要和確定的領域。

　　進而，社會權連結著人性尊嚴。憲法學界在給社會權下定義時，總是將其與人性尊嚴相連結，例如，認為「社會權是國家以維護人性尊嚴為目的，確保人民過著符合人性尊嚴的生活，確保人民享有經濟、健康、文化上的最低生活條件，進而積極保障滿足人民福祉的所有權利的總稱」。[17]

2. 社會權是人民的生存權

　　憲法學界基本上認為，生存權在社會經濟層面上呈現為兩大內容：其一是生存權不可或缺的要素之生命的存在，國家須積極作為以確保人民生

---

[16] 日本《生活保護法》第1條，韓君玲譯，載氏著《日本最低生活保障研究》，商務印書館，2007年版，第189頁。

[17] Klaus Stern, *Das Staatsrecht der Bundesrepublik Deutschland G.* Band. I, 2 Auflage, C. H. Beck 'sche Verlagsbuchhandlung München 1984, § 21, IV 5, V 1, 2.

命的存續；其二是人民生存之不可或缺的精神和物質權利，國家須創造條件以保障人民實現其人格自由發展。[18]

3. 社會權是主觀權利的具體化

主觀權利是基本權概念的抽象層次；他是先於客觀法律而存在的權利，主觀權利的範圍與人性尊嚴的範圍相等，故憲法上具體基本權都是從主觀權利中導出的。由於憲法的效力位階，一切權利（公法上的權利和私法上的權利，實體權利和程序權利）都可以從主觀權利中導出。[19]基於主觀權利的地位，我們可以從基本權保障體系中判斷主觀權利的存在，當一國人民可以就一切基本權（包括社會權）在未得到國家保護和給付時、在遭受侵害時，特別是在無客觀法律規定時，有權以及有途徑向司法機關尋求救濟，這就意味著這種請求救濟權的依據來源於主觀權利。人民享有主觀權利，就擁有一切請求權；反之亦然，蓋主觀權利是法律體系的一部分。

4. 社會權是與古典基本權並存的基本權

古典基本權被視為個人的防禦權，是一種針對國家的消極權利；而社會權是個人的積極權利，要由國家積極作為才能實現。因此，社會權是積極國家存在的憲法基礎，積極國家的範圍只能是國家保障國民社會權實現的範圍。如果將古典基本權視為公權利，那麼，社會權與古典基本權的關係是：公權利產生公權力；公權力保障社會權（積極權利）的實現。

5. 社會權與其他基本權一樣，擁有相同位階和相當完備的保障體系

以俄國為例，俄國人民的基本權保障具有如下特點：

(1)確定的保障理念

《俄羅斯聯邦憲法》宣示了「人性尊嚴」不可侵犯（第21條）；確立了「人的權利與自由是最高價值」（第2條）；承認「人的自然權利」（第17條第2款）；確定基本權可以作為「直接適用的法」（第18條）。

---

[18] 陳慈陽著：《憲法學》（二版），元照出版有限公司，2005年，第586-7頁。

[19] 戚淵：「論基本權的結構與功能」，2011年3月。

(2)完備的保障機構

包括總統、憲法法院、人權全權代表、普通法院、歐洲人權法院。俄羅斯聯邦總統是俄羅斯聯邦憲法，人和公民的權利與自由的保障（《俄羅斯聯邦憲法》第80條）。憲法法院是憲法審查的司法機構，其職權包括審理公民個人提起的憲法訴願；憲法法院的決定約束一切國家機構和個人（《俄羅斯聯邦憲法法院法》，1994年）。

人權全權代表有權受理公民對國家機關、地方自治機關、公職人員和國家公務人員的決定或行為（或不作為）提出的申訴。人權代表有權根據審理的結果，向法院起訴申請保護被國家機關、地方自治機關或公職人員的行為（或不作為）或者決定侵犯的權利與自由；向有管轄許可權的國家機關提出按照紀律懲戒的或者行政重新審查認為其行為（或不作為）或者決定侵犯了人和公民的權利與自由的公職人員（《俄羅斯聯邦人權全權代表法》，1997年）。

普通法院有權審理下列公法關係案件：有關公民組織和檢察官對規範性法律的全部或部分內容的異議的申請；對國家權力機關、地方自治機關、公務人員、國家和自治市的職員作出的決定，以及作為（或不作為）行為的異議的申請；保障選舉權和公民投票權的案件；及其他依法應由法院審理的公法關係案件（《俄羅斯聯邦民事訴訟法典》，2002年）。

歐洲人權法院：俄國公民的權利救濟由國內法擴展到國際法。俄羅斯聯邦政府於1998年批准了《歐洲人權公約》。俄國憲法規定，每個人都有權根據俄羅斯聯邦的國際條約訴諸於維護人權與自由的國際機構（《俄羅斯聯邦憲法》第46條第3款）。

(3)完備的保障依據

從憲法到國際公約，從實體法到程序法。憲法為國家履行維護人民權利與自由的義務、為國家權力機構及公職人員遵守憲法和法律設計了程序性規則。憲法規定俄羅斯聯邦公民有親自訴諸於國家機關和地方自治機關、以及向這些機關發出個人的或集體的呼籲的權利（《俄羅斯聯邦憲法》第33條）。

《俄羅斯審理公民請願的規則》（2006年）適用於所有類型的公民請

求，既包括行政性救濟方式，也包括司法性救濟方式。該《規則》規定了國家機關審理公民對國家機關、地方自治機關和公職人員的請求的程序。其中，國家機關指所有行使國家權力的機關。《俄羅斯聯邦行政違法法典》（2001年）第三十章規定了重新審理（包括法院重新審理和行政重新審查）行政違法案件的程序規則；既包括有關重新審查制度，也包括行政訴訟制度，還包括檢查監督制度。

《對侵犯公民權利與自由的行為和決定向法院提起控告法》（1993年）是行政訴訟制度的具體法律，根據該法，公民有權對侵犯公民的權利與自由的行為（決定），直接向法院，或者按照隸屬關係向其上級國家機關、地方自治機關、事業單位、企業或者團體、社會組織、公職人員、國家公務員提起申訴。

《俄羅斯聯邦仲裁程序法典》（2002年）規定了行政法律關係和其他公法法律關係在仲裁法院的訴訟程序，包括「要求撤銷規範性法律文件的審理」，對「國家機關、地方自治機關、其他機關、公務人員的非規範性法律文件、決定行為（或不作為）提出爭議的審理」、對行政違法案件的審理（第29條）。

綜上，社會權的憲法位階可以通過社會權具有與其他基本權一樣的屬性、且可以約束一切國家權力加以證明。

（二）社會國原則不是憲法的基本原則

憲法的基本原則是確立一國「權利—權力」關係和「權力—權力」關係的。從憲法的先驗範疇（人性尊嚴）可以推演出主權在民原則是憲法基本原則中的首要原則。從「人性尊嚴」中演繹出法律概念的抽象和具體兩個層次，分別為「人格＋意志自由＋主體性」和「人格權＋意思自治＋主體間關係」。法律概念的具體層次來源於抽象層次，同時又可以遞進式輪迴的方式豐富抽象層次。[20]「意思自治」既是私法領域的概念，也是公

---

[20] 戚淵：「法律的概念——『古典爭議』的終結：論法律概念的基本結構（下篇）」，2010年6月。

法領域的概念。在私法中，意思自治的外化——意思表示，是合意的行為
基礎；在公法中，意思自治的外化——意思表示，是同意的行為基礎。在
私法中，「意思自治」產生主體平等、人格平等、雙方互利、自主自由的
處分權、責任自負、合意、法律效力等一系列制度，其合稱就是私有制，
私有制是私法中私法自治原則的制度型態；在公法中，「意思自治」產生
人人平等、結社自由、社會自治、國家—社會二元、參政權、公權力的基
礎、同意、法律效力等一系列制度，其結晶就是普選制，普選制是公法中
主權在民原則的制度型態。由此可見，私有制與普選制距離人性尊嚴最
近。所以，主權在民原則是憲法基本原則中的首要原則；私法自治原則是
私法的首要原則。有的憲法學家也將私有制原則作為憲法的基本原則。[21]

　　上述原理，圖示如下：

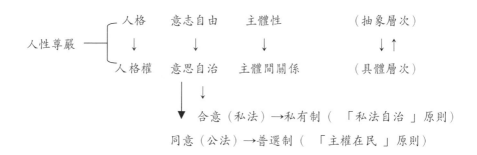

　　主權在民原則直接連結社會與國家，也即人民與國家，這是憲法必須
規範的主要內容。而在國家層面上的權力分配和運行，成為憲法必須規範
的另一主要內容，這就是權力分立原則。主權在民原則是體現在憲法中的
純粹民主制度；權力分立原則是共和的制度體現。立法權與行政權的產生
與存在是民主思想運行的結果，立法權、行政權與司法權相互制衡是共和
思想運行的結果。這兩個原則是憲法的龍骨，保障一個國家在民主與共和
的制度軌道上運行和發展。立法權運行的「多數決定」原則、行政權運行
的「依法行政」原則、司法權運行的「司法自制」原則，都是來自於這兩
個原則。也就是說，都是民主與共和思想的體現，而這兩個原則的正常運

---

[21] 龔祥瑞：《比較憲法與行政法》，法律出版社，1985年版。

行可以保障人民權利的實現。

　　社會國原則是對威瑪憲法之後各國社會立法及經濟政策內容的概括，其首要任務是在資源有限和社會可持續發展的法治國條件下，創造符合人性尊嚴的社會經濟條件，特別保障社會經濟弱者的基本生活需求，追求社會公正與安全。社會國原則要求在解釋基本權時，應同時考慮經濟及社會關係狀態。社會國原則不為國民實現基本權創造所有的前提條件，而只是一種協助工具。在利益分配時，避免憲法保障的自由與平等被濫用而使社會經濟弱者的權利和自由受到實質限制。社會國原則將法律的理想作為一個目標，用實質平等對待解決不平等狀況。[22]

　　其一，從社會國原則的內容可以看到，社會國原則的實現必須基於主權在民和權力分立這兩個憲法基本原則。在主權在民原則和權力分立原則確立後，國家的運行，即管理與給付，是靠稅賦維持的。而稅賦與普選連結著國家與社會，後者是定期的，前者是可以因時、因地、因事變動的。憲法的基本原則要求並確立了國家與社會的二元結構，這種結構保證了國家與社會平行並進、同步發展。國家對社會的給付就是國家履行社會國原則的通俗說法。國家履行社會國原則這一職能的依據、有無作為、正當與否，已經有主權在民原則和權力分立原則管轄、保障、判斷。正如稅賦不是憲法的基本原則一樣，依靠稅賦而運行的社會國原則也不是憲法的基本原則。社會國原則其實就是憲法上的社會權透過立法機構的立法而由行政機關履行的行政給付義務。他們是具體的積極行政行為，而不是抽象的法律原則。

　　其二，如果將社會國原則作為憲法的基本原則，國家與社會的二元結構就難以存在。如果國家與社會的二元結構不能存在，則國家與社會平行並進也就難以維持。進而，憲法基本原則的傳統功能必將全面喪失，換言之，社會國原則改變了憲法基本原則的功能，對主權在民原則和權力分

---

[22] Josef Isensee und Paul Kirchhof, *Handbuch des Staatsrechts der Bundesrepublik Deutschland*, Band V. *Allegemeine Grundrechtslehren Zweite*, durchgesehene Auflage, C. F. Müler Juristischer Verlag Heidelberg 2000, §115, Rn. 159 ff, Rn. 228, §124, Rn. 45, Rn. 151; S. 939-940; BVerfGE 22, 180 (204); BVerfGE 29, 221 (236).

立原則產生衝擊。因此，立法機關的社會立法不能打破公、私法區分的基本結構，這個基本結構維繫著人民之間，以及人民與國家的基本關係，即「權利—權利」關係和「權利—權力」關係。是故，只能將社會法限制在有限的公、私法重疊領域，而不能以公益為名擴大重合的範圍。社會法是對公法與私法的補充，而不是一個獨立的法律領域。作此界定，才能保證社會法既能成為人民實現社會權的依據，又不侵犯公法和私法各自的傳統領域。需要指出的是，一個對普通法系國家沒有公法與私法之區分的傳統觀點應予改變。英美法系沒有公法與私法相區分的理論，但有公法與私法作不同適用的實踐。因此，這樣理解也適用於英美法系。

其三，社會國只是國家的一個面向。社會國原則的表現型態是社會法治國，也稱「社會國」。社會法治國和自由法治國都是一個國家的不同面向。自由法治國在經濟上的表現就是個人自由結社、自由企業、自由競爭，即個人在經濟上擁有絕對的自由自主權利。其對政府的要求則是「不干預主義」；其在憲法上的反映就是保護自由競爭，把個人對財產的所有權視為無限制的私有權。主權在民原則和權力分立原則，既是因為自由法治國而設，又是自由法治國的保障原則；而自由法治國是導源於人性尊嚴的私有制和普選制得以存在的前提，只有在自由法治國的基礎上履行社會國原則，才能維護憲法的傳統功能。基於憲法基本原則的民主與共和的思想與方法全部包含在普選制、代議制、私有制、政黨政治、「憲法時刻」之中，他們的共同作用才能實現社會的福祉與和諧。要言之，社會國原則已經被憲法基本原則所吸收。

社會法治國與自由法治國的關係如何呢？從社會發展的現實來看，社會法治國的興起不是為了取代自由法治國，而是對自由法治國的補充和修正。在形式平等的基礎上，國家依據實質平等原則對社會經濟權利加以維護，同時防止國家借此機會過度介入社會領域為所欲為。但是，在此際，兩者的界限何在？如何裁判國家沒有履行社會國原則或者國家過度介入社會領域？這個任務當然地落到了司法機關的司法審查功能上。

（三）社會權與司法審查

綜上，社會國原則實際上是社會國政策，他是司法審查的對象，而不是約束司法權的憲法原則。這樣才能夠清晰地體現司法權制約立法權與行政權，保障國民的社會權。而認為「社會國原則是不確定法律概念」，其實就是將社會國原則視為社會國政策，因為籠統地將一個法律原則稱為不確定法律概念，過於簡單化了。在法律體系中，法律概念及規則都演繹於法律原則。這些法律概念雖然在涵義上具有開放性，以及因開放性而引出的不確定性，但法律概念的意義都是確定的，即都與法律原則的精神相符合。只有社會國政策完整地具有不確定性，因為社會國政策會隨著一國的基本權地位、經濟發展、稅賦增減、人口結構等要素的變化而變化，因而他們就是司法審查的範圍。經由司法審查，國民的社會權得到保護。換言之，司法審查保護的是社會權，而審查的是社會國政策是否合憲。一個社會權的實現可以用如下公式表示：

社會權＝社會立法及政策（立法機關）＋給付行政（行政機關）＋合憲性審查（司法機關）。

社會權與司法審查的關係主要反映在如下領域：

1. 平等原則的運用

憲法上的平等原則包括形式平等和實質平等。司法審查的關注點是實質平等，主要是實質平等的運用。其思路是：平等原則→實質平等→事物本質。首先，審查實質平等的產生是否合憲；其審查的內容是：(1)如果一個區別對待其所引為根據的事實情況事實上並不存在，則該區別對待即被理解為不合事理。因此，立法者在制定規則時不可以制定一個不以真實的事實情況為根據的規則。(2)價值判斷固然不容易加以客觀地驗證。但這並不表示立法者在制定規則時可以完全自由，甚至去選擇一個被普遍的正義感毫無爭議地認為是不合實質正義的因素。因此，立法權的行使要受到實質正義的約束，即立法者在制定規則時，應確定一個規則的內容如何

才能合乎實質平等。[23]

　　在司法審查中，對平等原則的考量具有如下幾種標準：(1)恣意禁止之審查，如上。恣意禁止就是合乎事理之要求。[24](2)體系違反之審查。所謂「體系違反」之審查，其實也是實質正義之審查。他是通過事物本質論證實質正義的成立，也是從體系內在的實質正義衡量平等原則的適用是否違反個案事理，即事物本質。[25](3)正當化要求。即如果受規範拘束之團體與其他受規範拘束之團體比較，而受到不同對待，而不同對待又沒有一個正當性理由，平等原則即被違反。[26]正當化之衡量與判斷基準是什麼呢？在形式上是可量化的差別，在實質上就是事物本質。可見，事物本質是平等原則的合理內核，也是實質平等的判斷基準。

　　在實質平等中，事物本質與基本權價值和憲法價值秩序三者相輔相成，三位一體。他們既是司法審查的目的取向，也是對司法審查權的實質性約束。平等原則是事物本質的下位概念，因此，平等原則的運用要受到事物本質的約束。而每一個基本權都是一個具體的事物本質的反應，符合事物本質的基本權價值秩序就是憲法價值秩序。「司法審查總是與各種價值相連結在一起的。」[27]司法審查的價值來源表現為：(1)超制定法的原理

---

[23]　Klaus Tipke, *Steuergerechtigkeit in Theorie und Praxis-Vom politischen Schlagwort zum Rechtsbegriff und zur praktischen Anwendung*, Köln, 1981, S. 40, 42; *Deutsches Staatsrecht*, von Theodor Maunz und Reinhold Zippelius, 24., völlig neubearbeitete Auflage, C. H. Beck, 1982, S. 196; Klaus Tipke, *Steuerrecht als Wissenschaft*, in F*estschrift Für Joachim Lang: Gestaltung Der Steuerrechtsordnung*, herausgegeben von Klaus Tipke, Roman Seer, Johanna Hey und Joachim Englisch, Köln, 2010, S. 21-56; Klaus Tipke, *Die Steuerrechtsordnung*, Band III, 2., völlig überarbeitete Auflage, 2012, S. 1403-1409.

[24]　BVerfGE 1, 14 (Rn. 18); BVerfGE 51, 1 (Rn. 30, 44); BVerfGE 55, 72 (Rn. 36, 50, 64). BVerfGE 88, 87 (Rn. 36).

[25]　Schmidt-Bleibtreu/Hofmann/Hopfauf, *GG – Kommentar zum Grundgesetz*, 12 Auflage, Carl Heymanns Verlag, 2011, Art. 3, Rn. 2.

[26]　Theodor Maunz, Reinhold Zippelius, *Deutsches Staatsrecht*, von 24., Völlig neubearbeitete Auflage, C. H. Beck, 1982, S. 198.

[27]　Carol Harlow, *Judicial Review and Administrative Justice*, in *Effective Judicial Review: A Cornerstone of Good Governance*, Christopher Forsyth, Mark Elliott, Swati Jhaveri, Michael Ramsden and Anne Scully-Hill eds., Oxford University Press, 2010, p. 87.

（自然法原理）。司法機關將蘊涵在自然法中的人的權利解釋為實證法規範，並作為制衡立法權與行政權的依據。(2)憲法基本權的核心內容。司法機關將基本權的核心內容作為先於立法的絕對價值衡量並約束立法權和行政權。(3)超越民主的價值，即共和理念。司法機關運用共和理念作為司法審查的基本價值取向，以實現實質正義，以及達到對立法權和行政權制約的目的。

2. 私有財產權的地位

在社會權與司法審查的關係論題上，私有財產權關聯到如下領域：社會權與民主、社會權與納稅義務人的私有財產權、社會權與社會公正。

(1)社會權與民主

這主要體現在社會權的實現與社會立法及政策的關係方面。社會權作為積極權利，一方面要求國家提供物質和精神上的給付，另一方面，人民對社會權的需求是持續的、遞增的。國家的社會立法及政策必須持續滿足人民日益增長的物質和精神的需要，國家對人民的福利給付只能增長而不能削減，這樣才能保護人民的信賴，才不違反民主價值。而福利持續增長與資源匱乏的矛盾可能引起國家減少社會給付、削減社會福利，從而引起社會權保障的問題，即國家減少給付與多數決定原則的衝突，司法審查在此的準據仍然是基本權。再者，民主的基本原則是多數決定，國家的積極行政既針對全體國民，也針對特定國民。國家給付，除了給全體國民提供一般公共產品，以及平等的社會福利外，也對特定國民給付。也就是說，進入司法審查領域的社會權，既有國家的社會立法及政策的合憲性審查，也有對少數權利、弱勢群體的權利，以及受到侵害（包括國家不作為）的特定國民的權利的救濟。職是之故，社會權與司法審查呈現出多重、複雜的關係。這不僅表現為積極權利與自由的持續擴大引起積極行政的範圍擴大，因而司法審查的範圍也相應地擴大；還表現為司法機關既要對抽象行為進行合憲性審查，也要對具體行為進行合憲性審查；既要對立法行為進行審查，也要對行政行為進行審查；既要對國家給付對象的社會權提供司法保障，也要對納稅義務人的私有財產權提供司法保護。國民的社會權與納稅義務人的私有財產權是司法機關在審查時必須同時考慮的。民主原則

雖然是司法機關衡量社會立法及政策是否合憲的原則，但對多數權利與少數權利的衡量準據仍然是基本權，即國民的社會權與納稅義務人的私有財產權之間的法益衡量。

(2)社會權與納稅義務人的私有財產權

一般認為，社會權包括工作權、經濟參與權、生活保障權、社會保健權、文化發展權。社會權的實現端賴於國家的稅賦，而稅賦的來源又與納稅義務人的私有財產權密切相關。社會權的衝突具有個體與集合的雙重屬性，即個人與個人、個人與國民整體、個人與納稅義務人整體，涉及到個人利益、公共資源與私有財產權的關係問題。不同社會群體、不同階級與階層的人民對社會權的實現要求各不相同。社會權的衝突雖不具有政治權利及自由的衝突的基本屬性，但社會權的衝突可以轉化為政治權利及自由的衝突，這是因為平等權和私有財產權都具有政治權利與自由的性質。

社會權的實現端賴於稅賦，但是，稅賦自身具有法則，主要是：課稅平等原則和稅源保持原則。這兩個原則約束立法機構制定稅法和稅賦政策，因而也是司法審查衡量稅賦立法及政策是否合憲的內容。對此，在理論和實務上有「必要原則」[28]和「限制原則」[29]的應用。「必要原則」指課稅不得超過其公共需求的目的，以及公平負擔國家財政需要的目的。「限制原則」是指課稅只是對納稅義務人的私有財產加以限制而不是剝奪；換言之，課稅是以納稅義務人在經濟上對個人財產自由處分為前提。稅賦自身的法則構成了國家徵稅的憲法界限，即憲法允許課徵何種稅賦，以及徵稅在立法與法律適用上的界限。

而行政機關對稅賦的運用主要體現在如下領域：社會福利給付、創造充分就業機會、提供環境保護、調整經濟景氣變動、促進資本形成等等。對此，司法機關主要是審查這些領域的行政行為是否合憲，或者更準確地說，審查行政機關對稅賦的運用是否同時促進了國民社會權的實現和納稅義務人的私有財產權的保護。如前所述，國民社會權實現的意義關聯到人

---

[28] 司法院釋字第211、224號。

[29] Loritz, *Das Grundgesetz und die Grenzen der Besteuerung*, NJW, 86, 2 f.

格自由發展和人性尊嚴的維護。而對納稅義務人私有財產權的保護，概括地說，關係到個人和社會可持續發展的基礎，具體是：維持納稅義務人持續投資、擴大生產的能力，進而創造就業機會；可使納稅義務人保持工作意願和工作積極性；可維持社會的競爭機制，增強社會活力等等。社會權和稅賦資源的使用問題正是司法審查的理由，因為在此前提下，行政機關對稅賦運用的合理性要由司法機關來裁決，以保證社會公正。

司法機關在就社會權問題進行合憲性審查時，權力分立原則是約束司法權的基本原則。但在具體審查時，憲法法院也運用其他原則。例如，匈牙利憲法法院在審查國民社會權的實現問題時，運用法治原則制約立法機關的立法；運用保險的對價原則和既得權等標準，在政府財政困難的前提下，優先保障人民的社會福利權。既得權是已有立法保障的權利，具有可預見性及可計算性，而政府不能恣意縮減。人民對非社會保險的社會福利給付有信賴利益，而法治原則正是保障既得權的一個原則，[30]這些原則的運用實際上是以社會權本身為最高保障目的。從上文的分析中可以看出，在立法、行政和司法實務中並非這樣單一，乃司法審查保障國民社會權的實現並不能僅以社會權本身作為合憲性審查的基準，這主要是因為社會權的實現需要符合社會公正。

(3)社會權與社會公正

社會公正的思想基礎仍然是民主與共和。在社會國面向上，民主與共和的思想產生民主的社會主義。他把人的價值放在首要地位，承認人的平等，強調人的互助，並要求國家以保障所有個人符合人性尊嚴的最低生存條件為己任，國家的積極作為是為了形成正當的社會秩序，保證每一個人都有機會和可能穩定地擁有動產、不動產、智慧財產權和勞動力個人所有權。民主社會主義是對片面強調「自由至上」、漠視人類公正和社會公正、主張自由放任的古典自由主義的修正。民主可以保證平等競爭、自由發展；共和可以防止貧富懸殊、兩極分化。

---

[30] Andras Sajo, *Welfare Right + Constitutional Court = State Socialism Redivivus–How the Rule of Law Killed Hungarian Welfare Reform*, vol. 5 No. 1 EECR 3, 4.,1996, pp. 5-16.

在社會國面向上，社會公正表現為幾個交互作用的層次：立法分配國家履行社會國職責的公正性；積極行政促進國民社會權實現的合理性；司法審查保障基本權的正當性。這幾個層次構成了以基本權為核心的憲法價值秩序和法律秩序。

基本權必須在全體法律秩序中實現，[31]只要基本權課予國家保護及保障的義務或課予其平等權保障的任務，[32]這些權利通常直接影響到私法。義大利憲法對其民法第2059條（非財產損害應當僅在法律規定的情況下進行賠償）具有直接約束力，憲法法院作出的解釋使民法第2059條的限制無效。換言之，民法的立法者也須承受各該相關的義務與任務。[33]這些憲法規範宣示了基本權不僅約束一切國家權力行為，包括司法審查行為，而且也規範一切「權利─權利」關係（私法關係），從而形成以基本權為基礎的價值秩序。作為「直接適用的法」的基本權應該包括憲法上的社會權，[34]但社會權是否為司法機關審查立法分配國家履行社會國職責之公正性和積極行政促進國民社會權實現之合理性的最高且唯一的依據呢？從上面的分析來看，顯然不是。有的憲法學家從社會國原則理解合憲秩序，將合憲秩序理解為符合公益的法律秩序，這意味著公益是司法審查的判準。實際上，公益也不是司法審查的最高且唯一的判準。合憲秩序實際上是合乎基本權的秩序，在司法機關保障社會權的領域內，合乎基本權的秩序是國民的社會權和納稅義務人的私有財產權同時得到公正保護的法律秩序。

於是，「最低生存保障」幾乎成為各國的通用標準。但是，「最低

---

[31] 《瑞士聯邦憲法》（1998）第35條。

[32] 《德國基本法》第1、14、3條。

[33] Ulrich Battis und Christoph Gusy, *Einfürug in das Staatsrecht*, 3 Auflage., C. F. Müller Juristischer Verlag Heudelberg, 1991, Rn. 364.

[34] 但有的憲法在規定社會權的同時，也要求憲法上的社會權由法律作具體化規定。這存在下列兩種狀態：第一，法律已作出具體規定，那麼行政機關與司法機關都有基本明確的法律依據，行政機關僅在不確定法律概念與可裁量的領域內進行行政判斷和裁量；司法機關對法律和行政行為的合憲性及合理性進行審查。第二，法律無規定，此涉及立法不作為，也在司法審查的範圍之內，而同時，司法機關在解釋憲法基本權時，可以創造更具體的社會權規範。

生存保障」是不確定法律概念，不同財政狀況的國家的「最低生存」標準也相差甚遠。怠於履行積極義務的政府可能會以財政狀況為理由拒絕履行或變通履行或不履行積極義務。因此，在保障國民社會權獲得實現方面，「最低生存保障」的標準必須由「合理性標準」加以約束。判斷國家是否合理地為國民實現社會權履行積極義務應該具有如下標準：①憲法及部門法律體系中關於社會權及其實現方式的規定極為詳盡，並與《世界人權宣言》和《經濟社會文化權利國際公約》的相關規定一致。②國家關於社會權的立法、政策，以及其他措施必須是可實施的。③國家必須使用可利用的資源為全體國民提供維持人性尊嚴的基本生存條件。④可利用的資源與國家給付在立法和法律實施中必須是合比例的，俾使國家能保障全體國民的基本權，及可持續發展。⑤國家必須用盡一切方法為國民實現社會權提供條件，並即時採取行動實施使國民完全實現社會權的立法、政策及其他措施。

這個「合理性標準」同時指向立法行為、行政行為和司法審查行為。他包含「最低生存保障」，但又對「最低生存保障」的合理性標準提出了具體要求。從「最低生存保障」導出國家的積極義務；從國家積極義務的履行要求中獲得「合理性標準」；進而，「合理性標準」約束一切國家權力。這個「合理性標準」對國家獲取「可利用資源」及其方法、對可利用的資源與國家給付的關係提出了要求，即必須符合比例性；既為國民實現社會權提供了物質基礎，也保障了納稅義務人的基本權，又能讓國家得以可持續發展。只有這樣，「合理性標準」才能符合基本權價值秩序，進而實現社會公正，而「合理性標準」也符合世界人權法的要求。司法機關在「合理性標準」的約束下保障社會權，司法審查應該趨向於嚴格。在社會國面向上，為保障基本權、制衡立法權和行政權，盛行了若干年的司法消極主義應該讓位於司法積極主義。

本文認為，儘管能夠大致地確定一個「合理性標準」，我們還是應該看到，由於國民對社會權的要求具有多樣性，司法機關通過司法審查保障國民社會權也難以形成一個確定的模式，難以獲得一個統一的標準，因為「合理性」在不同的個案中有不同的要求和適用，只有以事物本質為論證

基礎，才能使不同的個案獲得符合基本權要求的融貫性論證結果。

三、行政國家與司法審查

社會權成為憲法上的基本權導致行政國家的興起。行政國家的興起在實務上產生了各種新行政方式，在理論上呈現為新見迭出的一派繁榮景象。本文無意對之加以評論，只是認為，現代國家依然在國家與社會的二元結構下存在和運行，主權在民原則和權力分立原則依然是國家與社會二元結構得以存在、國家與社會得以平行並進的憲法基本原則。在此前提下，行政國家的行政方式呈現為三種並存的型態：公營（管理與給付）、合作治理（混合行政、協商行政，輔助行政）、私營（私人主體履行公共職能）。行政國家的上述領域和行為是否需要司法審查，其衡量標準仍然應該是、也只能是基本權。凡是涉及基本權的領域和行為都要接受司法審查，也就是說，公權力行為或履行公共職能的行為與基本權發生關係時，都是司法審查的範圍。[35]行政國家導致司法審查的範圍在擴大。司法審查呈現出「消極」約束下的「積極」趨勢。「消極」是秉持職權主義理念，「積極」是基本權保障的要求。經歷了相當長一段時間的司法消極主義的普通法系國家面對行政國家的挑戰，應該重新審視司法消極主義，允許法院行使更加積極的司法功能。[36]

---

[35] 僅是私人間的權利關係，即私法上的「權利—權利」關係，不是司法審查的範圍，應由普通法院依民事程序加以審理。單純社會層面上的事務，不是司法審查的傳統管轄範圍，也不是司法審查的新對象。法院在私法關係糾紛中適用「正當法律程序」條款是保護基本權，即擴大了「正當法律程序」條款的適用範圍，並不能籠統地認為是司法審查。司法審查的對象必須包含公權力。所謂基本權的第三人效力，實際上仍是在「權利—權力」關係下發生的「權利—權利」關係，其應是司法審查的範圍。

[36] Nigel Pleming QC, *Judicial Review of Regulators*, in *Effective Judicial Review: A Cornerstone of Good Governance*, Christopher Forsyth, Mark Elliott, Swati Jhaveri, Michael Ramsden and Anne Scully-Hill eds., Oxford University Press, 2010, p. 356.

（一）公營與司法審查標準

公營與司法審查的關係表現為傳統的司法權對行政權和立法權的制約關係。

一方面，在權力分立原則的支配下，行政國家的管理與給付功能仍然主要由行政機關擔任，行政機關仍然是管理與給付行為的主要主體，履行憲法上的固有行政權。又因為依法行政原則依然是行政權運行的首要原則，因此，司法審查要同時面對行政行為及其依據──制定法。另一方面，在行政國家，國民的基本權呈現出如下趨勢：1.基本權的範圍擴大：傳統基本權以行政行為的直接相對人為對象，且範圍僅以法律上所保護的權利為限，而不及於事實上的利益。但隨著行政國家的興起，基本權關係從直接相對人擴大到第三人，權利保護範圍從法律利益擴充到事實上利益或反射利益。2.基本權保護之多樣化與徹底化：不僅有實體法上基本權範圍的擴大，而且也有程序法之適用範圍的擴大。例如，德國行政法院有課予義務之訴，日本行政事件訴訟法上有不作為違法確認之訴，且均有國家賠償制度。3.社會經濟權利的憲法位階提高：社會經濟權利成為基本權，不只是因為他們是國民生存的基礎，還因為他們直接連結著基本權核心。基本權範圍的擴大，意味著國民對國家的實質要求更多，很多國家直接在憲法上確認了人民享有「良好行政」和「公正行政」的權利。歐洲聯盟《基本權利憲章》第41條詳細地規定了人民「享受良好行政的權利」：人人均享受其事務受到歐洲聯盟機構及部門之公正、公平與適時處理的權利。[37]南非《權利法案》也確認了國民享有「公正行政行為的權利」。在第33條第1項中規定：「人人都有享受合法、合理、程序公正之行政行為。」在第33條第2項中規定：「人人都有在其權利已經受到行政行為不利影響時獲得書面理由的權利。」憲法對「良好行政」的要求當然也涉及到國民實現社會權的領域，他也體現為對行政權運行的實質要求，因為僅有「形式」不構成「良好」。憲法要求行政機關「良好行政」也是國民從實質上享有和行使基本權在行政領域的反映，構成了行政國家面向上國民

[37] Charter of Fundamental Right of European Union, 14 Dec. 2007, 2007/C303/01.

與行政機關的基本關係。這種關係不僅體現在選舉的形式上，而且也體現在對行政權運行的實質要求中。

在行政國家的公營領域中，立法行為和行政行為與基本權的衝突進入司法審查領域後，關鍵的問題是審查標準。依傳統見解，審查標準決定著司法權與立法權和行政權的關係模式，但在行政國家領域，這種見解能否成立，抑或這種見解自始就難以成立。從現有的研究資料來看，審查標準或基準錯綜難分，從理論上加以區別已不可能，在實務中也難以僅採用一種審查標準。對審查標準的理解應基於司法權和司法審查的屬性，司法權是以維護實質正義來保障基本權的，因此，所謂審查標準或基準實際上是通過實質價值論證獲得的。又因為司法權是以個案正義來保障基本權，因此，以個別性存在的事物本質就是實質價值論證的邏輯起點。確立了這樣的認識論立場，就需要重新審視已有的審查標準或基準的相關理論。

首先，雙重審查標準在實務中難以運用。Stone的注釋4確立了這樣的審查標準，法院對如下三種情形不能只適用寬鬆的審查標準並逕自推定合憲，而應嚴格審查：1.涉及政治權利與自由及正當程序的立法。2.涉及行使投票權、言論自由、政治性結社、和平集會等憲法權利與自由的過程的立法。3.涉及特定群體的平等權的立法。[38]「雙重審查標準」即對主要的基本權適用嚴格審查標準；對社會經濟立法適用合理審查標準。「雙重審查標準」是在特定社會背景下、針對特定立法狀況而產生的審查方法。這樣的審查標準在司法審查的實質價值論證方法下無法適用。第一，社會經濟立法與基本權之間有著深切的實質關聯，德國聯邦憲法法院多次將國民的社會經濟權利作為天賦權利，與人性尊嚴連結。[39]第二，當社會經濟立法侵犯到國民的生存權時，合理審查標準不足以保障國民的生存權。第三，基本權是一個不可分割的權利體系，任何一項具體的權利均連結著「基本權核心」。例如，社會經濟文化權利關係到個人的人格自由發展和人性尊嚴的維護；私有財產權與自由權、實質平等權及民主和正當程序密

---

[38] 304 U.S. 144. 152-153, n. 4 (1938).

[39] BVerfGE 12, 45 (51); BVerfGE 27, 1 (6); BVerfGE 6, 32 (41); BVerfGE 6, 389 (433).

切相關；他們互為條件，且其位階高低界限已模糊而無法確定哪一項權利應受到高度保障或次要保障。司法機關對社會經濟立法目的的合憲性審查，以及對國民基本權的保障，是不可分離的。

其次，三重審查標準形同虛設。三重審查標準，即合理審查標準、中度審查標準和嚴格審查標準。其裁定合憲的依據分別是立法目的追求「正當利益」、追求「重要利益」和追求「重大迫切利益」。[40]不難看出，三重審查標準實際上是一種標準的類型化。而所謂「一種標準」，實質上並非標準，而是「利益衡量」的方法。司法機關在適用三重審查標準時必須進行個案利益衡量，正是因為需要對個案進行利益衡量，在缺乏實質價值（比如正義、共和理念、事物本質等）約束的情況下，可能的結果是：個案的不同，通過個案利益衡量所獲得的「標準」也是不確定的。所以，不是審查標準而是利益衡量對司法機關產生約束力。在「三重審查標準」模式中，沒有利益衡量，就沒有審查標準。因此，所謂「三重審查標準」實際上是「利益衡量前提下的多元標準」。然而，個案利益衡量是實質審查而非形式審查。雖然不同的法律規範具有不同的規範目的，不同的法律規範在不同的個案適用中的規範目的也不同，行政機關也可能運用相同法律規範追求不同行政目的，但是，司法機關的實質審查實際上就是對不同法律規範在不同個案中的適用合憲與否，通過實質價值論證後作出裁定。於是，事物本質就成為司法審查進行實質價值論證的邏輯起點。也就是說，在具有實質價值（正義、共和理念、事物本質等）約束的前提下，個案利益衡量的方法受到實質價值的約束。進一步說，司法審查只要進行實質價值論證，「三重審查標準」便形同虛設。

再次，單一標準只能適用於形式審查。本文認為，單一標準只有在形式審查中才能存在和適用。但是，其一，單純的形式審查不是司法審查的主要方式，他在司法審查的範圍中很少運用，而司法審查主要是實質審查。其二，比例原則追求實質正義，他是行政合理性的衡量標準。實質正義超越了形式正義的約束，且總是與事物本質相連結，並以個案正義的型

---

[40] BVerfGE 7, 198–Lüth.

態出現。離開實質價值論證，就沒有比例原則的適用。德國憲法法院的實質價值判斷往往就是以「實踐理性」及深化於人民心中的一般正義觀作為法律認識的淵源。[41]因此，比例原則不是形式審查的標準；比例原則模式也不是單一標準。法律原則的特點是具有衡量性，所謂衡量，實際上是以個案的事物本質為邏輯起點進行的實質價值論證。上述持「單一標準」論的憲法學家同時也認為，在實際運作上，比例原則經過審查密度的操作，也產生多元審查標準的結果。

　　最後，價值作為審查基準要求憲法價值必須與基本權價值一致。此分為兩種方式，一是規範導向的價值審查：在審查中揭示規範中的價值，即所有的國家公權力的發動與運行須服從憲法所揭示的價值理念。另一是現實導向的價值宣示：依據「社會共通價值」作為基準，即讓現實中的一般價值觀來引導當前違憲爭議的走勢。憲法學家進而認為，「社會共通價值」不能用作凌駕個人基本權的保護，也不能用以取代憲法解釋機關進行規範論證的核心任務。現實導向是實然導向，實然導向的觀察模式由於一再將法律的規範性回溯到現實情境中，把規範與現實的距離徹底打破，因此不免忽略法律規範所必須肩負的改變現實的調控功能。[42]本文認為，規範導向的價值審查的關鍵是憲法價值是什麼價值；現實導向的價值審查的關鍵是「社會共通價值」如何提取，他們與憲法價值是否一致。只要進行實質價值論證，規範導向的價值審查標準必然回溯到「基本權核心」，也就是說，在這類審查方式中所揭示的憲法價值必然是基本權價值。而在個案審查中，「社會共通價值」的衡量標準也是具體的基本權。基於司法審查具有價值整合功能，價值作為審查基準的方式完全可以將社會「認知」導向憲法的價值核心，使之成為社會共通價值。這種審查方式也要求法官進行實質價值論證。因此，這種方法也被憲法學家稱為「結果考量的價值

---

[41] 黃錦堂著：「自由權保障之實質論證之檢討」，載《憲法解釋之理論與實踐》第二輯，新學林出版公司，2000年8月，第227頁。

[42] 司法院釋字第608, 485, 490, 526, 584, 596, 605, 614, 618, 582, 623, 445, 587, 554, 476, 617號。

融貫論證」。[43]

從上面的分析可以看到，司法審查在方法上的特點是以個案為單位進行實質價值論證。事物本質、實質正義、共和理念在此方法中得以融會貫通。而司法審查達到如此程度，則權力分立原則的運行就處於最佳狀態。基於權力分立原則與主權在民原則的邏輯關係，我們就可以推導出這樣的結論：行政機關仍然是行政國家管理與給付活動的主要主體。也就是說，「公營」仍然是行政國家完成行政任務的主要方式。鑑於行政國家的特徵，一方面，國民基本權的實現需要政府協力，另一方面，行政權對社會廣泛領域的深入，以及行政權運行方式的多樣性，也引起了多元化、交叉性的「權利—權力」關係。是故，才要求司法機關按照上文分析的「標準」（即以事物本質為論證的邏輯起點，以個案為單位進行實質價值論證）行使司法審查權，從而發揮既能制約立法權與行政權，又能保障國民基本權的制度功能；既能因應行政國家興起的新挑戰，又不背離主權在民和權力分立的憲法基本原則。如此，國家與社會的運行才能處於良性發展狀態。因此，行政國家的走向不會也不能偏離主權在民原則和權力分立原則所確定的具體軌道。

（二）合作治理與司法審查

近幾十年來，傳統行政管制模式開始向新的行政治理模式轉化，新行政治理的具體模式大致可以歸納為如下三種形式：混合行政、協商行政和輔助行政，他們都是司法審查的對象。

1. 混合行政

混合行政是合作治理的一種方式，主體包括行政機關和不具有權力分立意義上的機構、組織和個人（統稱「私人主體」）。混合行政可分為

---

[43] Martina Renate Deckert, *Folgenorientierung in der Rechtsanwendung*, B. C. H. Beck'sche Verlagsbuchhandlung, München 1995; Dieter Grimm, *Entscheidungsfolgen als Rechtsgründe*: *Zur Argumentationspraxis des Deutschen Bundesverfassungsgerichts*, in Gunther Teubner (Hrsg.), *Entscheidungsfolgen als Rechtsgründe. Folgenorientiertes Argumenteren in Rechtsvergleichender Sicht*, Baden-Baden: Nomos, 1995, S. 156.

契約型混合行政和組織型混合行政兩大類型。前者是指公、私主體的合作關係須以特定的契約為其基礎，後者是指為了完成特定行政事務，公、私主體作為一個權力機構進行合作治理。混合行政的特點是：(1)行政機關的法定行政任務由私人主體參與完成。(2)公、私合作治理的事務一般是專項事務；私人主體在專項事務的各個階段均可參與；在不同階段可以基於契約由不同的私人主體參與。混合治理的專項事務可以是管理行政方面的事務，也可以是給付行政方面的事務。(3)混合主體合作治理的事務一般是短期性的事務。(4)在混合行政體制中，混合主體對外的行政責任是混合責任。行政機關除了承擔混合責任外，還要承擔與私人主體約定的責任，以及對私人主體治理行為的監管責任。(5)混合主體對外仍然是公法上的行政機關，私人主體的參與只是行政主體的內涵發生了變化，行政行為的公法性質沒有改變。

　　司法審查的挑戰之一是在日益增加的管理領域內，如何在保證管理者負責任方面發揮出作用。[44]在混合行政模式中，區分行政機關與其他合作主體之間各自的責任不僅十分困難，而且也無實際意義。實際上，只要有私人主體參與治理，混合行政的外部行為就產生共同責任。在混合主體內部，公、私主體可以約定責任界限。這種約定責任的方式也可以適用於組織型混合主體。司法機關無法從混合行政的外部行為中區分公、私主體在合作治理中的責任界限，司法審查的對象只是混合行政的外部行為。司法機關應將混合行政的外部行為視為政府行為而適用行政程序法，當司法審查僅將混合行政的外部行為作為審查對象時，公、私範疇的界限，以及公法與私法的界限就不會模糊，這是因為混合行政的外部行為就是行政行為。混合主體與相對人構成的法律關係才是區分公、私範疇、公法與私法界限的基礎。

　　在混合行政中，行政機關的固有作用依然存在，因為作為國家機構，其為行使憲法權力的直接主體，並擁有維護全體國民的基本權、公共

---

[44] Nigel Pleming QC, *Judicial Review of Regulators*, in *Effective Judicial Review: A Cornerstone of Good Governance*, Christopher Forsyth, Mark Elliott, Swati Jhaveri, Michael Ramsden and Anne Scully-Hill eds., Oxford University Press, 2010, p. 355.

利益的義務，而不是維護合作者私人主體之利益。在混合行政中，行政機關負有直接責任和擔保責任。對於混合行政而言，所謂公、私範疇觀念的模糊，只是說公、私觀念發生了變化，而公、私界限依然存在，這是因為基於主權在民原則的國家與社會二元結構的界限依然存在。進而，我們可以推論，基於國家與社會二元結構的公法與私法的界限也不可能發生根本變化。有的憲法學家認為：「一旦統治不被認為是主權權威的行使，而是通過制度性網狀組織實現社會目標，那麼，公、私法的界限模糊了。社會法的勝利是公、私法衝突得到克服的標誌，也是現代公法大廈坍塌的標誌。」[45]本文認為，將主權運行與社會目標的實現割裂開來不是基於主權在民原則的論述，主權運行的目的就是為了實現社會目標，而主權如何運行要受到社會目標的制約。社會目標既可以是總體的，也可以是個別的，但都是具體的。既可以總體約束主權運行，也可以個別約束之。混合行政作為一種合作治理方式，公、私主體的行動直接受到社會目標的導引和約束，因為社會成員就是主權者，行政機關直接來自主權者，且直接地行使主權者委託的權力。這是混合行政的行為接受司法審查的憲法基礎。而所謂的社會法，只是因為保障社會權實現的要求而出現的一個新的法律部門，根本不是與公法和私法並立的新法域。公法和私法都有各自的核心原則，即分別為主權在民原則和私法自治原則，而社會法無。從前文關於社會權的論述可以知道，社會法其實就是政府積極行政的具體的法律依據，他是憲法社會權條款的具體化。要言之，社會法屬於行政法範疇。這一觀點融貫了上述各個論述的論證，這就是政府的積極行政行為要接受司法嚴格審查的原理，有了社會法，公法大廈不僅沒有坍塌，而且更穩固、更豐富了。

2. 協商行政

　　協商行政是行政機關將單向的管理變為與行政相對人協商管理的一種行政方式。基於協商的行政有兩種主要方式：(1)在行政機關與相對人之間：行政機關在作出行政決定之前，為了能使相對人遵守決定，而與相對

---

[45] Martin Laughlin, *Foundations of Public Law*, Oxford University Press, 2010, p. 462.

人協商，共同決定。(2)在行政機關與爭議雙方之間：行政機關在各方當事人充分協商的基礎上作出決定。[46]

協商行政的特點是：(1)協商主體的不平等，一方為行政機關，一方為行政相對人。行政相對人可以是個人，也可以是群體。(2)協商事務較為廣泛，包括管理行政與給付行政的各個方面的事務。(3)協商事務的專項性，行政機關只能就專項事務與相對人協商，包括協商制定規則和標準、協商執行或履行方式。這些規則、標準和方式只適用於本專項事務，而對他項事務不具有約束力。由於協商事務的專項性，協商行政不可能形成為體系性的行政方式，因而他也是非規範性的行政方式。(4)協商行政的依據不完全來自於立法機關，而部分地由行政機關與當事人協商確定。

在協商行政模式中，司法審查的對象包括：(1)主體、協商內容和範圍、協商程序。(2)私人主體是否為協商事務中的適格主體。(3)協商內容是否在允許協商的範圍之內。(4)協商程序是否違背了正當法律程序的要求。(5)協商結果是否損害了第三方利益或公共利益。(6)協商行政的依據是否規避公法約束或違背公法規定等等。

雖然協商行政是合意行政，但由於行政機關為一方主體，並且，行政相對人有可能利用協商過程獲取利益，從而使公共利益或第三方利益遭受侵害，故也要接受嚴格的司法審查。司法審查應將協商行政過程中的各個環節施以規範性的要求，才能判斷協商程序的正當性與否。同時，司法審查應將協商機制的功能價值與行政機關決策機制的功能價值置於憲法基本原則之下加以比較，才能決定協商結果的正當性與否，因為協商行政有可能侵犯行政權及其依據的民主性。協商行政重視「合意」價值，即在行政機關與利害關係人之間達成共識；司法審查重視「同意」價值，即將協商結果置於行政權運行的民主機制中考量其正當性。

3. 輔助行政

輔助行政是非行政機關受行政機關的委託，而以行政機關的名義協助

---

[46] おおはし よういち：《行政法學的結構性變革》，呂豔濱譯，中國人民大學出版社，2008年版，第6-8頁。

行政機關從事公務活動。因此，不能認為行政輔助者是獨立行使公權力。一般認為，特許是典型的輔助行政方式。行政機關將憲法上的許可權委託給私人，使私人獨立處理國家許可權意義上的國家事務，特別是行政事務。但因為具有委託關係，行政輔助者是行政行為的一方當事人，和行政機關整體地與外部發生法律關係。

　　私人主體是輔助行政的主要力量。在輔助行政模式中，私人主體在履行公共職能時，也應接受諸如對行政機關那樣的限制措施。只要私人主體的管理與裁決行為有侵犯相對人和第三方基本權的可能性，那麼，私人主體的行為就是司法審查的對象，司法審查應關注私人主體被授予公共權力的合憲性問題。法律保留給必須由國家機關作為的事務，不能再由行政機關委託給私人主體。《德國基本法》第33條第4款（「功能保留」條款）認為，作為持續性的事務原則上必須保留給制度意義上的行政機關。從「功能保留」條款可知，臨時性事務和例外性事務是憲法允許行政機關委託給私人主體的事務內容。因此，諸如涉及公共安全的員警業務、監獄管理等「高權行政」不能由私人行使。對於員警業務，德國法院的態度是，不承認其作為獨立的行政輔助者的活動，即使對於各種各樣的管制活動，只要沒有特別的法律依據，只有在員警在場並進行指揮監督之下，才承認私人主體以技術性輔助的形式參與這類活動。[47]在輔助行政中，按照Assmann的理解，行政機關將許可權委託給私人主體後，行政機關的責任是擔保責任。[48]司法審查的準則是，一方面，既要維護私人主體在輔助行政中的自主性，因為私人主體在履行公共職能時，所採取的行動和理性計算標準，並不是以行政機關所認定的「公益」來決定的，[49]司法機關理應對私人主體的自主性保持一定的尊重；另一方面，又要保證行政機關恰當地承擔監管責任，因為行政機關的責任與其在委託法律關係中的權力是一

---

[47] よねまる　つねはる：《私人行政》，洪英等譯，中國人民大學出版社，2010年版，第169頁。

[48] Eberhard Schmidt-Aßmann, *Das Allgemeine Verwaltungsrecht als Ordnungsidee* (*The Pandect of Administrative Law As The Idea of Order*), Erscheinungsdatum: 2004, S. 114 f.

[49] Ibid., S. 116.

致的。監管責任應該又不致於削弱通過私人行政的功能意義。由此可見，司法審查的這一準則仍然是奠立在國家—社會二元結構之上的，或者更準確地說，這一準則是從主權在民原則和權力分立原則中獲得的，因為即便是在混合行政和輔助行政這樣的合作治理模式中，行政機關與私人主體之間的區別依然是十分明顯的。

4. 合作治理餘論

行政國家的興起引起立法模式的變化。立法模式大致可以分為兩種，一種是授權型模式，即以法律授予權力，不授權，無權力；一種是禁止性模式，即在某些行政領域，禁止不得為之事項或範圍，比如：(1)不得違反實質平等原則。(2)不得與私人主體約定損害公益或他人利益。(3)不得侵犯受絕對保障的權利領域等。在被禁止以外的廣大領域，行政機關可與相對人協商行政。顯然，禁止型模式更適合於行政國家。但這種模式同時會引起大量的行政裁量權，以及行政機關對私人主體授權的合作治理。他們的正當性問題，正是司法審查的內容。

立法權與行政權的這種關係模式也直接影響到行政機關與參與治理的私人主體的關係。行政機關與私人主體的關係應該採用授權型還是禁止型？從權力與權利各自的屬性考量，在合作治理模式中，行政機關與私人主體的關係只能採用授權型。與立法機關對行政機關的授權相比，司法審查應該更多地審查行政機關對私人授權的合憲性。

在合作治理模式中，私人主體作為公行政受託者與行政機關構成的法律關係，可以是公法關係，也可以是私法關係。但即便是私法關係，也涉及到公共利益或第三方利益，例如行政機關與私人主體合作而引起的私人主體間之同業競爭的正當性問題，因而也要受司法機關的審查。司法審查的範圍包括私人主體的標準設定、標準內容、以及對他們的授權依據、授權模式、授權範圍的合憲性、行為責任是公法責任還是私法責任的區分，合作治理所產生的新行政法的合憲性等等。

往往也有這樣的情況：在政府發起公民直接參與治理時，並不是授予他們權力。政府並非要將大眾引入公共領域，而是使他們形成一個團體，

對政府作出決定產生影響。[50]公眾對於政府決策的影響不能視為合作治理，鑑於此，我們就有必要區分合作治理模式中參與主體的法律地位，不同的法律地位決定著不同的法律責任。所謂的「參與治理」，實際上是不確定術語。在混合行政中，私人主體是行政主體的一部分，與行政機關共擔責任；在協商行政中，私人主體是行政相對人，他們只與行政機關發生法律關係，治理的事項與他們本身的利益密切相關；在與行政機關發生法律關係後，他們的基本權保障引起第三方基本權的保障問題。在輔助行政中，私人主體在被授權範圍內從事活動，其法律地位也是需要由授權法規定。他們實際上是行政機關的代理人，而與外部發生法律關係。這一分析使我們清晰地看到，私人主體參與治理的地位和實際作用遠非行政法學界所描述的那麼大，誇大私人主體在管理與給付行政中的作用不僅可能使國民淡化對行政機關的責任認知，進而淡化選民對定期選舉的興趣，使民主制度本身遭受傷害，而且也可能給行政機關怠於行政提供理由。當這種可能變成現實時，只有進入司法審查領域後才能使受害人的權利獲得救濟，但情況往往是，並非所有的受害人知道自己受害或在受害後尋求司法機關保護，結果反而是人民不能充分實現基本權。

司法積極主義意味著司法機關是在特定的社會背景下作出裁決，這個社會是現實中的法律生活，而不是以邏輯呈現的法律形式主義。[51]司法積極主義適應了行政國家之行政多樣性特點的需要，也能適應行政法多樣化的需要。在行政國家的發展過程中，「被採用的行政法的概念取決於對權力分立意義上的行政管理體制的理解」。[52]如果我們承認立法機關無法獨立確定行政法的範圍，那麼根據權力分立原則，確定行政法的範圍的任務

---

[50] Rebecca Neaera Abers,*Reflections on What Makes Empowered Participatory Governance Happen*, in *Deepening Democracy Institutional Innovations in Empowered Participatory Governance*, Archon Fung, Eric Olin Wright eds., VERSO, 2003, p. 200.

[51] Shimon Shetreet, *Judicial Independence and Judicial Review of Government Action: Necessary Institutional Characteristics and the Appropriate Scope of the Judicial Function*, in *Effective Judicial Review: A Cornerstone of Good Governance*, p. 194.

[52] Martin Loughlin, *Foundations of Public Law*, Oxford University Press, 2010, p. 445.

當然地最終由司法機關完成。行政機關在執行立法機關制定的法律時也有可能創造新的行政法，其創造行政法的權力雖然是由立法機關賦予，例如不確定法律概念和空白授權，但其創造的行政法合憲與否卻是由司法機關裁定的。雖然不是每一個如此的行政行為都要由司法機關確定其合憲性或都要受到司法機關審查，但司法審查制度存在本身即是行政機關創造行政法之合憲性的保障。

應該承認，合作治理在行政國家模式中是有意義的。通行的觀點認為，這種治理模式提倡以更多參與、更多協作取代管制模式的等級和控制；鼓勵多元化的利益相關者共擔治理角色；實現社會目標的任務由政府、行業與社會共擔。合作治理模式強調讓非政府行動者在管理與給付行政中發揮更多的作用，將政府責任部分地轉移到私人部門，並利用私人主體的能動性促進創新，將良好的實踐成果標準化，以及推行私人的成功經驗。[53]但是，我們也應該看到，合作治理在行政國家中的意義也是有限的。合作治理只能在法治特別健全的地方才能良性地運行。在行政國家模式中，對憲法上的固有公權力的制約已是艱難的任務，獲得授權的私人主體的介入增加了對公權力制約的難度。擴大私人主體參與的合作治理的範圍會損害主權在民原則，進而導致國家與社會相互滲透過度，最終使國家與社會的必要界限不復存在；擴大行政機關的裁量權會損害權力分立原則。職是之故，合作治理的範圍應侷限在一定的領域內。這是憲法的基本要求：主權在民（定期的普選、全民公投）、權力分立與制衡的制度設置主要是使國家與社會適當分離，以便制約權力、保護權利。如果國家與社會、權力與權利的界限模糊了，那麼，制衡的功能就難以發生實際作用，憲法的根基也會發生動搖。上文的論證已經表明，行政方式的創新不能背離主權在民原則和私法自治原則，這不僅是因為這兩個原則能夠保證國家與社會平行並進，而且還是因為合作治理最可能既侵犯受主權在民原則保護的國民的公權利，也侵犯受私法自治原則保護的國民的私權利。研究者

---

[53] Jody Freeman, *Collaborative Governance in the Administrative State*, *UCLA Law Review*, 1997, Vol. 45, No. 1, pp. 10, 13-14.

只有將行政法置於憲法和憲政中考察才能獲得融貫證明的結論。

（三）私營與司法審查

　　行政國家的一些公共事務往往要依賴於單純地私營來完成。這些公共事務也包括管理與給付（提供公共產品）。私營不是源於授權，而是因為市場的需要。私人履行公共職能的現象在行政國家中大量存在，構成以司法審查為最後保障和規範的公、私競爭的圖景。

　　單純地私營不屬於合作治理。私法範疇一般是受私法自治原則的支配，受司法審查的範圍僅限於私營主體履行公共職能的行為與基本權發生關係的事務範圍。在此範圍內，私人主體與其服務對象發生的法律關係仍然是私法關係。在基本權保護的論證中，所有歐洲國家都將憲法條款作為他們私法論證的基礎。不是通過水平效力，就是通過違憲宣告，使私法與基本權保護更趨向一致。歐洲所有國家的法院都接受基本權的水平適用，[54]故基本權在私法中的效力很容易通過司法審查打通。[55]

　　對私人履行公共職能的行為進行司法審查與授權無關。司法審查關注的問題應該是：1.私人履行的公共職能是否為法律所禁止的。2.私人履行公共職能是否有私法上的依據，例如私立醫院、私立學校，私立銀行，私立服務機構等等的設立。3.私人履行公共職能是否是市場的需要，是否違反了比例原則。4.私人履行公共職能是否更有利於基本權的實現。5.私人履行公共職能是否更有利於國家完成社會任務。

　　如何對私人履行公共職能的行為進行公法約束，通常的做法是：

　　第一，強化基本權對私法的約束，包括：1.通過憲法文本對基本權提供更強的保護。2.通過水平效力增強對基本權的保護。3.對特殊的權利類型和個人給予不同的保護。4.通過對私法規範的解釋，特別是概括性私法規範的解釋，用基本權進行價值填補。5.對於憲法規定較弱的規範，用民

---

[54] *Fundamental Rights and Private Law In The EU*, Vol. 1: *A Comparative Overview*, Gert Brüggemeier, Aurelia Ciacchi and Giovanni Comandé eds., Cambridge University Press, 2010, p. 756.

[55] Ibid., p. 725.

法規範加以論證。6.尋求對一些特殊法律領域的憲法化過程。[56]

第二，對私營行為適用行政程序，將行政程序擴展到私人主體。當然，適用行政程序的私人主體應該是履行公共職能的主體。行政程序法原本僅僅約束行政機關的行政行為，而不約束私人主體。如果對私人主體適用同樣的程序要求，受相同程度的司法審查，那麼就無法顯示私人主體參與行政的優越性，包括效率、靈活、少層級、技術革新、創造性、成本控制、質量與多樣性等等。[57]因此，司法審查對此類私人行為的審查特點具有個案性、靈活性、非先例約束性。既能對私人行為進行程序性約束，使其行為規範化；又能保障私人主體履行公共職能的自主性，避免過於程序化。私人主體履行公共職能的合憲與否是從他們的做法中加以判斷的。這就是說，沒有必要對私人履行公共職能的行為進行事前約束。如此，有利於私營主體在履行公共職能方面與行政機關展開競爭。

第三，在私法關係中適用正當法律程序。[58]將人權從起點性（threshold）的保護層面上升到正當程序保護範圍，是當代全球行政法發展的一項成果。[59]在私法關係中適用正當程序可以約束私人主體的裁量行為。如同在商業、金融的管制領域裡那樣，如果存在程序不公正，法院就有司法審查管轄權，[60]在商業、金融的服務領域內，司法機關也應有司法審查管轄權的適用。因為即便不是行使行政權力，但這些私人機構只要涉及公共服務職能，其行為就有可能對國民的基本權造成損害，因而要由司法審查對國民的基本權作最後保障。一般認為，在司法審查中，法院要面

---

[56] Ibid., pp. 749-757.

[57] Jody Freeman, *The Private Role in Public Governance*, *New York University Law Review*, Vol. 75, No. 3, pp. 543-675.

[58] Paul Craig, *Public Law and Control Over Private Power*, in *The Province Of Administrative Law*, Michael Taggart ed., Hart Publishing Ltd., 1997, pp. 196-216.

[59] R. Teitel, *New approaches to comparative law: Comparativism and international governance*, 117 Harvard Law Review 2570, 2004, p. 2593.

[60] Nigel Pleming QC, *Judicial Review of Regulators*, in *Effective Judicial Review: A Cornerstone of Good Governance*, Christopher Forsyth, Mark Elliott, Swati Jhaveri, Michael Ramsden and Anne Scully-Hill eds., Oxford University Press, 2010, pp. 341-342.

對作為公法的正當法律程序與私法自治原則的衝突，但其實不然。正當法律程序在公法關係中、私法自治原則在私法關係中的約束力都是非個案性的；當司法機關將正當法律程序適用於私法關係中則是個案性的，這正是司法審查的特點。前者的原理是民主，後者的原理是共和。司法審查的目的正是為了實現個案正義，這一原理凸顯司法審查的重要性，他可以同時保護納稅人的權利和履行公共職能的私人主體的權利。在行政國家中，司法審查不只是制約立法權和行政權的力量，而且也是私人主體履行公共職能正當性的保障。

8

憲政通解[*]

內容摘要

憲政是國家層面上的一種制度性權力行為。憲政直接基於三權分立原則，間接基於主權在民原則。憲政在本質上是有限政府，即國家權力要在憲法範圍內行使；立法權和行政權要受到司法權的制約；司法權要受到自然正義的制約。國家憲政是司法機構依據自然正義、自然權利、國際人權法和憲法保障個人權利與自由、制約立法權和行政權的制度性權力行為；世界憲政是區域人權法院和世界性司法機構依據自然正義、自然權利、國際人權法保障個人權利與自由、制約國家權力的制度性權力行為。憲政只有一種模式，即司法機構保障權利與自由、制約權力的模式。作為制度設置的共和包括兩個不可分割的關聯機制：以主權在民原則為基礎的三權分立和以三權分立原則為基礎的司法審查。立法與行政方式可以多樣化，但憲政不能，否則，一個共同體就沒有最後的裁決權。聯合國應該推動尚未設立人權法院的各區域設立人權法院；聯合國人權理事會應當成為世界人權法院。社會憲政、社會主義憲政、憲政社會主義、政治憲政、行政憲政都是不能成立的命題。

關鍵詞：憲政、主權在民、三權分立

---

[*] 本文完成於2013年12月31日。

　　在今天的公法文獻中，「憲政」一詞的被使用率無疑是第一高。一方面，「憲政」一詞像一個萬能標籤被貼在各類論述對象上；另一方面，各類非憲政的概念、術語和制度等語詞也被毫不相干地附加上「憲政」一詞，有如「社會憲政」、「社會主義憲政」、「憲政社會主義」、「政治憲政」，「行政憲政」，等等。在上述大多數運用中，「憲政」既不是概念，也不是制度；既不是範疇，也不是類型。也就是說，「憲政」作為對一種古典和現代制度的指稱，在大多數論述中：1.發生了意義轉換，「憲政」不再僅僅是指稱其本來意義的事物，而被用來指稱不是憲政的事物。2.外延無限擴大，即「憲政」在多數論述中被用來指稱一切政治和社會制度，乃至私人領域的事物。其結果是，我們已無法用「憲政」這個概念來研究作為一種特定制度的「憲政」，或者說，用來考察「憲政」這個概念本身的意義和涵義。本文認為，使用一個概念不能違背該概念產生時的意義和涵義，相同的概念只能指稱相同的事物。如果要指稱與某一原有概念指稱的不同事物，則應該用一個新的語詞來表述。同時，如果一個概念可以廣泛到無所不包，則這個概念不僅不能成為分析問題的基本概念，而且也無法運用概念的意義分析問題，因為這樣的概念沒有意義，只有相互衝突、沒有邏輯關聯的涵義。邏輯學家認為，概念的來源大致有：1.由既存概念導出。2.來自研究者的想像力。3.來自研究者個人的經驗與觀察。4.依據通用名詞。從前人的研究中我們知道，「憲政」這個概念是研究者通過個人的經驗與觀察，對共同體制度事實的描述和概括，他可以上溯到古代雅典政體。

一

　　憲政這個概念，顧名思義，「憲」是指憲法，「政」是指政權機構或政治權力行為。政權機構即國家權力機構，他們的行為被稱為國家權力行為。憲政，就是國家權力必須在憲法範圍內行使。依據主權在民原則，普選產生的國家權力機構要執行由民主的多數決定原則而制定的憲法；依據

三權分立原則，國家權力分開行使並相互制衡。因此，普選產生的立法機構和行政機構要受到非民選產生的司法機構的制約。司法機構在正義的約束下適用憲法，其制約國家權力的目的是保障個人權利與自由。這種靜態的制度和動態的權力運行就是憲政。他是現代憲法的基本特徵，也是現代國家的治國基礎。如果全部國家權力機構都由民選產生，那麼他們都是執行憲法的機構，也就沒有一個機構對其他機構的行為是否違憲作出裁決，各個機構權力分立與相互制約也就難以實施。同時，由於民主的基本原則是多數決定，如果國家權力機構都由多數決定產生，那麼少數權利就不能得到有效保障。因此需要有一個權力機構行使最終裁決權，以便能夠制約立法和行政權力，保護少數權利。憲政就是指國家權力要受到限制，即「有限政府」。「有限政府」中的「政府」是指全部國家權力機構，包括立法、行政和司法機構，而不是僅指行政機構。「有限政府」就是要由一個非民選的機構行使最終裁決權而對民選機構施加約束。在政體設計中，前人早已設計出由一個機構行使最終的裁決權，這就是雅典政體中的陪審法庭。

在西元前5～4世紀，雅典政體已體現出初創的主權在民、權力分立、司法審查的制度設置。雅典所有公職人員，包括法官，均來自於雅典人民。根據雅典基本的isonomia（法律上的平等）原則，每個男性公民都有平等機會參與國家的政治決定，前綴iso—意指「平等的」，且在所有領域，人民均可使自己成為至高者，人民當權的陪審法庭可以處理任何事情。[1]在古典時期，雅典人享有的這種政治上的平等是受法律保障和激勵的行使政治權利的平等機會，[2]由此產生的公民大會是當時的立法機構。在西元前5世紀，法律和法令出自於公民大會。在西元前4世紀，公民大會的權力分化，一部分立法權移交給了立法委員會，一部分司法權移交給了陪審法庭。到了西元前403～402年，法律出自於立法委員會，法令由公

---

[1] Aristotle, *Athenian Constitution*, XLI.402BC; H. Rackham trans., Harvard University Press, William Heinemann, 1934.

[2] Mogens Herman Hansen, *The Athenian Democracy In The Age of Demosthenes: structure, principles, and ideology*, J. A. Crook trans., 1991 Blackwell, p. 81.

民大會通過。雖然雅典的公民大會不是來源於雅典人民的全部，但公民大會已有相當的代表性。行政權力掌握在500人議事會和各個官員委員會手中，500人委員會是公民大會的常設機構，而議事會實際上參與大多數其他官職的行政。在西元前4世紀中期，陪審法庭掌握著最高司法權，陪審法庭的判決是終審判決。私人也有權利告發任何不法官吏，官吏的審判在大多數情況下由議事會來進行，但議事會的審判不是最後的，仍可向陪審法庭上訴。陪審法庭還可審理任何人為了私事或公事對任何一個已在陪審法庭報告帳目的官吏提起的訴訟，陪審法庭的判決也是最後的判決。[3]

違法法令訴訟（The graphe paranomon）在西元前415年就已經實施過。[4]那時，Nomos是立法委員會頒布的法律，psephisma是公民大會頒布的法令，所以，陪審法庭針對nomos和psephisma的審查也就是司法審查。是故，歷史學家將paranomon譯為unconstitutional。[5]根據這個制度，任何男性公民都能夠在法律實施之前或之後，挑戰一個法令是違憲的，然後由陪審法庭通過審理而作出裁決。違法的法令訴訟理由包括：（一）指控提議人提出的法令違背現存的法律。（二）通過時不符合法定程序。（三）提議人沒有法定的提議資格。陪審法庭既可以通過違法法律訴訟取消立法委員會頒布的法律，又可以通過違法法令訴訟取消公民大會頒布的法令。從The graphe paranomon中可以看到，他蘊涵著這樣的原理：議會只能通過法律，而法院有權推翻法律。公民大會有義務遵守更高的法律，陪審法庭有權廢止違反更高法律的公民大會的立法行為。[6]The graphe paranomon如同現代的司法審查，保障共同體最高法律的穩定性和正當性。[7]同時，

3　Aristotle, *Athenian Constitution*, XLI. 402BC; H. Rackham trans., Harvard University Press, William Heinemann, 1934, L. XLV-XLVI, XLVIII.

4　Adriaan Lanni, *Judicial Review and the Athenian "Constitution",* in Mogens H. Hansen ed., *Democratie Athnienne-Dpmocratie Moderne: Tradition Et Influences*, pp. 235, 238-40, Fondation Hardt, 2010.

5　Mark Munn, *The School of History: Athens In The Age of Socrates,* 102, 2000, p. 10.

6　R. Sealey, *Democratic Theory and Practice*, in Loren J. Samons II, ed., *The Cambridge Companion To The Age of Pericles*, 2007, pp. 238, 253.

7　Raphael Sealey, *On the Athenian Concept of Law*, 77 CLASSICAL J. 289, 289 (1982).

本文也注意到，雅典的司法權是基於民主產生的。雅典人將司法權充分民主化。希臘文demokratia就是在司法的民主化改革時期首次出現的。[8]在西元前4世紀中期，雅典人選擇一般大眾而不是專業人士作為最高法院的法官，將大量司法權分配給大眾法院行使，這種法院被稱為place of justice。[9]大眾法院實際上是一個大的議事會，少則500人，多達6000人，依然是由人數眾多的公民陪審員對雅典的法律與政策作出最後的決定。[10]在今天看來，雅典政制中，基於人民主權的司法審查實際上削弱了司法權制約立法權和行政權的功能。這種以民主化為優先考量的司法權的精確分配其實蘊含著不確定性，因為民主的大多數是變動不居的。他模糊了多數決定和少數權利之間的基本界限，而正是這種分野成為司法審查得以存在和運行的價值基礎，司法審查就是通過保證多數決定的合憲性和正當性而保障少數權利不受侵犯。因此，在司法審查領域裡，大眾法院的缺陷部分地消解了司法權的功能與價值。

需要指出的是，古代雅典制定的憲法不是每一部都設置了司法制約權，但公民大會、議事會、執政官、陪審法庭這幾個機構的分權，以及陪審法庭對立法和官吏的司法制約的體制卻實實在在地存在過。雅典政體的缺陷在於司法權直接和過度地民主化。但雅典政體也給後世留下了豐富的制度遺產：（一）一個代表普遍利益的世俗政府。（二）公民參與立法過程。（三）法律統治，即法治。（四）司法獨立。（五）限制國家權力的制度結構。從這些制度中，我們可以看到，後來的法學家之所以將雅典政制及其運行稱為憲政，乃是因為這個政體已經包含著基於民主和共和的思想和制度設置，即基於主權在民原則的公民大會和執政官權力運行之後的司法權運行。通過違憲審查，司法權對立法權和行政權的制約是雅典憲政

---

[8] Mogens Herman Hansen, *The Athenian Democracy In The Age of Demosthenes: structure, principles, and ideology*, J. A. Crook trans., 1991, Blackwell, p. 69.

[9] James L. O'neil, *The Origins And Development Of Ancient Greek Democracy*, 1995, p. 64. Sanford Levinson, *Our Undemocratic Constitution*, 2006, p. 24.

[10] Larry D. Kramer, *The People Themselves: Popular Constitutionalism And Judicial Review*, 2004, pp. 245-246.

的實質內容。因此，我們可以從古代雅典政體中導出憲政的概念和理念。

羅馬的政制在思想上受古希臘城邦政體的影響很大，但從羅馬政體中不能導出像雅典那樣的司法制約權。羅馬原始民社政制由國王、民眾會議和元老院三個權力構成。元老院是羅馬民社政制中的一個至關重要的構件。民社由氏族構成，民社的統治權屬於族長全體；主權屬於羅馬民社，但他沒有單獨行動的權力，元老院有立法批准權。國王的命令如不能獲得人民的批准，便不具有法律效力，羅馬的一切權力都終極地歸屬於民社。[11]

羅馬共和時期（西元前509～527年）的政制由執政官、元老院和公民大會三個權力構成。元老院擁有立法、行政、攝政、准可、司法、軍事、外交的實際權力，是羅馬國家事實上的權力中心。公民大會是立法機構，擁有選舉職能，也執行某些司法職能。公職由選舉產生；立法機構包括所有成年男性公民。從西元前367年起，執政官成為羅馬國家最高的官職，執政官擁有軍事權和城市管理權，是元老院和公民大會的召集人，也是他們的執行者。作為執政官的替補的獨裁官有治權，且具有特定的司法職能。[12]最高控制權力歸於人民，體現了主權在民的思想。羅馬共和時期的憲制發展實際上是主權在民原則的實踐過程，主權在民在各個不同方面都有著活生生的表現，從貴族元老院到貴族—平民元老院，是平民與貴族平等化進程的表現，而平民進入元老院的時間可追溯到共和國初期。國家等同於羅馬民眾共同體，也稱「羅馬公民團」（The Roman Burgessbody），[13]這是羅馬政體的一個特徵。基於主權在民原則而普遍直接選舉產生的權力機構之間、貴族與平民之間的分權制衡是古羅馬政體的另一個特徵，但立法、行政、司法權力交叉行使及循環制約也是古羅馬政體的特徵。在此期間（西元前452～450年）制定的《十二銅表法》，其中

---

[11] Theodor Mommsen, *The History of Rome*, Vol. 1, Routledge/Thoemmes Press, 1996, pp. 96, 98, 102,100, 103.

[12] Ibid., pp. 313-340.

[13] Theodor Mommsen, *The History of Rome,* Vol. 1, Routledge/Thoemmes Press, 1996, p. 97, Vol. 3, p.7; Vol. 1, pp. 333-340.

「保障立法公正、保障公民生命與自由、保障司法公正」的規定奠定了公權行使的法律基礎。

羅馬共和時期的政制給後世留下的文明遺產是：自然法是最高法，制定法源於自然法；契約觀念；注重個人權利；公、私法的區分；權力制衡。羅馬政體的機構職能錯綜，給法學家為其定性帶來了困難。Polybius認為，元老院是貴族制的產物，民眾會議是民主制的產物，執政官是君主制的產物。所以，羅馬共和政體是貴族制、民主制和君主制的混合體。[14]在羅馬政體中，立法、行政和司法三種權力雖然全部存在，但權力機構與職能交錯重疊，一個機構並非獨立行使一種權力，因而相互制約的功能難以發揮；羅馬政體中也沒有如雅典陪審法庭那樣的最後裁決權。司法權雖能保障人民的自由和財產，但並沒有如雅典那樣的違憲審查權。Res Publica雖有「共和」的涵義，但他的意旨是「全體公民均能參與的國家或自由國家」。也就是說，古羅馬的「共和」政體側重於「全民執政」，而不是區分為多數決定的民主機制與少數權利保護的共和機制。這樣，一個既尊重多數決定又保護少數權利的司法機構就難以在古羅馬的這種體制中產生。Res Publica所體現的羅馬政制並沒有違憲審查的共和制度設置。因此，我們難以從這個政體中導出憲政。是故，Cicero也認為，古代羅馬憲法的主要功能不是限制現存政府，而是從無政府狀態中建立政府。他在《論共和國》中第一次提到適用於政體的constitutio（憲法）概念，這個詞同時有「確立、建立、構成、結構」的涵義。[15]

McILwain於1940年在其著名長論*Constitutionalism: Ancient And Modern*（《古代憲政與近代憲政》）中提出了「古代憲政」的命題。[16]他

---

[14] Polybius, *The Histories*, 6., *The Loeb Classical Library*, Vol. 1, Sections 11, 12, 13. W. R. Paton trans., Harvard University Press, 2005.

[15] Г. Арутюнян, *Конституционализм В Контексте Конституционной Культуры Нового Тысячелетия*, с. 1. http://www.concourt.am/armenian/structure/president/articles/article-ru-2012.

[16] Charles Howard McILwain, *Constitutionalism: Ancient and Modern,* Great Seal Books rev. ed. 1958, 1940.

對於近代憲政建構中的「古代」思想的分析引起了法學家們的關注。後來的法學家從他的「古代憲政」命題中挖掘出立憲主義的主要內涵：法治、正當程序、有限政府、代議制、個人權利。[17]本文認為，在這些要素中，代議制是主權在民原則的制度體現；正當程序是司法機構用來保障個人權利與自由的法治要件；有限政府就是國家權力要受到限制，在立法權、行政權和司法權相互制約的制度基礎上，由司法機構將立法機構和行政機構的行為約束在憲法範圍內，其目的在於保障個人權利與自由。此即所謂的「憲政」。

本文注意到，McILwain在其長論中並沒有考察雅典政制，或者說，不是從雅典政制的運行中獲得古代憲政概念。他是從柏拉圖的思想觀念中獲得古代希臘的憲政觀念，即憲法只具有原始意義，意指事物的整體及其構造；憲法是國家的結構，自然法是比較政體與立法優劣的一般標準。這種見解並沒有、也不能說明古代希臘的憲政是什麼，因為憲政觀念與憲政畢竟不同，憲政是憲政觀念的制度體現。那麼，McILwain對古代憲政的認識就是基於羅馬法和羅馬Res Publica政體。但如前所述，從古代羅馬政體中難以導出憲政。McILwain及其後來的研究者對立憲主義內涵的揭示和概括，更多地是從古代憲法觀念和思想、近現代憲法概念和制度中獲得的啟示，因為他們都是生活在現代的法學家。儘管他們揭示了立憲主義的內涵，但並沒有說清楚憲政是什麼。

不才在上文中已經從雅典政制中導出憲政；不才進而認為，古代雅典憲政及其思想為我們揭示出憲法上兩個顛撲不破的真理：第一，民即主。這可能是對「民主」一詞的最好解釋。「民即主」，不僅是理念，也是現實；不僅是原則，也是制度。雅典的公民大會和羅馬的民眾會議便是最早的實例。後來的代議制民主是人民直接選舉出代議機構，由代議機構行使權力。與古典時期的人民直接行使權力相比，代議制民主是人民直接委託代表行使權力，仍然是「民即主」的制度體現。「民即主」構成憲法的一

[17] Janelle Greenberg, Michael J. Sechler, *Constitutionalism Ancient and Early Modern: The Contributions of Roman Law, Canon Law, and English Common Law*, Cardozo Law Review, 2013, Vol. 34, p. 1027.

個基本原則，即主權在民原則。第二，權力應受制約。來源於人民全體的國家權力要受到制約，制約的前提是不同權力要由不同的機構行使，最終由一個機構對其他機構的權力行為加以制約。這種思想後來成為憲法上的另一個基本原則，即三權分立原則。沒有這兩個原則，就沒有近現代憲法。

McILwain認為，上述立憲主義的內涵根源於三個古代傳統（羅馬法、教會法、普通法）在中世紀的合流。羅馬法主要是指查士丁尼的《民法大全》（*Corpus Iuris Civilis*），特別是《學說匯纂》（*Digesta*）。教會法主要是指Gratian的《政令》（*Decretum*）。《學說匯纂》與《法典》（*Codex*）都賦予統治者絕對的立法主權。「君主的意志具有法律效力」（quod principi placuit, legis habet vigorem.）。《民法大全》與《政令》提供了法律的確定性，包含複雜的關於統治和權威的法律理論，統治者與法律之間關係的理論。羅馬法與教會法的結合穩固了歐洲大陸的普通法，[18]為中世紀歐洲的君主立憲制政體提供了思想源泉。

中世紀的歐洲，教會與世俗國家的二元分立，充斥著教會與君主、市民社會與教會和君主爭奪權力的鬥爭，也正是在這個鬥爭過程中，形成了分權觀念，確立了後來分權的國家政體。「中世紀的歐洲，君權神授的觀念仍然盛行。但同時，君主的權力要受到法律、教皇、領主、封臣和人民的限制。君主在即位時要宣誓將施行正義、尊重法律；君主須向人民提供秩序，應根據正當統治的原則進行治理。如果君主濫用權力，人民有權廢黜他。」[19]在一定程度上，限制君主權力是封建制度的一個特徵；而限制君主權力的法律實質上類似於近代的憲法。有了憲法性規範，又有對君主權力的實際制約，這是君主立憲制政體的特徵，但構成君主立憲制中的憲政則應該是司法機構將君主的權力約束在憲法範圍內。而在McILwain看來，中世紀的「憲政」主要通過議會爭取和保護身分自由，即從等級制度中使人們獲得有限的人格獨立權，此源於限制君主權力的貴族和教會的鬥

---

[18] Ibid., pp. 1026-1027.

[19] J. M. Kelly, *A Short History of Western Legal Theory*, Oxford University Press, 1992, pp. 96-98, 129, 140.

爭。但中世紀的君主立憲制有賴於對於獨立行使權力的司法機構與行使治理權的君主之間的區分，因為在中世紀，君主的治理權只有法律限制，沒有司法限制。「法律只約束一般權力，不約束絕對權力」（unde lex ista abet respectum ad potestatem absolutam.）。而世俗審判權是由君主行使的，是君權的一部分，君主對其行使審判權的正義與否擁有判斷權。中世紀的司法包含比現代司法要廣泛得多的活動領域，因為結構上，他在整個政治體系內占據著更為重要的中樞地位，幾乎就是權力的通用名稱。[20]提供司法服務是中世紀統治者的中心任務，在英格蘭，於君主加冕儀式上，諾曼征服時期的君主們要承諾維護和平並為爭端當事人提供公正判決。在諾曼征服時期，教會的審判機構也逐漸演變為有著自己的訴訟程序、管轄範圍，以及擁有龐大的教職審判人員的教會法院。[21]在俄國，司法裁決早在11到12世紀就已存在，主要是通過司法裁決追求道德與法律的真理、正義與公正。[22]但當時的司法權還不是由法院行使，這意味著中世紀歐洲的君主立憲制還欠缺雅典憲政的基本涵義。

　　事實上，君主立憲制是作為立憲共和國（республики）在歐洲長期存在，直到民主體制成為他們的最終形式。[23]這種認識是基於「共和」的認識，即將君主立憲制中的共和制度與憲政的涵義與意義等同。德文 Konstitutionalismus就是指德國1815到1918年實施「君主立憲制」體制這樣一個特定階段。德國學者將實施君主立憲政體視為德國憲法的發展階段，乃專制體制結束、民主議會制政府出現之前的憲法發展階段。[24]這種

---

[20] Perry Anderson, *Passages From Antiquity To Feudalism*, London; New York: Verso, 1996, p. 153.

[21] John Hudson, *Formation of the English Common Law: Law And Society in England From the Norman Conquest to Magan Carta*, London; New York: Longman, 1996, pp. 27-34.

[22] И.Ю. Остапович, *Развитие судебного нормотворчества в России: история и современность*, ПРАВО,ИЗВЕСТИЯ АЛТАЙСКОГО ГОСУДАРСТВЕННОГО УНИВЕРСИТЕТА, No. 3, 2012, с. 97.

[23] Я.-Э. Лэйн, *Демократия и конституционализм*, - Полис . Политические исследования. 1998. No. 6. с. 16.

[24] Vgl. z. B. jüngst W Pauly, *Konstitutionalismus*, in W. Heun u. a. (Hrsg.), Evangelisches

理解是共和概念的內涵，即權力制約。因為君主立憲制就是頒布一部憲法約束君主的權力，但憲政產生的制約機制是實施憲法的憲法法院或普通法院或憲法委員會。德國的「憲法最初被設計用來對君主制國家的一種限制，尤其是議會的參與明白地執行著對君權的限制。」[25]等級會議分為兩院，下院由選舉產生，選民有資格限制。君主、議會與司法機構之間的權力分配在德國早期的憲法裡已經運行過。因此，在德文中，立憲主義與君主立憲制是同一個詞Konstitutionalismus。Andreas Joseph Schnaubert（1750～1825）在其所著的《德意志國家法教科書》中把帝國解釋成「國家」，帝國和其領地擁有各自的憲法，而這些憲法（Verfassungen）可以被描述成「憲法性法律」。例如，《巴伐利亞憲法文件》（1818年）規定：「第三種權力，即司法權，來自國王。」司法獨立並受法律約束，「法院在自己的職權範圍內自主獨立」；該憲法文件同時規定「基本權的作用是廢除特權和消除妨礙平等地位的障礙。國家為每個居民提供人身、財產以及權利的保障」。《符騰堡憲法文件》（1819年）規定：國家保障每個公民的人身自由、良知和思想自由、財產自由以及遷徙自由。[26]憲法的發展推動著憲政的發展，但在德國此一時期，憲法是最高權力的賦予物，其中君主權力自願被施加限制。在君主與等級會議之間達成一致的憲法（如《符騰堡憲法》）只是一種例外。另外，在1848年3月革命前，整體上，德國的憲法實施與君主而不是法院有關。因此，當時的「有限君主」與近現代的「有限政府」還存在一定差距。在今天的世界上，公民權利和政治權利成為憲政的必要成分。實施憲政的國家必須同時是民主體制，[27]乃立法權與行政權是擁有政治權利的公民以普遍直接的民主方式選

Staatslexikon, Neuaufl. 2006, S. 1313 ff. M. Kirsch, *Monarch und Parlament im 19. Jh.*, 1999, S. 69 ff.

[25] Vgl. Titel VII § 2 Bayer. Verf.; vgl. *E.-W Bökenföde,* Gesetz und gesetzgebende Gewalt, 2. Aufl. 1981, S. 73 ff.

[26] Michael Stolleis, *Geschichte des offentlichen Rechts in Deutschland: Staatsrechtslehre und Verwaltungswissen*, Zweiter Band, Staatsrechtslehre und Verwaltungswissenschaft (1800-1914) , S. 56-57, 114 -118.

[27] Я.-Э. Лэйн, *Демократия и конституционализм,* -Полис . Политические исследования.

舉產生的，才需要有司法權保證立法權和行政權在憲法範圍內運行。

　　如果以雅典憲政為參照標準，中世紀英格蘭的政制有時是可以稱為「憲政」的。從《自由大憲章》誕生到英國資產階級革命開始，總體上，君主的行為都須以維持憲法秩序為原則，其合憲性最終要受到內閣會議和副署機構的審查。君主權力的行使受到全面監管。[28]即使君主制定的法律與《自由大憲章》相牴觸也無效。《自由大憲章》是自然法的體現，其地位和效力優越於國會與君主的立法，凡與其相違背的立法一律無效。在憲法至上的原則下，君主本人的行為也可能違憲，君主也是違憲主體。只是君主不需要承擔法律責任，即所謂的「君主不能為非」。君主不受制於人，但受制於上帝和法律。即使與君令相違背，法官仍可依法律作出裁決。[29]在英國憲法史上，憲政概念的涵義雖然表現出「特殊的波動幅度」，但憲政概念的核心意義和涵義，即對政治權力的制約，在中世紀，就是在英國的憲法史中發現的。[30]從英國憲法史中，我們得知，英格蘭的君主立憲制就是將君主的權力約束在憲法的範圍內；而君主立憲制下的憲政就是司法機構將君主的權力約束在憲法範圍內。在中世紀，英格蘭的司法職能是由議會貴族院行使的。所以，貴族院的出現與存在，對後來憲法中三權分立原則的形成與發展產生了重要影響，故這些世襲貴族也被稱為「立憲貴族」（конституционне дворянство）。[31]

　　宗教改革、文藝復興、資產階級革命，使古代雅典的憲政思想穿越中世紀大面積的君主立憲制政體，得以在世界範圍內發展。民主、共和、憲政是近代資產階級革命的直接成果，也是資產階級革命完成的標誌。近代

1998. № 6. c. 16.

[28] D. Grimm, *Entstehungs-und Wirkungsbedingungen des modernen Konstitutionalismus*, in: ders., Die Zukunft der Verfassung, 1991 (FN. 60), S. 60. K. H. Friauf, *Der Staatshaushaltsplan im Spannungsfeld zwischen Parlament und Regierung*, 1968, S. 240 ff.

[29] J. M. Kelly, *A Short History of Western Legal Theory*, Oxford University Press, 1992, p. 177.

[30] Von Werner Heun, *Die Struktur Des Deutschen Konstitutionalismus Des 19. JH. IM Verfassungsgeschichtlichen Vergleich*, Annales XLIII, N. 60, 2011, S. 366.

[31] В. Я. ГРОСУЛ, *РОССИЙСКИЙ КОНСТИТУЦИОНАЛИЗМЗА ПРЕДЕЛАМИ РОССИИ*, Отечественная история. 1996. No. 2.

以來，憲政之所以能夠穩固地形成、發展和運行，乃是因為以主權在民原則和三權分立原則為支柱的憲法在大多數國家獲得了最高法的地位，依據主權在民原則，人民能夠普遍、直接地選舉產生國家的立法權和行政權，人民可以就共同體的重大事項舉行公民投票、作最後決定，這就是民主。依據三權分立原則，立法機構、行政機構和司法機構相互制約，經過非民主選舉方式產生的司法機構能夠制約立法權和行政權，同時是為了保護個人權利、少數權利和弱勢群體的權利，這就是共和。憲法中以人性尊嚴為邏輯起點構建的基本權體系是天賦的、不可剝奪的、不可轉讓的、不可縮減的、不可限制的、先於立法的。司法機構可以依據自然正義、自然權利、世界人權法、憲法，保障個人的基本權利與自由，制約國家權力，這就是憲政。資產階級革命取得勝利後在憲法中確立的憲政模式一直沿用到今天。

　　我們從近現代憲政的存在和運行中可以看到，「憲政本質上是有限政府，真正的憲政，其最古老、最堅固、最持久的本質始終是通過憲法限制政府。一切立憲主義政府都是有限政府，這是憲政具有的一個根本性質。」[32]憲政是對立憲政體在司法保障下運行的描述，或者說是司法適用憲法的靜態體制和動態過程。所以，有法學家認為，「限制政治權力行使的問題對於任何適當的政治制度觀念而言始終是核心問題，清晰明瞭的限制權力的設計，例如三權分立，特別是一個獨立的司法機構的中立性，必須處於制度設計的中心地位。」[33]憲政被認同為一種「限制」，即憲政是關於「有限政府的理論」。[34]

　　正是基於司法機構及違憲審查之於憲政的核心意義，俄國法學家提出了「司法憲政」的命題。其基本內容是：法官是獨立的，只服從俄羅斯

[32] McILwain, *Constitutionalism: Ancient and Modern*, Cornell University Press, revised, 1947, p. 94.

[33] *New Constitutionalism: Desiging Political Institutions for A Good Society*, Elkin Stephen L., Soltan Karol Edward eds., The University of Chicago Press, 1987, p. 117.

[34] M. Loughlin, *What Is Constitutionalisation?* in Dobner & Loughlin, *The Twilight of Constitutionalism,* Oxford University Press, 2010, 55.

聯邦憲法和法律。法庭在審理案件時，若發現國家機關或其他機關的文件與憲法和法律相牴觸，應根據憲法和法律作出裁決。憲法是最高依據，俄羅斯聯邦憲法法院對國家機關的行為有違憲審查權。根據俄國法學家的看法，只有在這樣的前提下，司法權才具有保護憲法權利的功能；[35]司法憲政最重要的涵義是，司法憲政能夠提供更高位階法效的基本權保障，並使憲法獲得最高統治地位。[36]司法憲政是一種活的、能夠實現的憲政，司法憲政能夠保證憲法和基本權的統治地位和直接效力。[37]司法憲政具有重要的應用價值，旨在解決實際問題，克服法律空白和法律衝突。為解決這些問題，可以通過所有形式實現正義。[38]現代憲政的主要屬性之一是司法憲政，而司法審查是憲政的一項基本原則，即司法保護憲法的實施與法治的運行。[39]這種將適用憲法限制國家權力的主體定位為司法機構是對憲政最精準的解釋，因為司法憲政就是由司法機構實施的維護憲法、保障權利與自由、制約權力的行為，這種觀點也表明憲政只有一種模式。

二

　　憲政這個概念在「二戰」以後，被賦予新的內涵，出現新的實踐方式。其形式上的發展是：司法機構保護個人權利與自由、制約國家與政府權力的功能由國內擴展到世界；其實質上的發展是：區域人權法院和世界人權機構依據自然正義、自然權利、世界人權法保障個人權利與自由。一

---

[35] Н. С. Бондарь, *Судебный Конституционализм В России В Свете Конституционного Правосудия*, М.:Норма:ИНФРА-М, 2011, с. 102.

[36] Ibid., с. 196, 197, 212-218.

[37] Ibid., с. 103, 118.

[38] Сивицкий В. А., Толстой Ю. К., Шевелева Н., Бондарь Н. С., *Судебный («живой») конституционализм: доктрина и практика*, Журнал конституционного правосудия. 2011. No. 3. с. 3.

[39] Бондарь Н. С., *Современный российский конституционализм: философское осмысление в свете конституционного правосудия*, из:Право, 2012, No. 4. с. 3-18.

些民族國家的人民可以在基本權遭到國家和政府的侵害時向區域法院、國際法院和世界人權機構提起訴訟。與此同時，伴隨著全球化進程，個人的身分由國民擴展到世界公民；世界人權法的憲法化、憲法的世界化豐富了民族國家的司法機構保障個人權利與自由的內涵。不僅是國際組織、跨國企業、國際貿易聯盟、利益集團、非政府組織可以作為國際法上的主體，而且個人也被當作國際法上的主體。[40]是故，憲政——國內憲政和世界憲政對個人權利與自由的雙重保護、對國家權力的雙重制約，成為憲政這個概念的制度體現。自然正義與自然權利獲得了世界人權法上的效力使憲政這個概念閃爍著人性的霞光。

於是，在理論討論中，有「世界憲政」、「全球憲政」、「國際憲政」等概念出現。

就「全球憲政」來說，大致有如下觀點：1.「全球憲政」在立憲主義者的話語系統中，首先是法治和司法憲政。他應該運用制衡的潛力，約束所有持有公權力的人，無論是國家的代表還是國際私人機構承擔責任。「全球憲政」是一種自由主義憲政，主要設計為保障權利——國家的權利或者個人的權利的一種機制，保障一種對不同利益可以產生可持續的、公平的政治過程。國際共同體不只是各個國家共同體的組合，而且也是個人共同體的聯合。[41]2.「全球憲政」具有三個關鍵命題：對權力的限制、法律的體系化、個人權利。[42]3.有的法學家認為，基於國際共同體的「全球憲政」可以發展問責機制，可以確保更廣泛的代議結構，提高透明度，可以對成員國的政策和行動實施有效的控制，亦可以為公民社會組織更有

---

[40] A Fischer-Lescano, *Globalverfassung: Verfassung der Weltgesellschaft,* 88 Archiv für Rechtsund Sozialphilosophie 2002, 349-378; A. L. Paulus, *International Legal System As a Constitution,* Dunoff, Trachtman. eds., *Ruling The World? Constitutionalism, International Law, And Global Governance,* New York: Cambridge University Press, 2009, p. 109.

[41] Samantha Besson, *Whose Constitution(s)? International Law, Constitutionalism, and Democracy,* Dunoff, Trachtman eds., *Ruling the World? Constitutionalism, International Law, and Global Governance,* 2009, p. 395.

[42] Christine E. J. Schwöbel, *Situating the debate on global constitutionalism, International Journal of Constitutional Law,* 2010, Vol. 8, No. 3.

效地和實質性地參與全球治理與決策過程提供可能性。[43]4.有的法學家將
「全球憲政」作為一個「框架機制」（a framing mechanism），「全球憲
政」被認為是為新國際秩序提供了一個框架。參與、影響和責任是「全球
憲政」的概念。[44]5.有的法學家還認為「全球憲政」有四個面向：社會憲
政、制度憲政、規範憲政、類比憲政。[45]其中，社會憲政重視通過參與對
單一權力中心的限制；制度憲政注重權力的制度化治理；規範憲政強調保
護個人權利與自由和社會理想的共同體價值，認為具體的國際法規範都具
有全球憲法屬性，其合法性來源於社會的內在道德價值，而不是權力分配
的程序價值。諸如，在討論對權力的限制和制度化，以及法律的體系化的
同時，引入理想主義的關鍵命題，並特別關注個人權利與自由。類比憲政
將某些憲法體制作為國際法律秩序，因此強調法律的體系化。

　　提出全球憲政概念的研究者認為全球憲政是可能的，且相信是值得嚮
往的。國家之上存在國際的、超國家的、跨國的領域，[46]國際法的憲法化
可與民族國家的憲法化並行思考，並與單一的法律規範相對的憲法層次的
規範，作為同位階的規範在整個世界範圍統一適用，在所有的國家、文化
和社會領域延伸、擴展。[47]研究者「以為處於一個世界性憲法秩序中的國
際法的憲法化，就會為整個世界建立一部統一的憲法」，[48]以此類憲法行

[43] Christian Volk, *Why Global Constitutionalism Does not Live up to its Promises*, *Goettingen Journal of International Law* 4, 2012, 2, p. 558; Anne Peters, *Membership in the Global Constitutional Community*, in J. Klabbers, A. Peters & G. Ulfstein, *The Constitutionalization of International Law*, 2009, pp. 153, 238.

[44] N. Walker, *Taking Constitutionalism Beyond the State*, 56 *Political Studies,* 2008, 3, pp. 519, 525, 600.

[45] Christine E. J. Schwöbel, *Situating the debate on global constitutionalism*, *International Journal of Constitutional Law*, 2010, Vol. 8, No. 3, p. 631.

[46] Hans Vorländer, *Die Verfassung vor, nach, über und unter dem Staat: die Konstitutionalismusdebatte in der Suche nach einem anderen Verfassungsbegriff*, Baden-Baden: Nomos Verl.-Ges. 2012, S. 23-42.

[47] Andreas Fischer-Lescano, *Globalverfassung: Die Geltungsbegründung der Menschenrechte*, Weilerswist, 2005, S. 247 ff.

[48] Otfried Höffe, *Vision Weltrepublik: Eine philosophische Antwort auf die Globalisierung?* in

動就可以獲得全球憲政。

　　上述觀點1、2大致是將全球憲政理解為司法憲政，這種解釋符合憲政這個概念的本質屬性。觀點3、4是將憲政理解為民主化過程，這種理解的問題是混淆了憲政與民主的區別。觀點5將憲政解釋為動態的社會參與和靜態的制度、法律、道德體系的綜合體，這種解釋所涉及的範圍過於廣大、所涉及的內容過於龐雜，以致無法確定所說的憲政到底是指什麼。

　　就「世界憲政」而言，有的法學家將「世界憲政」視為以國家為單元的民主機制運行的過程，將民主視為保證這種政治過程的機制。認為「世界憲政」是「一種法律實踐的模式」，[49]並強調民主之於「世界憲政」的意義，因為「對於世界憲政而言，民主主要被認為是保證政治過程的機制，這種政治過程可以給國家之間、國家與個人之間有分歧的利益帶來合理的、公正的分配」。[50]有的法學家認為，「世界憲政也是一種規範理論，他主張一種具體解決方法，即消解用於定義法律秩序關係的任何被設定的單一網格（grid）」。[51]這種觀點認定「世界憲政」能夠促進法律秩序關係的多元化，並形成規範性的多元主義法律秩序格局。有的法學家認為，「世界憲政」已經形成了一個新的跨國統治階級，他們握有超越民族國家的代議政府的全球權力。這個新的跨國統治階級幾乎不再依賴於平等的意志形成路徑。這些法學家還將由公眾意見轉變為政治決策的程序作為「世界憲政」的基本要素，[52]這種觀點實際上是認為「世界憲政」將引起

Dieter Ruloff u. a. (Hg.), *Welche Weltordnung?* Zürich, 2005, S. 33-53.

[49] B. Fassbender, *We the People of the United Nations: Constituent Power and Constitutional Form in International Law*, in M. Loughlin, N. Walker eds., *The Paradox of Constitutionalism: Constituent Power and Constitutional Form,* 2007, pp. 269-290.

[50] Christian Volk, *Why Global Constitutionalism: Does not Live up to its Promises, Goettingen Journal of International Law* 4, 2012, p. 552.

[51] N. Walker, *Beyond Boundary Disputes and Basic Grids: Mapping the Global Disorder of Normative Orders*, 6 *International Journal of Constitutional Law*, 2008, 3/4, pp. 373, 376.

[52] Hauke Brunkhorst, *Constitutionalism and Democracy in the World Society*, in Petra Dobner, Martin Loughlin eds., *The Twilight of Constitutionalism*, Oxford University Press, 2010, p. 193.

一個治理世界的政府，強調以程序保證他們的決策理性與正當。

　　本文認為，上述對「全球憲政」和「世界憲政」的理解大致可以分為三種觀點：1.將「全球憲政」和「世界憲政」等同於民主的運行。2.將「全球憲政」和「世界憲政」等同於世界行政。3.將「全球憲政」和「世界憲政」等同於司法憲政。顯然，「世界憲政」和「全球憲政」仍是一個有較大爭議的命題。本文認為，首先，「世界憲政」與「全球憲政」是存在的，但「全球憲政」和「世界憲政」應該是同一個命題的兩種不同表述，本文採用「世界憲政」的表述。

　　其次，「世界憲政」不是世界民主，世界民主有兩個層次。第一個層次是世界公民對世界事務進行更多參與的要求，每一個社會成員都有權利有這樣的要求，世界民主主要是在世界社會層面上運作。在這個層次上，世界民主是權利的運作。第二個層次的世界民主是各國及其政府對世界事務參與和決策的基礎，在這個層次上，世界民主是權力的運作。這兩個層次的民主在全球化進程中獲得了長足發展，且這兩個層次的民主與世界多極化互為因果、相互推動，給世界帶來了一片新景象。

　　再次，世界憲政也不是「世界行政」。行政化的社會經濟組織（如WTO、OECD等）的管理和裁決行為、國家和政府間的共同管理行為、多樣化的行政治理行為、或被授權或被委託而行使公權力的社會機構的管理和服務行為，都是世界行政的範疇，其職能實際上是世界政府的職能。已有很多學者將聯合國視為世界政府，那麼，他們就是聯合國的組成部分。世界行政是行政權的運作；世界憲政是司法權的運作。世界民主和世界行政都是全球化的產物，沒有全球化，就不可能產生世界民主和世界行政。但全球化不是世界憲政的條件，而是全球化的世界需要憲政。全球化為憲政這個概念注入了新內涵，賦予了新意義。全球化進程要求通過世界憲政對個人權利與自由提供更好地保護，因此，有法學家認為，「世界憲政是國家憲政的補充部分，呈現為補充的功能，世界憲政向人類文明的方向再邁進了一步」。[53]

---

[53] Армин фон Богданди, *Конституционализмв Международном праве: комментарии к*

除了「世界憲政」和「全球憲政」的命題外，還有「國際憲政」的命題。「國際憲政」不能被理解為國家間的憲政，因為兩個國家之間沒有樹立其上的司法機構。兩個國家之間雖有立法行為，比如兩國之間合約、協定等；兩個國家之間也有行政行為，比如共同打擊跨國恐怖份子，共同治理跨國環境污染等等。但是，不能將這種立法行為和行政行為解釋為國際憲政。國際憲政實際上是世界憲政的另一種說法，這主要是因為人們習慣性地將國際等同於世界。

這些年，在實務上出現了一種新做法，有的法學家將其稱作「新憲政模式」。[54]這種新做法，簡言之，就是司法機構可以審查並否決立法；議會可以否決和反對法院的否定性裁決。例如，在加拿大，《加拿大權利與自由憲章》（1982年）第33節允許立法機構就某些憲章權利（但不是全部）積極推翻司法裁決，即所謂的「儘管條款」。[55]在紐西蘭，《權利法案》（1990年）要求議會制定的法律符合權利法案。當國民認為議會的立法侵犯了個人權利時，可以尋求法院救濟，而如果該法律對某項權利設定了不公正的限制時，法院可以依據《權利法案》的標準對其進行解釋。法院無權否決不符合權利法案的立法，但可以宣布法律與權利法案不相容。可是，立法機構可以通過隨後的新法令推翻法院的解釋。[56]在澳洲的一些州和地區，立法機構要求法院對任何法令的解釋必須符合被列舉的個人權利，最高法院認為法律與人權法案不一致時，可以通過發布「不一致聲明」，宣布該法律與人權法案相違背，但不一致聲明發布後不影響聲明條款的效力，而立法機構可以通過隨後的新法令推翻法院的解釋。[57]在

предложению из германии, ДПП ИМП 1, 2012. c. 25.

[54] Alon Harel, Adam Shinar, *Between Judicial and Legislative Supremacy: A Cautious Defense of Constrained Judicial Review,* I • CON, 2012, Vol. 10, No. 4, pp. 958-959.

[55] Constitution Act, 1982, pt. I (Canadian Charter of Rights and Freedoms), Schedule B to the Canada Act, 1982, cha. 11. (U. K.).

[56] New Zealand Bill of Rights Act 1990, 1990 S. N. Z. No. 109.

[57] Australian Capital Territory's Human Rights Act of 2004 (ACT HRA); and the Victorian Charter of Human Rights and Responsibilities of 2006 (VCHRR).

英國，《1998年人權法案》規定，法院可以宣告一項法律與人權公約不相容，保留給議會修正、廢止或者由其他法令改變；法院的不相容宣告不影響議會法律的效力；議會對不相容法律的修改並非「應當」義務；對於與公約權利不相容之法律的修改權仍然在議會。[58]這些新做法被稱作實踐中的新聯邦憲政模式，這種新憲政模式超越傳統議會主權和立法或司法至上的二分法。後者通過對法院與議會之間的權力再分配而充分有效地保護權利。新憲政模式給舊的、更傾向於一方的模式帶來更大的平衡。於是，有法學家認為，這種新模式實現了兩個目標：保護權利和司法與立法的權力平衡。這種新模式有三個特徵：1.存在一個權利法案或章程。2.在確定與立法和行政行為一致的情況下，增強對這些權利的司法保護形式。3.儘管司法機構有這樣的作用，正式的立法機構對多數決定的國家法律仍有最後的權力。[59]有的法學家將這種新憲政模式奉行的原則概括為「弱司法審查」，[60]並認為弱司法審查促進分權的機構進行對話，降低了反多數決定的困難。

　　本文認為，這種司法審查模式不是強弱之分，而是是否之別。因為在這種審查模式中，立法機構與行政機構都有最終的自我判斷權力，當立法與行政機構不認為或者拒絕認為自己的行為違憲時，而司法機構又不能對違憲的立法行為和行政行為作終局裁決，那麼司法權的制約功能便失去作用，整個三權分立的體制也就動搖了，因為循環制約不是三權分立原則的本質意義，結果是少數權利或個人權利得不到保障。權力分立的目的是為了相互制衡；而制衡的目的是有一個機構可以作出終局裁決。我們不排除在權力機構相互尊重的原則下，司法機構可以與立法機構與行政機構協商行事，但終局決定權只有一個機構，這就是司法機構。如果不是，就不構成司法審查，因而也不是憲政模式。作為制度設置的共和包括兩個不可分

---

[58] Human Rights Act 1998, Cha. 42.

[59] Stephen Gardbaum, *The New Commonwealth Model of Constitutionalism*, 49 Am. J. Comp. L. 707, 2001; *Reassessing the New Commonwealth Model of Constitutionalism,* in *International Journal of Constitutional Law*, 2010, Vol. 8, No. 2.

[60] Mark Tushnet, *Alternative Forms of Judicial Review*, 101 Mich. L. Rev., 2003.

割的關聯層次：以主權在民原則為基礎的三權分立和以三權分立原則為基礎的司法審查，司法機構對立法和行政機構的行為是否違憲擁有最後的裁決權。三權分立是司法審查的制度前提；司法審查是三權分立的制度保障。憲政得以存在必須是司法機構有終局的違憲裁決權。上述所謂「新憲政模式」可以稱為不完整的「共和」，但完全不構成憲政。需要說明的是，本文仍然沿用「羅馬共和」的表述，是因為我們不能要求2000多年前的羅馬先輩將司法權從元老院和民眾會議中剝離出來，放棄交叉制約或循環制約，建立憲法法院對執政官、元老院和民眾會議的權力進行違憲審查。

在論述憲政的文獻中，常將憲政與民主混為一談。依據本文的觀點解釋憲政，憲政與民主的關係就很容易得到正確的解釋。憲政基於三權分立原則；民主基於主權在民原則。憲政的載體是司法機構；民主的載體是全體選民。憲政推定法院依據憲法可以推翻多數決定，而民主的基本思路是由多數決定產生的立法機構和行政機構有權依據憲法作出決定。因此，在實證法體系內，司法審查只受既定法律程序的約束，民主則服從多數決定原則。在民主機制中，「我們人民」包含多數與少數，即全體人民。不存在「我們人民」之外的「他們人民」。立法與行政機構服從多數，司法機構保護少數。在三權分立原則下，沒有最高的權力，只有最後的權力，而司法權在國家權力體系中就是最後的權力。這表明，民主與憲政的關係及其運行取決於其制度基礎。

民主只是涉及選擇政府的過程與方式，以及將這種保障與權利視為使民主可能和可信的必要性。憲政關涉的不是由誰來行使公共權力，而是公共權力如何行使，在多大限度內行使；憲政不關注由誰來掌握這樣的權力。憲政的目的主要是維護個人自由的條件、保護公共福利，並對抗被委託行使公共權力的人自私自利、貪污腐化、恣意妄為之行為。[61]這段論述就是將民主與憲政的關係定位為「選擇政府」和「限制政府」的關係，民主由多數決定，憲政是通過限制政府權力而維護個人權利與自由。這段論述深刻地揭示了民主與憲政的區別，他對憲政的理解與半個多世紀以前

---

[61] Robert A. Dahl, *Democracy And Its Critics*, Yale University Press, 1989, pp. 106, 26.

McILwain的理解一脈相承。

　　在分析民主與憲政之間的潛在衝突問題時，Я.-Э. Лэйн認為，應該考慮民主的多數決定可能引起的不穩定後果。如果憲政可以提供更大的穩定性，他的實施將可能有益於民主，但憲政不能導致停滯，因為憲政的設置與實施本來就是避免停滯。強而有力的憲政與平均主義的民主概念相矛盾，因為民主受多數決定的制約，導致民主機制下每個人的意見具有不同的權重，而憲政則是保障每個人的意見具有相同的價值。實施強而有力憲政的國家也有可能導致民主的衰落，而實行弱憲政的國家或許將更容易適應民主。因為在實踐中，弱憲政補充民主，可以為共同體的決策提供更大的穩定性。[62]這段論述深刻地揭示了民主與憲政的關係：沒有民主就不可能產生憲政；而憲政可以保障民主機制的正當運行。強憲政容易導致司法權過分制約立法權和行政權，從而使立法機構和行政機構的功能難以正常發揮，進而削弱了民主。弱憲政是司法機構充分尊重民選產生的立法機構和行政機構的決定，只有當後者的決定違反憲法、侵犯到個人的基本權利與自由時，司法機構才提供保障。

三

　　憲政不僅是剛性制度設置，也蘊涵著人類賴以存在的最高價值。最高價值是指多元化價值之上的一元性價值，有如Cicero的「自然法」。Cicero早就認為，自然法是人類社會的最高法律，自然法就是全世界的憲法。在今天的世界，這個一元性價值就是自然正義。承認自然正義意味著承認自然權利；自然權利作為個人權利與自由的外在終極依據，與作為個人權利與自由內在終極依據的主觀權利合成為一個權利體系的基礎。正因為如此，很多國家在法律體系中賦予個人主觀權利的法律地位。「承認每

---

[62] Я.-Э. Лэйн, *Демократия и конституционализм*, - Полис. Политические исследования. 1998. № 6. с. 2. 6. 15-17.

個人自然的主觀權利意味著人的自然的及不可剝奪的權利有了內在的理由。因為主觀權利表達了人類精神生活的本質特性，故主觀權利可以被稱作永恆的法，因此他永恆地保存著他的價值。」[63]並且，對主觀權利必須作廣義的理解，因為「人的創造潛力是主觀權利的豐富來源。主觀權利意味著對人的具體權能的闡明」、「主觀權利是衡量客觀法律行為之可能性的框架。」[64]在每一種法律上列舉的權利中都包含著主觀權利。在與義務衝突有關的情況下，主觀權利同時在法律關係中存在，並保證法律關係主體的權利在實踐中得到最大程度地實現。主觀權利以客觀權利規範為其表現型態，是人的行為可能性的限度，也是授權人自己表示實現有實際價值的可確定的行為的可能性，授權人有對義務人行為要求的可能性，並有在適當情況下以國家強制力追索的可能性。[65]本文認為，主觀權利不僅是私法權利體系，而且也是公法權利體系的內在終極依據；主觀權利是權利的組成部分。作為內在終極依據的主觀權利與作為外在終極依據的自然權利合成為權利體系的終極存在，也是權利體系進步與發展的不竭源泉。在憲政制度及其運行中，主觀權利產生一切請求權，是個人請求保障權利與自由的內在依據。實證法上的請求權規定有可能出現遺漏，而一旦實證法承認了個人的主觀權利，就成為個人向一切國家權力機關提出一切請求權的法律依據。因此，主觀權利是法律體系不可或缺的內容，也是法律體系多元化價值得以融貫的內容，因為在同一個法律體系內，主觀權利的載體是不同的個體；在不同的法律體系內，主觀權利的載體是不同的群體。無論是不同的個體，還是不同的群體，主觀權利的核心內容則是共通和共有的基本倫理價值。

憲政可以與多元主義共存，憲政與多元主義是兩個論題，各有各自的核心命題。憲政的核心命題是建構正當的「權利—權力」和「權力—權

---

[63] А. Л. Мышинский, *Естественное Субьективное Право Человекаа Вконцепции И. А. Ильина*, с. 331. http://www.espi.ru/contest/conferences/papers2005/razd4/Myshinskiy.

[64] Васев Игорь Николаевич, *Субьективное Право Как Общетеоретическая Категория*, с. 7. http://www.usla.ru/structure/dissovet/vasev-aref.

[65] Ibid., pp. 9-10.

力」關係。多元主義的核心命題是允許不同價值的共同存在，並服從一個最高的終極價值。

世界憲政與多元化的法律秩序也不相矛盾，若將多元主義與世界憲政對立起來，就無法解釋不同國內法管轄區域的社會成員可以依據同一區域人權法或世界人權法，尋求同一區域司法機構或世界人權機構保障個人權利與自由。

多元主義是國內憲政固有的，也是世界憲政固有的。民主與共和都具有多元主義的特性，民主是多元利益和價值的綜合；共和通過維護一個最高價值使多元價值得以共存，特別是對少數權利的保護，使之與多數（多元的綜合）共存。憲法與憲政只有在多元主義價值共存的條件下才產生意義，這是對政治現代性的性質的最基本理解。[66]

因而，多元化的法律秩序不會與世界憲政產生衝突。雖然，全球化已經部分地改變了民族國家的法律體系，比如國際體系的擴展改變了國家間關係的傳統政治。作為國際體系全球化跡象的垂直超國家主義，在傳統國際公法體制中發揮著更加明顯的作用，國際人權法就是一個明顯的例子，其為對所有國家和人民都有普遍權威的法律。在這個層面上的世界性發展積極地引導人民走向「憲法化的世界社會」。[67]政府間組織、國際非政府組織和跨國公司這些非國家行動者在當代世界呈現出更大的政治和經濟重要性。許多這樣的非國家行動者已經深深地滲透到民族國家的法律體系中，對國際法的跨國化發揮出日益增多的貢獻。[68]再比如，跨國法律的興起，跨國商法作為全球資本主義的法律基礎，為來自不同文化背景的商業人士提供穩定的和可預見的交易。[69]但是，法律體系的多元化型態仍然是

---

[66] Michel Rosenfeld, *The Identity of the Constitutional Subject: Selfhood, Citizenship, Culture, and Community*, Routledge, 2010, p. 21.

[67] Jürgen Habermas, Cha. 11: *A Political Constitution for the Pluralist World Society*, in Jurgen Habermas, *Between Naturalism and Religion: Philosophical Essays,* Polity Press, 2008.

[68] Jan Klabbers, *An Introduction to International Institutional Law*, Cambridge University Press, 2009, p. 313.

[69] Ellen Meiksins Wood, *Democracy Against Capitalism: Renewing Historical Materialism*, Cambridge University Press, 1995, p. 74.

世界法律體系的特徵，法律體系的多元化型態不是與憲政相衝突的型態。多元化是法律體系的型態，憲政是法律體系中的核心制度設置。法律體系多元化型態也不是與世界憲政相衝突的型態，正是全球化時代民族國家法律體系的多元化才需要世界憲政，世界憲政能夠保障多元化的法律體系共存。同時，我們也應該注意到，多元化法律體系的價值趨向於一個核心價值，也就是說，法律體系的多元化並沒有影響核心價值的一元化，體現在實證法範疇中，就是基本權的普世性，以及基本權的最高效力。體現在憲政範疇中，就是自然正義的最高價值。在 Г. А. Голжиев 看來，憲法和法律思想的基本內容是整個人類文明共同的基本價值，也是所有人類的共同財產。特別是，他可以使我們找到國際社會成員之間關於法律與社會的明智決策。[70]

　　不同價值的法律體系之所以不排斥世界憲政，乃是因為多元主義價值要服從一個最高的終極價值。無論是國內憲政還是世界憲政，無論是弱的、強的，還是混合型司法審查，都是司法機構適用自然正義、自然權利、世界人權法和憲法，制約國家和政府的權力，保護個人權利與自由。其保護的價值取向可以是多元性的，即根據不同權利的特性和訴求加以保護。但多元性並不排斥一元性，即多元價值也須服從於一個最高價值，這個最高價值即是人類的自然正義，而這個最高價值不僅體現在不同法系的法律體系中，也滲透在社會生活的每一方面。例如，導源於自然正義的「人性尊嚴」條款是憲法中的基本權體系的法源。再例如，追求自然正義也是《古蘭經》和伊斯蘭法律的基本取向。《古蘭經》為穆斯林政體提供了一套基本的社會政治價值，其中特別重要的價值是：通過社會合作與互助追求正義，建立民主的協商統治方式，以及在社會交往行動中將寬容與同情制度化。[71]伊斯蘭教教法（Islamic Sharia）是國家立法和法律的基本

---

[70] Гаджиев Г. А. *Realpolitic, эскобарство, конституционная политика и русская культурно-этническая традиция// Диалог культур в условиях глобализации*: XII Междунар. Лихачевские науч. чтения, 17–18 мая 2012 г. СПб. : СПбГУП, 2012. Т. 1: Доклады. с. 55-58.

[71] R.M. Gleave, *Makasid al-Sharia*, in P. Berman et al. eds., *Encyclopedia of Islam*, 2nd

來源，任何立法不得與伊斯蘭教教法的規則相牴觸。這一伊斯蘭教教法的原則授權法官在審查立法的合法性時要以伊斯蘭教教法為基礎。伊斯蘭教教法是一個完整的生活大全和體系，而不只是一套規則。如作為埃及唯一行使司法審查權的機構，最高憲法法院認為，任何違反人類正義和福祉的法律都是違憲的。最高憲法法院建立了兩個審查層次：第一，法律不能違背由法院闡述的伊斯蘭教教法的規則，其最高依據是古蘭經和聖訓。第二，立法必須符合伊斯蘭教教法的普世目的，立法不能妨礙教法的應用。[72]現在，沒有人會懷疑這個普世目的就是實現人類的自然正義。

在全球化條件下，世界憲政形成了一個開放性的法律空間。為了使具有代表性的同意的存在，社會主體的互動，以及跨文化、跨文明的溝通與交往，在憲法原則的基礎上，建立不同文明之間無條件地接受各種形式文明的機制。憲政走向社會面向主要是憲法文化出現在所有社會生活領域，[73]也就是說，人民知道通過司法機構實施憲法可以全面保障個人權利與自由，制約國家與政府的權力。社會成員的任何權利訴求都可以直接到達世界性的司法機構。

正是世界憲政能夠維護人類社會的最高價值，世界憲政制度的設置才能作為保障不同文明之間對話的基礎。因而，憲政表現為多種功能，主要是：憲政，特別是世界憲政，在本質上可以引導形成完全開放但又是真正自主且有其自己文明與文化的理想社會。憲政價值的普世特性與作為整體之各部分的具體的民族文化相結合而成為一種文明型態，是全世界範圍內的現象。憲政要以傳統的與進步的價值協調一致為必要前提，因憲政不僅是法治現象，也意味著法律與其他社會規範系統，法律與道德、倫理、

Edition, Leiden: Brill Publishers, 2006, 569.

[72] Clark B. Lombardi, *State Law as Modernslamic Law in Modern Egypt: The Incorporation of the Sharia into Egyptian Constitutional Law*, Leiden: Brill Academic Publishers, 2006, 185; Egyptian Supreme Constitutional Court. Case no. 133, Judicial Year 26.

[73] Арутюнян Г. Г., *Аксиологическая природа конституционализма в контексте исторической эволюции конституционнои культуры*//Философия права Пятикнижия: с. б. статей / сост. П. Д. Боренбойм ; под ред. А. А. Гусейнова и Е. Б. Рашковского. М.: Лум, 2012, с. 82.

宗教規則的相互作用與協調運作。[74]半個世紀以來，各國紛紛設立憲法法院，建立違憲審查制度，就是肯定憲政的明證。

　　綜上，我們可以看到，存在憲政制度的國家及其社會呈現如下基本型態：

（一）主權在民

　　其基本體現就是存在普遍直接選舉的制度，立法機構和行政機構由人民普遍直接選舉產生；自由結社，組織政黨；自由投票，國家重大事務經由全民公投決定；自由討論政治問題，發表政治意見。人民參與國家事務已成為制度。[75]當國家權力機構出現腐敗或整體腐敗時，定期的普遍選舉可以更換其中的一部分或者全部，使國家層面的長期腐敗不可能存在。主權在民原則摧毀了一個國家的結構性腐敗，保證國家權力整體的良性運行，保證人民同意的機制得以正常運行。

（二）三權分立

　　人民普遍選舉出代表組成國家立法機構；行政機構對最高立法機構負責；立法機構確定政府財政收入；[76]司法機構通過違憲審查機制判定立法行為和行政行為是否合憲、正當。由於立法和行政機構是基於民主機制產生，其運行是為了尊重和服從多數選民的意志，符合多數選民的要求，即依據多數決定原則。因此，少數權利就由非民主產生的司法機構加以保護。在保護少數權利的同時，制約立法權和行政權，同時保證立法權和行政權的功能正常和正當地發揮。司法權雖然是最後的權力，但不是最高的

---

[74] А. А. Джагарян, *Конституционализм Как Основа Обеспечения Межцивилизационного Диалога,* с. 4-6. From http://www.lihachev.ru/pic/site/files/lihcht/2013/Dokladi/DzhagarjanAA_sec4_rus_izd.pdf.

[75] Г. Арутюнян, *Конституционализм В Контексте Конституцинонной Культуры Нового Тысячелетия,* с. 11.12-13.19.25.29-31.

[76] Шайо А., *Самоограничение власти. Краткий курс конституционализма.* М., 1999, с. 21 и след.

權力，司法機構的產生是由立法機構和行政機構共同決定的，這也就是立法權和行政權對司法權的制約。

（三）有限政府

有限政府意味著國家權力是有限的。有限政府存在於立憲主義政體之中，在憲法體系中，統治形式受憲法的限制，或者社會政治制度依託憲法治理。通過憲法，確立限制政府的方法，即政府的管理活動受憲法限制。又，由憲法法院、普通法院或憲法委員會保證憲法的實施，通過適用憲法適應新的條件，並通過將立法權和行政權約束在憲法範圍內，而保障個人的基本權利與自由。有限政府的目的是人；有限政府是一個動態機制，因為對於立法機構而言，既有積極作為，也有消極不作為；對於行政機構而言，既有積極行政，也有消極行政，還有行政不作為情況發生。這意味著憲政也是一個複雜的動態系統，特定的國家權力機構，即司法機構為了保證其他國家權力的正當行使，建立自由的公民社會，實現法治的社會目標，將人以及他的尊嚴、權利和自由作為最高價值加以維護。[77]正是在有限政府的機制中，憲政才體現出基本的憲法價值，及其組成、表現形式、實施的方法與程度。[78]而以有限政府為內容的憲政狀況也是根據法治的要求、民主發展的程度和社會的反映而加以評估的。憲政可以實現憲法精神、憲法原則、憲法規範與具體的憲法制度，也可以解決憲法危機，制止違憲，建立人民與政府之間的平等對話方式，將「有限政府」從形式深入到內涵。

（四）法治

法治即法律統治，因為憲法是一國法律體系的最高法，因此，法律統治也就是憲法統治。憲政要求具有導致憲政的憲法，在憲政體制中，存

---

[77] Витрук Н.В., *Конституционное правосудие в России* (1991~2001 гг.): Очерки теории и практики. М., 2001, с. 154-178.

[78] Степанов И. М., *Уроки и парадоксы российского онституционализма*: Очерк-эссе. М., 1996, с. 6.

在成文憲法或不成文憲法，其對國家政治生活具有積極影響，憲法規定國家體制、政治制度，憲法承認個人權利與自由、公民與國家關係的法律性質。[79]特別是，憲法中含有固定的普世價值和基本原則。法治體現在公共政治生活的各個領域，要求人權至上並保證國家與個人相互負責；[80]憲法是憲政的實證法依據，只有具備這樣的憲法，憲政才能夠體現出特定的價值。也就是說，法治不只是依據實證法而治，而是依據具有普世價值和基本原則的憲法而治。Bolingbroke因此認為，根據某些憲法，法律、制度和慣例是根據某些確定的理性原則設計的，在共同體同意下組成一般制度。[81]憲法不僅包含法律原則，也包含理性原則。憲政被理解為「立憲主義世界觀的哲學，是基本法律體系中的法律價值的體現，是依據憲法治理，確保憲法至上，及其優先性和現實性」。[82]所以，在憲政體制中的法治得以運行的要素是：立憲主義理想、憲法典本身、與憲法相符合的政治制度、憲法秩序與憲法的制度保障。[83]憲政作為一個有機的現象，將下列三個要素聯結在一起：精神秩序的性質（學說、主意、思想）；真正的憲政前提（在憲政基礎上創建憲法機構、關係、秩序）；結構性狀態的性質（確定的系統機構、權力關係、權力運行的程序，後兩部分稱為具體化的現實憲政）。[84]

---

[79] Г. Арутюнян, *Конституционализм В Контексте Конституционной Культуры Нового Тысячелетия,* http://www.concourt.am/armenian/structure/president/articles/article-ru-2012, с.12-13.

[80] Иванец Г. И., Калинский И. В., Червонюк В. И., *Конституционное право России: Энциклопедический словарь*/Под общ. ред. В. И. Червонюка. М., 2002, с. 129.

[81] Vgl. Von Werner Heun, *Die Struktur Des Deutschen Konstitutionalismus Des 19. Jh. Im Verfassungsgeschichtlichen Vergleich*, Herausgegeben von Ernst-Wolfgang Bökenföde, *Der Staat* 45. Band 2006, DUNCKER & HUMBLOT / BERLIN, S. 365.

[82] Кабышев В. Т., *Российский конституционализм на рубеже тысячелетий*// Правоведение, 2001, No. 4. с. 63.

[83] Авакьян С. А., *Конституция России: природа, эволюция*, современность. М., 1997, с. 222-9.

[84] Экспертное мнение В. Е. Чиркина, *Вызовы современности и российский конституционализм: общее, особенное*, единичное,Конституционный вестник № 1(19)

（五）國家與社會二元

　　國家與社會二元結構是近現代國家的基本特徵，是主權在民原則得以實施的前提，也是憲政得以存在和運行的基礎。這是因為，1.國家是普遍性領域；社會是特殊性領域。國家是社會普遍利益和普遍意志的代表而抽象地凌駕於社會之上。2.國家是自為性領域；社會是自在性領域。國家作為管理社會的公共權力機關，其一切活動不是任意的，而是自覺地通過一整套法律制度將社會活動限制在一定的「秩序」內。社會作為自在性領域，其一切活動則是任意的、自發的，社會的行為準則只有約定作用，而沒有像國家法律那樣的強制作用。3.國家是承擔權力的載體；社會是享有權利的載體。國家一切活動的最主要特徵是權力性質，而社會活動的基礎是權利運動。「在憲政體制下，國家的任務是保證平等與公正，實現社會正義，形成與憲法相適應的國家與社會的生活實踐，使社會走向和諧與正義；保障個人參與社會，擔負社會責任，形成開放、競爭及發展的多元社會。」[85]在憲政體制下，人具有最高價值，國家與社會的主要活動是增進個人人格的全面發展，國民享有廣泛的權利與自由，及受到國家的有力保護。據此，在國家與社會二元結構中，憲政實現了憲法上的類型，即「個人—社會—國家」關係的基本類型。[86]

　　綜上，我們也應該看到，雖然世界大多數國家的體制已經具有上述要素，但是，在區域和世界層面上，諸如人權法院這樣的司法機構還不夠多。因此，聯合國應該推動尚未設立人權法院的區域儘快設立人權法院，以便審理個人對國家、政府及個人侵犯人權的控告。聯合國人權理事會應當直接受理個人對國家、政府和個人侵犯人權的控告，使聯合國人權理事會成為世界人權法院。

　　論證至此，憲政這個概念給我們的啟示是，保障個人權利與自由是

/ 2008.

[85] Ibid.

[86] Боброва Н. А., *Конституционный строй и конституционализм в России.* М., 2003, с. 24-5.

一個國家權力機構（憲法法院或普通法院或憲法委員會）的最終功能，也是國家權力的最終功能；以自然正義，也就是人類正義，作為憲政的最高價值標準意味著引導一個國家立足於世的價值是自然正義，也就是人類正義。

四

從上面的論述中可以知道本文的第一組基本觀點：憲政所指的是有限政府；有限政府是指國家權力是有限的。憲政只有一種模式，即通過司法機構保障權利，制約權力。個人權利與自由是憲政的起因，也是憲政的目的。

「個人（請求權）→司法權（制約）→立法權和行政權」是國家憲政的模式；「個人（請求權）→區域或世界司法機構（制約）→國家和政府」是世界憲政的模式。憲政的終極依據是人類的自然正義，而世界人權法是國家憲政和世界憲政的最高實證法依據。全球憲政與國際憲政只是世界憲政的另類表達法，也就是說，與世界憲政一樣，全球憲政與國際憲政也是、也只能是「個人（請求權）→區域或世界司法機構（制約）→國家與政府」模式。個人成為國際法主體且法律地位不斷加強，這已是公認的事實，主要體現在國際刑事法律和人權保護這兩個領域。[87]就此而言，國家在有助於滿足人民的需要時，才是憲法化的國際秩序的合法主體。[88]全球憲政不能被理解為在全球化條件下國家、政府、社會組織或者個人的不同的憲法活動；國際憲政也不能被理解為國家間或區域間的不同的憲法活動。基此，導出本文的第二組基本觀點：「社會憲政」、「社會主義憲政」、「憲政社會主義」、「政治憲政」、「行政憲政」都是不能成立的

---

[87] A. Peters, *Rechtsordnungen und Konstitutionalisierung: Zur Neubestimmung der Verhaltnisse*, ZÖR 2010, S. 13.

[88] Isabelle Ley, *Kant versus Locke: Europarechtlicher und völkerrechtlicher Konstitutionalismus im Vergleich*, ZaöRV 69, 2009, S. 320.

命題，試作如下解析。

（一）社會憲政

在全球化進程中，世界社會自由建構的秩序的相互作用，加速高度形式化的社會控制機制的解體。是故，需要借助一部自由的世界憲法，作為分權的世界政治和多元的法律體系之間的結構聯結，[89]這是社會憲政理論產生的背景。社會憲政是由社會學家首先提出的，社會憲政包含如下基本觀點：

David Sciulli以Max Weber對現代性理性化進程之困境的分析為起點，提出了如下問題，即在下列四種推力中顯示出來的巨大進化趨勢，可能存在何種反作用力：1.行動邏輯伴隨著高速分化、多元化和不同社會領域的區域區隔化而片段化。2.將工具計算作為唯一合理性的主導地位滿足跨領域的認知。3.由官僚組織全面替代非正式協調。4.特別是在社會領域中日益增長的「奴役般的」限制。他據此認為，社會憲政必然結束高度形式化的社會控制和政治社會威權主義。[90]社會憲政強調通過參與對單一權力中心的限制。

社會憲政是非政治的、去政治化的全球治理模式。社會憲政論者認為，全球法律的形式主要是私人行動者的相互作用，這些私人行動者遵循世界社會各自的子系統邏輯，不著意追求政治設計。[91]

---

[89] S. Oeter, *Internationale Organisation oder Weltföderation? Die organisierte Staatengemeinschaft und das Verlangen nach einer "Verfassung der Freiheit"*, Hauke Brunkhorst, Matthias Kettner eds., *Globalisierung und Demokratie: Wirtschaft, Recht, Medien* (Frankfurt, Suhrkamp, 2000).

[90] David Sciulli, *Corporate Power in Civil Society: An Application of Societal Constitutionalism*, New York University Press, 2001; *The Critical Potential of the Common Law Tradition*, 94 Columbia Law Review 1994, 1076-1124; *Foundations of Societal Constitutionalism: Principles from the Concepts of Communicative Action and Procedural Legality*, 39 British Journal of Sociology 1988, pp. 377-407.

[91] G. Teubner, *Societal Constitutionalism: Alternatives to State-Centred Constitutional Theory?* in C. Joerges, I. J. Sand, G. Teubner eds., *Transnational Governance and Constitutionalism,* 2004, pp. 3-28.

在Schwöbel看來，社會憲政是全球憲政的同義語，他們將國際領域視為一個共存的秩序，對參與的關注、影響和責任是社會憲政的核心。[92]其宣導者認為國際共同體存在或正在出現一部憲法。Fassbende支持將《聯合國憲章》視為全球憲法，[93]他們特別把重點置於範式轉變上，表現為從以主權為中心的國際法體制到以價值或個人為取向的體制。一方面，強調全球憲政在於對權力的限制；另一方面，強調法律體系化。他們認為限制各種政治權力的憲法規則的目的都是為促進國際和平、個人權利與法治。這種見解也是基於這樣一種假設：國際法能普遍地管理和控制社會現實，特別是政治權力。[94]

本文完全否定存在社會憲政的命題。理由如下：

第一，社會憲政的命題模糊了國家與社會的界限，違反了主權在民原則和三權分立原則。憲政是基於民主的共和機制，在國家或世界層面上，憲政是司法機構運用權力的結果，沒有獨立於民主機制的司法權的存在與運行，就沒有憲政。在社會層面上，「我們人民」本身只有通過代議機構或全民公決對共同體重大事務做出決定，並不能對基於代議制的決定做出決定，亦不能參與基於三權分立原則而設立的司法機構的裁決。其行為是基於憲法上的基本權利，而不是權力。也就是說，在社會層面上，「我們人民」依據基本權，經由司法機構保障權利，制約權力。依據社會契約論，社會公權力等同國家權力，這是國家權力的古典解釋，也是經典解釋。國家權力來源於社會成員，國家權力之外沒有社會公權力的概念，因為權力以強制力為後盾。行使強制職能的社會機構的權力其實是受國家的委託，是國家權力的延伸，其與相對人的關係依然是「權力—權利」關

[92] Christine E. J. Schwöbel, *Situating the debate on global constitutionalism, International Journal of Constitutional Law*, 2010, Vol. 8, No. 3, p. 613.

[93] Bardo Fassbender, *The United Nations Charter As Constitution of the International Community,* 36 Col. J. Intl. L. 546 ff. , 1998.

[94] Christian Tomuschat, *International Law: Ensuring the Survival of Mankind on the Eve of a New Century,* General Course on Public International Law 281 Recueil des Cours de l'Académie de Droit International 237, 1999, pp. 23, 95.

係。社會對國家權力的制約即經由一人一票的選舉程序產生國家權力；國家權力的更迭也是普遍選舉。社會自治組織行使的職能是自治，其權利是自治權利，他與相對人的關係是「權利—權利」關係。社會自治組織的「權力」不是社會公權力，忽視自治就沒有社會組織。如果模糊國家—社會之間的界限，主權在民原則就無法操作，也就不可能有憲政的存在與運作。

這個原理同樣適用於全球化進程中的世界社會。誠然，全球化導致民族國家的社會系統加速世界化，以致主權式微，國界模糊，價值取向由多元到趨同；多元的法律體系引起的法律衝突服從於世界人權法，以及一個一元性的終極價值，即人類的自然正義；世界社會成員對世界事務的參與日益增多。但是，與世界社會成員相對的，仍然是區域司法機構和世界性司法機構或人權機構，這類司法機構行使的權力可以制約國家與政府的權力，同時保障個人權利與自由。作為個人的世界社會成員正是通過這些司法機構尋求保障個人權利與自由，制約國家與政府的權力。世界社會不會產生由世界社會成員操作的世界憲政。

如果社會憲政的命題可以成立，那麼，當國家憲政與社會憲政的結構耦合或衝突時，如何解決？因為在此際，社會就等於國家，國家就等於社會。而在世界領域，行使社會憲政的機構或組織可以代替區域性或世界性的司法機構作出裁決，豈不是很荒謬。

第二，社會憲政的命題顛覆了公法與私法的區分。由前文可知，國家與社會二元結構是憲政得以存在和運行的基礎。公法與私法的區分使得個人的私域、社會成員的自治有了法律依據；同樣，國家權力的運行也有了法律依據。更重要的是，他使個人與政府的關係得以建立，進而在個人與國家的關係上，國家的權力有了邊界，這是羅馬法學家的貢獻。本文認為，公法與私法的區分不僅是羅馬共和的支柱，也是雅典民主的基礎。誠然，已有法學家認為，現實的發展已使公法、私法在某些領域的區分變得困難，公法與私法二分使契約自由與其限制被概念化了。公法與私法的區分只是作為政治（國家）與經濟（市場）的區分，將公法與私法二分比作國家與社會的二分是太簡單了：應該用我們稱之為多元背景或綜合背景的

東西來替換。[95]但是，本文認為，這並不是產生社會憲政的條件。在這個公法與私法交叉的領域，依然有國家憲政，抑或世界憲政的運行，這就是司法機構保障個人的社會經濟權利，而制約國家與政府的權力。這是由司法機構介入的所謂行政國家或福利國家或社會國面向上的憲政運行，而不是社會憲政的運行。在這個交叉領域裡，立法機構和行政機構行使權力侵犯個人社會經濟權利的可能性更大。因此，對行政行為的審查，要求行政機構對其決定提供理由，是對行政行為進行司法審查的基本要求。司法機構在此領域保障個人權利，制約立法和行政權力的功能更易發揮。[96]即便是「法院對個人社會經濟權利的積極保障（能動司法），也可稱為憲政，因為它是對行政國家或福利國家的司法制約」。[97]

需要指出的是，法學家們不能將社會成員為參與國家和世界事務而制定行動綱領的行為理解為社會憲政。社會成員為了參與國家和世界事務而需要制定行動綱領的行為是社會立憲主義行為。社會立憲主義是行動原則，而不是憲法原則，因社會立憲主義之「憲」不是憲法和憲法性法律，而是社會行動綱領或章程。之所以需要社會立「憲」，乃是因為一方面在全球化條件下社會成員參與的範圍不斷擴大，另一方面也是世界社會的多元化發展的結果：相對統一的社會行動綱領，而不是各自為戰的行為規則，正是世界社會多元化條件下社會成員參與國家和世界事務所需要的。而此時，在全球化進程中，於主權在民原則下，無論是國家憲政還是世界憲政，均能促進社會成員參與，因為憲政能夠保障社會成員參與的權利。

社會立憲主義與國家憲政和世界憲政共存且相互促進。社會立憲主義可以促進憲法的發展，因為「憲法從根本上說首先是社會進程，其次才是

---

[95] Gunther Teubner, *Constitutionalizing Polycontexturality*, Social & Legal Studies 20(2) 209-252, 2011.

[96] Martin Shapiro, *Judicial Review in Developed Democracies*, in Sint Gloppen et al. eds., *Democratization And The Judiciary: The Accountability Function Of Courts In New Democracies,* 2004, pp. 23-5.

[97] Oliver Gerstenberg, *Negative/Positive Constitutionalism, Fair Balance, and the Problem of Justiciability,* in *International Journal of Constitutional Law,* 2012, Vol. 10 No. 4, pp. 904-25.

法律過程」[98]，而憲政以憲法為基礎。有的法學家已經看到了「很多社會子系統正在帶著問題擴張」，憲法是否能夠有效地遏制世界社會子系統的離心力呢？是否可以促進社會整合呢？而這種整合是完全不同於古典理解的整合[99]，故上述疑慮是正常的，卻是多餘的。基於前文的分析，憲政可以保證社會立憲主義的適當性和正當性：憲政可以避免社會在全球化進程中帶著問題擴張，因為憲政既保障個人權利與自由，也保障國家或政府功能的正常發揮；憲政可以整合社會系統，進而遏制社會子系統的離心力，因為憲政恪守和維護終極價值，並以終極價值整合社會系統。

　　世界憲政能夠保證跨國政治與社會立憲主義並行不悖。有法學家認為，近年嚴格意義上的憲法問題包括：1.醫學科學領域中的腐敗。2.跨國公司對人權的侵犯。3.世貿組織有爭議的裁決。4.全球自由貿易對環境和健康保護的威脅。5.互聯網中私人媒介對言論自由的威脅。6.私營機構通過收集資料對隱私的大規模干預。[100]這些社會領域的新憲法問題不是社會立憲主義行動可以解決的，而是跨國政治的工作範圍。在全球化進程中，國家和政府的職能被轉移到跨國層面，但跨國政治又缺乏跨國治理的民主基礎，社會立憲主義行動正好為跨國政治提供了民主訴求。當社會立憲主義行動與跨國政治發生衝突時，由司法機構操作的憲政基於國家和社會的二元化原理，在跨國政治與社會立憲主義之間劃出一條合理的界限，既保證社會立憲主義不會導致世界無政府主義，又保證跨國政治不會侵越世界社會的自治領域。同時，「跨國政治行動的法律依據在多數情況下仍然是本國法律，其法律的域外有效性也就成為一個問題」。[101]在此際，因為這些新憲法問題最終涉及個人權益或損害到個人權利，於是，個人依

---

[98] Gunther Teubner, *Das Projekt der Verfassungssoziologie:Irritationen des nationalstaatlichen Konstitutionalismus*, erscheint in Zeitschrift für Rechtssoziologie, 2012, S. 10.

[99] Gunther Teubner, *Verfassungsfragmente: Gesellschaftlicher Konstitutionalismus in der Globalisierung*, Berlin: Suhrkamp, 2012, S. 14-15.

[100] Ibid., S. 11-12.

[101] Anne Peters, *Compensatory Constitutionalism: The Function and Potenzial of Fundamental International Norms and Structures?* in Leiden Journal of International Law 19, 2006, S. 591.

據國內法律或世界人權法將這些新問題「提交」到區域或世界性的司法機構。因此，解決這些憲法問題需要確立世界性的憲法標準，就像在全球標準中，可以設置一組體制的組成與構成的論證標準，[102]將法律衝突憲法化。在法律衝突中，已有水平的憲法化；在法律領域內，已有國際貿易法的憲法化；在國際法體系中，法律衝突也具有憲法屬性。[103]憲法化的標準是世界性的憲法標準，即在憲法化過程中，引入超國家層面的現代憲法理念作為行動的合法性加以維護。[104]現代憲法的內容（如憲法中的權利法案、人權條款）中都包含著普遍的世界主義理想。此時，世界主義理想經由一些協定（如世界人權宣言）構建了這一世界環境。人類社會已進入「體系性的法律世界化的民主憲政時代」。[105]因此，提升國家法律，使之符合世界標準，是這個時代的主要任務。本文呼籲聯合國推動建立更多的區域人權法院和世界人權法院，由這些司法機構完成這項劃時代的任務。

（二）社會主義憲政

本文認為，社會主義憲政是一個不能成立的命題。欲否定社會主義憲政，須先說明什麼是社會主義。概括地說，社會主義是社會層面上的經濟制度，憲政是國家層面上的憲法體制。

---

[102] Hans Vorländer, *Die Verfassung vor, nach, über und unter dem Staat : die Konstitutionalismusdebatte in der Suche nach einem anderen Verfassungsbegriff,* in *Erzählungen vom Konstitutionalismus*, Helena Lindemann/Nina Malaviya/Alexander Hanebeck/Felix Hanschmann/Rainer Nickel/Timo Tohidipur (Herausgeber), Baden-Baden: Nomos Verl.-Ges. 2012, S. 23-42.

[103] Christian Joerges, *Kollisionsrecht als verfassungsrechtliche Form: Das Beispiel der Verrechtlichung des internationalen Handels durch die WTO*, in Nicole Deitelhoff; Jens Steffek(Hg.), *Was bleibt vom Staat?: Demokratie, Recht und Verfassung im globalen Zeitaler*, Frankfurt: Campus, 2009, S. 309-331.

[104] Anne Peters, *Das Kosovo Gutachten und globaler Konstitutionalismus,* in *Das Kosovo-Gutachten des IGH* vom 22. Juli 2010. Leiden, S. 229-258.

[105] Vgl. dazu ausführlich Horst Dippel, *Modern Constitutionalism: An Introduction to a Historyin the Need of Writing*, in *Tijdschrift voor Rechtsgeschiedenis* 73, 2005, pp. 153-169.

社會主義既是理論命題，也是實踐問題。眾所周知，社會主義這個概念一出現，就被塞入了與「個人主義」相對立的內容，將社會主義等同於集體主義進而等同於國家主義，個人作為集體之一份子要服從集體進而要服從國家。社會主義的經典理論和社會主義實踐均表明，這種「服從」是在個人不占有生產資料（生產資料為共同占有）的條件下進行的，顯然，他在社會層面上否定了個人所有制、自由、平等與民主。Marx認為資本主義是因為否定個人所有制和生產資料同生產者相分離而產生的。如此，資本主義與社會主義在理論上出現了「交叉區域」，即社會主義條件下的社會成員全部不占有生產資料，而資本主義條件下的社會成員至少有一部分人（僱傭工人）不占有生產資料。據此，Marx將「一部分人對另一部分人的剝削的制度」定義為私有制，並斷定該制度是有缺陷的。Marx在《資本論》中指出：「資本主義生產由於受其自身某法則的支配，必然造成對自身的否定。這是否定的否定，因這種否定不是為生產者重新建立私有制，而是在資本主義時代所取得的成就的基礎上，即在協作和對土地及生產資料共同占有的基礎上，重新建立個人所有制。」[106]從這段話中我們可以看出，Marx認為資本主義也是在不斷地自我揚棄中獲得發展的，其揚棄的方式是通過建立個人所有制來代替一部分人剝削另一部人的私有制。在這裡，應該注意，Marx雖然認為這種個人所有制是建立在生產資料的共同占有的基礎之上的，但常識告訴我們：個人所有制的內容包括私有（個人）財產權的全部內容：動產（生產資料的一部分）、不動產（土地）、智慧財產權（個人的思想自由權）和勞動力個人所有權（自己自主支配自己的權利）。因此，對「共同占有」之合乎邏輯的理解應該是：以個人占有為前提的共同占有，即在這種所有制中，既有個人也有集體，個人是集體的前提。在這樣的所有制中，私有財產權不只是個人擁有財產的權利，而是獲得財產的權利和保護財產的權利。由前者引出了主體性和平等性的問題（要是能夠獲得財產），而由後者引出了合法性問題（要是

---

[106] Karl Marx, *Capital: A Critical Analysis of Capitalist production, Translated from the third German edition by Samuel Moore and Edward Aveling and edited by Frederich Engles*; Vol. 1, Forign Languages Publishing House, Moscow, 1958, p. 763.

能夠擁有）。更重要的是，Marx在這裡論述的資本主義完全是社會層面（社會領域）上的概念，而不是國家層面上的概念，因為Marx特別注意區分經濟基礎與上層建築的不同，因此，我們只能準確地說資本主義社會，而說資本主義國家則是不準確的。建立在資本主義社會之上的國家性質遠比資本主義本身複雜，這也是資本主義社會只有一種型態（私有制社會），而豎立其上的國家則有多種型態的原因所在。上世紀末，在西方世界普遍出現的「第三條道路」（他是使資本主義現代化的一種發展模式。其核心內容是重新界定國家與政府的作用，促進市場競爭和社會資本的發展，強調個人權利與責任的平衡，主張以積極的福利取代注重再分配的傳統福利，擴大公民參與社會事務的權利。其代表了當代資本主義社會的發展趨勢），說明經典意義上的西方資本主義社會已經發展到這樣一個階段：以社會為本位的社會—國家型態，以個人所有制為基礎的社會主義的範圍在擴大（即個人財產的社會意義在增大）。國家的存在是為了社會而不是相反。

　　質言之，國家是以保障所有個人符合人性尊嚴的最低生存條件為己任，國家的積極介入是為了形成正當的社會秩序，保證每一個人都有機會和可能穩定地擁有動產、不動產、智慧財產權和勞動力個人所有權。仔細端看當代資本主義社會，他已完成了馬克思期望的一次「自我否定」，在原來的資本主義社會中添加了相當的社會主義成分，並正在形成一系列社會主義性質的社會關係的結構。近年來，在拉美國家興起的民主社會主義，即依據主權在民原則產生政府，政府再依據社會主義原則實現社會公正，作為國家與社會的基本關係。民主社會主義的基本理念及所追求的價值是平等公正、合作互助；其目的是建立政治民主主義和經濟社會主義；其實現目的的手段是民主與共和；其思想來源是人文主義和人道主義，即把人的價值放在首要地位，並且承認人的平等，強調人的團結互助作用。民主社會主義的自由平等理論、階級合作理論、權力制衡理論、法的理論等都可從文藝復興運動和思想啟蒙運動找到淵源。民主社會主義是對片面強調「自由至上」、漠視人類公正和社會公正、主張自由放任的古典自由主義的修正。而在三權分立原則基礎上產生的司法憲政可以同時維護政治

民主主義和經濟社會主義。民主社會主義是世界各國未來的發展方向，也是世界共同體的發展方向，在民主社會主義基礎上產生的國家憲政和世界憲政則是古代雅典憲政的邏輯發展。

如同資本主義是社會層面上的概念一樣，社會主義也是社會層面上的概念，其對立概念是國家主義而非資本主義。社會主義是先有「社會」而後有「主義」（「主義」的內容不能違背社會的本質特徵），社會主義是以社會為本位的「主義」，而社會的存在又是以個人的存在為前提的，所以，社會主義也是以個人為本位的「主義」。有個人才有社會，有社會才有國家；社會有權利，國家才有權力；社會有民主，國家才有權威。社會主義對國家的要求不僅體現在國家的結構形式上，而且更重要的是體現在國家權力的運轉和配置上。國家的行為須以尊重社會的存在，也即以個人的存在為價值取向。

從這段關於社會主義的分析中，我們可以看到，社會主義是經濟範疇，他是社會層面上的一種型態和屬性。憲法上的主權在民原則只有在以個人所有制（即私有制）為主體的經濟型態之上才能運行。正因為如此，有民主社會主義的命題出現，因為民主與社會主義有直接關係。民主是國家型態，社會主義是社會型態；民主是政治制度，社會主義是經濟制度。而憲政是國家層面上的一種型態，憲政直接基於三權分立原則，他與主權在民原則是一種間接關係。社會主義與憲政沒有直接關係，將兩個沒有直接關係的概念聯結在一起是邏輯悖論，其構成的命題是不可能成立的。

那麼，是否可以將社會主義憲政理解為社會主義國家的憲政呢？答案為否，國家不能稱為社會主義的或資本主義的，因為在一個國家可以同時存在社會主義成分和資本主義成分，然社會主義或資本主義不是政體的代名詞。國家只有專制、民主與共和之分，就像民主也沒有社會主義民主與資本主義民主之分，故社會主義國家之表述與社會主義民主之表述一樣荒謬。國家是一個虛擬概念，他的載體是立法機構、行政機構、司法機構，而其存在與運行係基於主權在民原則和三權分立原則。國家的存在與社會主義或資本主義沒有直接關係。在沒有社會主義或資本主義的時代，也有國家存在。

　　因此，符合論證邏輯的順序是：從私有制社會導出民主（即實現主權在民原則）；在主權在民原則基礎上建立三權分立原則；從三權分立原則中導出憲政。

（三）憲政社會主義

　　同理，我們可以論證「憲政社會主義」的命題也是不能成立的。如果憲政社會主義命題中的憲政和社會主義的內涵與本文對憲政和社會主義的理解相同或相近，那麼，憲政社會主義命題就不能成立。如果憲政社會主義這個命題中的憲政的具體內容與本文所界定的憲政內涵相同或相近，那麼，使用「憲政社會主義」是貼錯了標籤。如果對憲政社會主義的理解不符合本文對憲政和社會主義內涵的界定，那麼憲政社會主義也是不能成立的命題。

（四）政治憲政

　　從現有的文獻中可以看到，政治憲政主張將政治理解為協商一致的統治，相應的，將憲法作為一組用以處理不斷發生的衝突的原則和制度。Griffith的政治憲政就是衝突、政治與法律的關係，或者可以被表述為「衝突的政治處理」。[107]司法裁決就是法官根據一個權利法案，將政治決定從政治家手裡轉移到法官手裡。[108]政治憲政信奉的原則是：政治優於法律程序，並認為政治平等，所有政治都是合憲的。有的法學家的政治憲政命題標榜共和，卻反對司法審查，並認為「權利的真正保障、法治、甚至民主均來源於民主」。[109]

　　持政治憲政觀點者認為政治憲政有五個特徵：1.政治立憲主義者聲稱，對憲法的本質，包括權利，存在合理的分歧。他們對權利的來源，即

---

[107] J. A. G. Griffith, *The Political Constitution*, 42 Mod. L. Rev. 1, 1979, pp. 19-20.

[108] Ibid., p. 16.

[109] Richard Bellamy, *Political Constitutionalism: A Republican Defence of The Constitutionality of Democracy,* Cambridge University Press, 2007.

哲學基礎，也存在分歧。[110]2.政治立憲主義者堅持認為，不存在超越政治的、更高的以權利為本位的憲法。[111]3.政治立憲主義者認為，司法審查是通過法律手段的政治。[112]政治立憲主義者是法律實證主義的信徒，認為法律的民主來源構成其政治合法性的基本特徵。[113]4.在民主機制中，法院的合法性和有效性要低於立法機構。[114]5.由立法者在法律中確立的權利應該優於法院的裁決。由立法引導司法裁決，法院無權否決議會的立法，且應該是議會而不是法院討論憲法問題和權利。[115]

　　上述觀點的實質是：1.強調議會至上。而議會至上，實質上就是民主至上，因為議會是民選產生的，那麼，如何解釋在民主機制之上的共和思想及其制度設置，即司法機構不是像立法和行政機構那樣，由全體選民普選產生。即便是在議會至上的國家或一個國家的某個時期，其司法機構的構成也不是由民主選舉產生的。也就是說，司法機構的產生是共和思想的體現和制度設置。2.將政治行為與法律行為混為一談。即便政治這個語詞可以用來指稱立法機構、行政機構和司法機構的權力行為，但也無法說明這些機構的不同功能，我們不能將不同功能的權力行為都稱為政治。司法

---

[110] Ibid., pp. 20-23; Jeremy Waldron, *The Core of the Case Against Judicial Review*, 115 Yale L. J. 1366-1369, 2006.

[111] J. A. G. Griffith, *The Political Constitution,* 42 Mod. L. Rev. 1, 1979, pp. 16-18. Jeremy Waldron, *Law and Disagreement*, 1999, pp. 159-160; Richard Bellamy, *Political Constitutionalism*, pp. 20-26.

[112] Ronald Dworkin, *Taking Rights Seriously,* 1977; *A Matter of Principle,* 1985; and *Freedom's Law: The Moral Reading of the American Constitution*, 1996. See also T. R. S. Allan, *Law, Liberty and Justice: The Legal Foundations of British Constitutionalism*, 1993.

[113] Richard Bellamy, *Political constitutionalism and the Human Rights Act*, International Journal of Constitutional Law, 2011, Vol. 9 No. 1, p. 91; Jeremy Waldron, *Can There Be a Democratic Jurisprudence?* 58 Emory L. J. 675, 684-691 (2008-2009).

[114] Adam Tomkins, *Our Republican Constitution,* Oxford: Hart Publishing, 2005, pp. 27-30, 64-65; Richard Bellamy, *Political Constitutionalism: A Republican Defence Of The Constitutionality Of Democracy*, Cambridge University Press, 2007, at part 2.

[115] Richard Bellamy, *Political constitutionalism and the Human Rights Act*, International Journal of Constitutional Law, 2011, Vol. 9 No. 1, pp. 92-3.

機構始終是獨立於其他民選機構的；而在司法審查領域，共和與憲政是同義詞，如果反對司法審查就等於是否認三權分立原則，那麼，憲政從何而來。如果將司法審查視為政治，就無法解釋政治行為要受到司法審查的制約。

　　本文認為，政治不是法律概念，而憲政是法律概念；政治行為未必產生法律效力，而憲政完全是法律領域的活動，產生剛性法律效力；政治可能引起憲政的運行，但不能約束憲政，而憲政可以約束政治；政治能夠但並不必然帶來正義，而憲政必須實現正義，否則就不是憲政。在司法審查中運用司法程序判斷政治問題的行為仍然是憲政，而不見政治憲政；立法機構和行政機構在憲法最高價值的支配下及在司法權的制約下所從事的政治活動，仍然是政治，而不是憲政。因此，政治是政治，憲政是憲政，沒有政治的憲政，也沒有憲政的政治。就像「沒有憲法政治，也沒有政治憲法」那樣。政治行動可以上升為憲政，即當政治過程進入憲法法院的司法程序時，政治就轉化為憲政。當政治與憲政的價值取向一致時，政治行動實現正義的效率高於憲政，因為政治行動是主動的，憲政的運行是被動的；政治行動沒有剛性程序約束，憲政要受到剛性程序約束。如今，一個以自然正義為價值導向的世界政治和世界憲政同時在加速形成之中，價值多元化的世界政治與世界憲政一樣，統攝於一個終極價值，即自然正義。

（五）行政憲政

　　對於行政憲政，有兩種大相逕庭的解釋。一種是以國家聯盟為參照，認為行政憲政的規範性原則是特別反對政治聯盟中合法律性（legality）的多元主義。行政憲政提供了行政聯邦主義和直接／間接管理的二分模式之間的第三條路徑。[116]有的法學家認為，行政憲政是政治聯盟中行政協調的一個階段。人們可以認為，在歐盟內部，行政一體化的制度前提最初是通過歐洲法院的司法行動建構起來的。在這種模式中，垂直

---

[116] Moritz Hartmann, *Administrative Constitutionalism and the Political Union*, 14 German L. J. 2013, p. 696.

與水平執行相結合的機制是多層級系統中各個行動者產生互信的重心。行政憲政架構將政治聯盟中的成員國不顧整體利益而推行的管理方式轉變成行政合作的規範性模式。[117]行政憲政是這樣一種功能範式，旨在解決共同體內因執行多元主義而產生的規範不一致。[118]行政憲政解構了法律實施和管理功能的領土維度，因為他呈現其超越成員國主權邊界的同質化能力。[119]這樣，「行政憲政是政治性的，因為對於一個共同體重建來說，他提供了一個規範性範式俾使內在化跨國管理模式的多樣性。」[120]

本文認為，將行政協調解釋為行政憲政是錯誤的。在一個國家聯盟內，行政協調的起因是行政治理方式的多元化，而行政治理方式多元化的依據就是實證法。換言之，正是因為治理方式的合法律性，才產生治理方式的多元化；正是治理方式的多元化，才需要行政協調，從而達到行政一體化。通過行政協調達到行政一體化的活動仍然是行政活動，其過程也是行政過程。當行政協調未能達到行政一體化的結果，也即出現行政爭端時，還是要訴諸裁判機構，即由司法機構作出最後的裁決，此時，才是憲政過程。而只有通過司法機構才能解決實證法合法律性而缺乏合法性的困境。即便行政協調依據憲法進行，也不是憲政，因為在一個聯盟內，各個主體都有自己的憲法，相對於更高的法來說，各個憲法仍然是實證法。只有司法機構能夠將各國憲法中的相同價值整合為一個最高價值來約束聯盟中的各個主體的行政行為。

另一種解釋是法學家們以個別國家的行政為參照，提出了一系列關於行政憲政的解釋觀點。其中，有的法學家認為，行政憲政是立法者和行政官員提出新的基本原則和政策的過程。在他們看來，行政憲政不僅包括解釋憲法，而且也包括「有進取心的機構以某種與其他的國家規範性承諾一致、可行、連貫的方式適用超法規（super-statutes）的東西履行其目

---

[117] Ibid., p. 710.

[118] Elizabeth Fisher, *Risk Regulation and Administrative Constitutionalism,* 2007.

[119] Moritz Hartmann, *Administrative Constitutionalism and the Political Union,* 14 German L. J. 2013, p. 709.

[120] Ibid., p. 711.

的」。他們認為行政憲政具有明晰的政策導向，是實驗性和實踐性的。行政憲政不僅僅涉及特定憲法規範的頒布，而且涉及制度和管理機構的建設，在其中，憲法獲得發展。[121]據此，行政憲政是行政法學發展的邏輯結果，因為行政法學日益關注制度設計和內部機構和結構問題。[122]行政法學者對行政憲政的論述更多地集中在行政國家的創造或「建構」。[123]有的法學家認為，行政憲政代表一種機制，藉此，憲法涵義得到解釋和實施。行政憲政可以體現一種特別正當的憲法發展形式。行政憲政發生在實施計畫和執行法規的背景下。[124]歷史上，政治和社會生活中的事件是行政憲政崛起的重要因素，過去兩百多年來，總統們一再挑戰最高法院的權威，要求擴大總統權力，限制議會和法院的監督。總之，歷史的偶然性使行政憲政的實踐帶有過分政治化的色彩。[125]行政憲政更有可能推動國會的目的，而不是削弱他們；行政憲政對憲法結構和價值的影響同樣是真實存在的。[126]在與法院的關係上，有的法學家認為，行政憲政經常涉及行政管理者在缺乏明晰、公正定義的規則情況下創造性地擴大和限縮法院的原則，有時還會選擇性地忽視和抵制不利的決策。[127]因此，有的法學家認為，行政憲政的另一個路徑甚至是集中探討法院歸咎於行政機構和行政決策的憲法意義。諸如行政聽證和審查程序這樣的制度設置有時是憲法上

---

[121] William N. Eskridge JR., John Ferejohn, *A Republic of Statutes: The New American Constitution,* 2010, pp. 83, 24, 33, 313-38.

[122] Gillian E. Metzger, *Foreword: Embracing Administrative Common Law*, 80 GEO. WASH. L. REV. 1293, 1298-302, 2012; Jacob E. Gersen, *Designing Agencies,* in Daniel A. Farber, Anne Joseph O' Connell eds., *Research Handbook On Public Choice And Public Law*, 2010, 333, 333-57.

[123] Jerry L. Mashaw, *Creating The Administrative Constitution: The Lost One Hundred Years Of American Administrative Law*, 2012, p. 285.

[124] Gillian E. Metzger, *Administrative Constitutionalism,* 91 Tex. L. Rev., pp. 1901-2.

[125] Bruce Ackerman, *The Decline and Fall of the American Republic*, Belknap Press, 2010, pp. 87-95.

[126] Metzger, *Administrative Constitutionalism,* 91 Tex. L. Rev., p. 1922.

[127] Sophia Z. Lee, *Race, Sex, and Rulemaking: Administrative Constitutionalism and the Workplace*, 1960 to the Present, 96 Va. L. Rev., pp. 801-802.

的要求，或者至少是充分地滿足憲法要求。[128]因此，行政憲政反對違憲審查的排他性，即司法裁決代表唯一和明確的憲法涵義解釋者。相反，其前提是多元化的憲法解釋原則，除了司法機構，其他政府行動者在憲法發展中也起著重要作用。[129]

儘管對行政憲政的解釋存在分歧，但這些不同的解釋卻共用一個核心的概念性法則：一般法律和法律的實施或執行都具有憲法性質。行政憲政是發生在傳統確定的憲法範圍以外的憲法結構。法學家們大都將行政憲政解釋為憲法實務上的核心元素，很少致力於將行政憲政維持在規範性維度上。[130]

本文認為，上述法學家的觀點大致可以概括為：1.行政憲政是在實施計畫和執行法規的活動中產生的，即行政憲政是實務。2.行政憲政創造了傳統確定的憲法範圍以外的憲法結構。3.行政憲政是行政機構創造性地適用憲法和解釋憲法的活動。本文同時認為，這些觀點在指導思想上模糊了三權分立原則；在技術上，混淆了執行與裁決的功能。執行憲法是立法機構和行政機構的職能和功能，對於立法機構，基本權的本質內容是先於立法的，這意味著這部分內容立法機構只能遵守，不能修改；立法機構固然可以修改憲法的其他內容或解釋憲法，但必須嚴格按照剛性程序進行，即服從多數決定原則。更重要的是，立法機構的修改決定和解釋決定是否合憲與正當，仍要受到司法機構的審查，司法機構有權決定立法機構的行為合憲與正當與否，這就是司法機構的裁決功能。這個制度事實早已成為常識，對於行政機構而言，在執行憲法的過程中肯定會出現創造性執行憲法的事例，但這是行政機構根據行政目的、比例原則等行政法原理和原則獲

---

[128] Gillian E. Metzger, *Ordinary Administrative Law as Constitutional Common Law*, 2010, 110 Colum. L. Rev., 487-490.

[129] Lawrence Gene Sager, *Fair Measure: The Legal Status of Underenforced Constitutional Norms*, 1978, 91 Harv. L. Rev., 1212, 1226-1227.

[130] Metzger, *Administrative Constitutionalism,* 91 Tex. L. Rev., pp. 1901, 1916; Keithe E. Whittington, *Constitutional Construction: Divided Power And Constitutional Meaning,* 1999; Sophia Z. Lee, *Race, Sex, and Rulemaking: Administrative Constitutionalism and the Workplace*, 1960 to the Present, 96 Va. L. Rev., p. 886.

得的結果。其對憲法結構和價值的影響仍然是行政性的；其創造的所謂憲法結構實際上是行政治理的新方法。而更重要的是，所有行政活動或行為及治理方法是否合憲與正當，仍要受到司法機構的審查，由司法機構決定合憲與正當與否，這也是常識，而這些常識都符合一個基本原理，即「有限政府」原理。換言之，行政憲政的命題顛覆了「有限政府」這一憲政的本質意義。因此，連提出行政憲政命題的法學家也感歎「區分行政憲政與一般行政決策是困難的」。[131]

由此可知，如果上述命題能成立，那麼，主權在民和三權分立原則就不能成立；而這兩個原則是憲法得以實施、憲政得以存在和運行的基本原則，沒有他們，就沒有現代憲法，因而也就沒有憲政。

簡短的結語

用「憲政通解」命名本文是稍微謙遜的心態反映，因為「憲政」這個概念已有相當多的研究成果，不才難以再對其發表宏論高見。但同時，不才一直感到，很少有研究者說對憲政是什麼。即便認為憲政要素中包涵有限政府，也沒有研究者說清楚憲政為什麼就是有限政府，憲政與有限政府之間是什麼關係。證明一個概念或命題本來就相當困難，且具有相當的複雜性，特別是一個與變動社會中的權力行動或權利行動有著密切關聯的概念。無論在什麼社會背景下，也無論在什麼制度體系內，論證一個概念必須忠實於這個概念的本質意義和最初涵義。因此，要考察所論證概念的最初來源，以及該概念得以存在和運行的制度基礎。憲政這個概念來源於雅典政體，其得以存在和運行的制度基礎顯然是普選和三權分立。以此為基礎，在全球化時代，主權的世界化、社會化和私人化為憲政這個概念注入了新內涵，賦予了新意義。因此，法學家們欲言說憲政，應從一人一票的普遍選舉開始論證，才能合乎邏輯地獲得憲政概念。

---

[131] Gillian E. Metzger, *Administrative Constitutionalism*, 91 Tex. L. Rev., p. 1929.

　　憲政發展的過程既是人類文明的歷程，也是人類文明的標誌。憲政是在唇槍舌劍、刀光劍影、槍林彈雨中生成和發展而來。他是歷史主義的，也是歷史性的，其積累了人類的經驗、思想、智慧。憲政的載體，從雅典的陪審法庭到馬歇爾法院再到區域人權法院；就國家而言，憲政的機構，從地球一隅的雅典到今天的大多數國家；就層級而言，憲政的機構，從地方到國家、從國家到區域、從區域到世界。憲政的依據，從習慣到制定法，再從制定法到自然正義。憲政，雖然是被動的權力行動，卻涉及基本權與國家權力、司法權與立法權和行政權、立法權與行政權、基本權主體與基本權主體之關係的每一個方面。憲政是實務，卻綜合了基本權理論、國家理論、政治理論和社會理論，涵蓋議會與政府的原理，穿越法學、政治學、歷史學、哲學、社會學等學科，是憲法學中知識容量最大、思想最為豐富的概念；由於司法蘊涵著多種宗教元素，故憲政也是法學，乃至人文科學中最為莊嚴神聖的概念。因此，法學家須有準確的價值取向，豐富的知識積累，深刻的思想積澱，縝密的邏輯思維，謹慎的論證方法，才能說對和說清楚憲政是什麼。

　　世界化、社會化與私人化是21世紀主權變化的趨勢。生活在主權國家的個人有機會在21世紀充分地世界化和社會化，或者被世界化和被社會化，由國民而成為世界公民。21世紀也是數字化、網絡化和私有化的世紀，他給個人獨立地獲取廣博知識、開闢思想通道、形成全球視野、放眼世界未來，自主支配創造，提供了條件。Pollock早在1932年就預言，沒有一名法科學生旨在成為一名有學問的法學家或一名有技藝的律師而又不使自己成為世界法學領域裡的一名公民。[132]

---

[132] Frederick Pollock, *The Lawyer as a Citizen of the World*, 48 Law Quarterly Review 37, 1932.

國家圖書館出版品預行編目資料

憲法新分類及其意義/戚淵著. -- 初版. --
臺北市：五南，2018.01
　　　面；　公分.

ISBN 978-957-11-9502-5（平裝）

1.憲法 2.法學 3.文集

581.07　　　　　　　106021737

4U07

憲法新分類及其意義

作　　者 ― 戚淵(497)

發 行 人 ― 楊榮川

總 經 理 ― 楊士清

主　　編 ― 張若婕

責任編輯 ― 呂伊真、李孝怡

出 版 者 ― 五南圖書出版股份有限公司

地　　址：106台北市大安區和平東路二段339號4樓

電　　話：(02)2705-5066　傳　　真：(02)2706-6100

網　　址：http://www.wunan.com.tw

電子郵件：wunan@wunan.com.tw

劃撥帳號：01068953

戶　　名：五南圖書出版股份有限公司

法律顧問　林勝安律師事務所　林勝安律師

出版日期　2018年1月初版一刷

定　　價　新臺幣350元